Die Zellmembran als
Angriffspunkt der
Tumortherapie

Aktuelle Onkologie 34

Reihenherausgeber
G. A. Nagel, Göttingen; R. Sauer, Erlangen; H.W. Schreiber, Hamburg

W. Zuckschwerdt Verlag München · Bern · Wien · San Francisco

Die Zellmembran als Angriffspunkt der Tumortherapie

Gemeinsames Symposium der
Sektionen der Deutschen Krebsgesellschaft e.V.
Arbeitsgemeinschaft für Internistische Onkologie (AIO)
Arbeitsgemeinschaft für Gynäkologische Onkologie (AGO)
Sektion Experimentelle Krebsforschung (SEK)
Chirurgische Arbeitsgemeinschaft für Onkologie (CAO),
der Klinischen Arbeitsgruppen der Max-Planck-Gesellschaft Göttingen,
des Max-Planck-Instituts für Experimentelle Medizin Göttingen
und des
Max-Planck-Instituts für Biophysikalische Chemie Göttingen

Bandherausgeber:
C. Unger, H. Eibl, G.A. Nagel

Mit 48 Abbildungen und 38 Tabellen

W. Zuckschwerdt Verlag München · Bern · Wien · San Francisco

CIP-Kurztitelaufnahme der Deutschen Bibliothek
Die Zellmembran als Angriffspunkt der Tumortherapie : gemeinsames Symposium d. Sekt. d. Dt. Krebsges. e.V. : Arbeitsgemeinschaft für Internist. Onkologie (AIO) ... ; [6.–7. Dezember 1985 in Göttingen] / Bd.-Hrsg.: C. Unger ... –
München ; Bern ; Wien ; San Francisco : Zuckschwerdt, 1987.
(Aktuelle Onkologie ; 34)
ISBN 3-88603-209-4
NE: Unger, Clemens [Hrsg.]; Deutsche Krebsgesellschaft / Arbeitsgemeinschaft für Internistische Onkologie ; GT

Printed in Germany by Stelzl-Druck München.

ISSN 0174-2744
ISBN 3-88603-209-4

Inhalt

Vorwort VII

Eibl, H.; Unger, C. (Göttingen): Phospholipide als Antitumormittel: Möglichkeiten einer selektiven Therapie 1

Snyder, F.; Record, M.; Smith, Z.; Blank, M.L. and Hoffmann, D.R. (Oak Ridge): Selective cytotoxic action of ether-lipid analogs of PAF: mechanistic studies related to their metabolism, subcellular localization, and effects on cellular transport systems 19

Berger, M.R.; Muschiol, C.; Schmähl, D.; Unger, C. und Eibl, H. (Heidelberg): Chemotherapeutische Studien zur Struktur-Wirkungs-Beziehung zytotoxischer Alkyllysophospholipide an chemisch induzierten Mammakarzinomen der Ratte 27

Munder, P.G.; Berchtold, R. und Pahlke, W. (Mannheim, Bern): Tumorzellzerstörung durch Alkyllysophospholipide: Beziehung zwischen chemischer Struktur und biologischer Aktivität 37

Berdel, W.E. (München): Antineoplastische Aktivität von Alkyllysophospholipid-Derivaten und anderen Ätherlipiden 56

Pahlke, W. (Mannheim): Präklinische Untersuchungen des neuen Thioätherphospholipids BM 41.440 65

Unger, C.; Eibl, H.; von Heyden, H.W. und Nagel, G.A. (Göttingen, Einbeck): Ätherlipide in der topischen Therapie von Hautmetastasen 77

Vogler, W.R. and Olson, A.C. (Atlanta): The effect of alkyllysophospholipids on phosphatidylcholine biosynthesis 80

Oldham, R.K. (Franklin): Therapeutic monoclonal antibodies: effects of tumor cell heterogeneity 93

Cramer, F. und Gabius, H.J. (Göttingen): Kohlenhydratbindende Proteine (Lektine) und ihre mögliche Bedeutung bei Zelldifferenzierung und Metastasierung 112

Tritton, Th. R.; Lane, P.E. and Burke, Th.G. (Burlington, Washington): On the relationship between membrane interaction, uptake and cytotoxicity for adriamycin 117
Sauer, G.; Amtmann, E. und Schalasta, G. (Heidelberg): Xanthogenate, eine Verbindungsklasse mit gezielter Wirkung auf transformierte Zellen 124
Krönke, M.; Waldmann, T.A.; Vitetta, E.S. und Greene, W.C. (Göttingen, Bethesda, Dallas): Der Interleukin-2-Rezeptor als Angriffspunkt für Immuntoxine bei der adulten T-Zell-Leukämie . 136
Blossey, H.C.; Gaier, B.; Zaltsman, Y. and Kohen, F. (Göttingen, Rehovot): Biological activity and intracellular fate of a prolactin-daunomycin ligand 147
Harstrick, A.; Schmoll, H.-J.; Reile, D.; Casper, J.; Berdel, W. und Falk, H. (Hannover): Untersuchungen über die Aktivität von ET-18-OHC_3 beim Hodentumor in einem Xenograftmodell . . . 154
Mentges, B. und Brückner, R. (Mainz): Die diagnostische und prognostische Aussagekraft des CEA-Testes beim Rezidiveingriff wegen Kolonkarzinom 156
Mentges, B. und Brückner, R. (Mainz): Metachrone Metastasen nach sogenanntem kurativem Eingriff wegen Kolonkarzinom: Eine Gesamtübersicht 157
Gabius, H.-J.; Engelhardt, R.; Schmoll, H.-J. and Cramer, F. (Göttingen, Hannover): Cell surface lecitins of human teratocarcinoma cells 158
Cramer, F.; Gabius, H.-J.; Engelhardt, R. and Rehm, S. (Göttingen, Hannover): Biochemical characterization of endogenous lectins from spontaneous murine rhabdomyosarcoma, mammary adenocarcinoma and ovarian teratoma 159
Gabius, H.-J.; Engelhardt, R. and Cramer, F. (Göttingen): Endogenous tumor lectins: a new class of tumor markers and targets for therapy? 160
Gabius, H.-J.; Vehmeyer, K.; Engelhardt, R.; Nagel, G.A. and Cramer, F. (Göttingen): Endogenous lectins of a tumour model system 161
Bartons, St. und Mahlmann, P. (Solingen, Bonn): Zellmembranbeständiges CEA als Angriffspunkt für komplement-lytischen und für einen indirekten adjuvanten Immuntherapieansatz beim Mammakarzinom 162

Vorwort

Am 6. und 7. Dezember 1985 wurde in Göttingen ein Symposium mit dem Thema »Die Zellmembran als Angriffspunkt der Tumortherapie« gehalten, das von den Sektionen der Deutschen Krebsgesellschaft e.V. (AIO, AGO, SEK und CAO), der Klinischen Arbeitsgruppen der Max-Planck-Gesellschaft, Göttingen, des Max-Planck-Instituts für Experimentelle Medizin, Göttingen, sowie des Max-Planck-Instituts für Biophysikalische Chemie, Göttingen, organisiert wurde.

Das Symposium wurde mit einem einleitenden Referat über Aufbau und Funktion von Biomembranen eröffnet (*H.-D. Söling* von der Medizinischen Klinik der Universität Göttingen, Abt. Klinische Biochemie). Das wissenschaftliche Programm zielte auf zwei wesentliche Themenkomplexe ab.

Am ersten Tag wurde die Phospholipiddoppelschicht in ihrer Bedeutung als mögliches Target in der Antitumortherapie diskutiert, am zweiten Tag wurden Proteine, Antigenstrukturen und Zellrezeptoren in ihrer Bedeutung für eine möglicherweise selektive Tumortherapie besprochen.

Im Mittelpunkt der Phospholipidsektion standen insbesondere die Ätherlysophospholipide, die ein breites biologisches Wirkungsspektrum aufweisen, wobei die zytotoxischen und offensichtlich auch immunstimulierende Eigenschaften insbesondere zu nennen sind. Ätherlysophospholipide sind im Vergleich zu den natürlicherweise vorkommenden Esterlysophospholipiden metabolisch relativ inert; sie reichern sich aufgrund eines verzögerten Metabolismus in Zellmembranen an und können so ihre Zytotoxizität entfalten.

H. Eibl vom Max-Planck-Institut für Biophysikalische Chemie, Göttingen, referierte über zytotoxische Prinzipien an Phospholipiddoppelschichten. Seine Untersuchungen mit einer breiten Palette synthetischer Ätherlysophospholipide ergaben, daß Substanzen ähnlicher Oberflächenaktivität, also vergleichbarer physikalischer Eigenschaften, völlig verschiedene Zelltoxizitäten besitzen. Ausführliche Untersuchungen zum Metabolismus von Ätherlysophospholipiden ergaben, daß je nach Struktur der Moleküle Giftung und Entgiftung durch Azyltransferasen, Phospolipasen sowie das O-Alkyl-spaltende Enzym in unterschiedlich ausgeprägter Weise erfolgen.

Innerhalb der Zelle erfolgt im ersten Schritt eine Giftung der Ätherlysophospholipide nach Einwirkung von Phospholipase C sowohl in der Tumor- als auch in der Normalzelle. Die Entgiftung der toxischen Metaboliten findet vornehmlich durch O-Alkyl-spaltende Enzyme statt, die in Tumorzellen – im Vergleich zu Normalzellen – fehlen oder nur in geringen Konzentrationen vorhanden sind. In Kenntnis der Substrateigenschaften von Ätherlysophospholipiden gegenüber phospholipidmetabolisierenden Enzymen einerseits und des unterschiedlichen Enzymsbesatzes von Tumor- und Normalzellen andererseits können Substrate ausgewählt werden, die selektiv zum Absterben von Tumorzellen führen.

F. Snyder von Oak Ridge Associated Universities, Tennessee, USA, berichtete über Studien zur selektiven Zytotoxizität von Ätherlysophospholipiden gegenüber Tumorzellen. In seinen Untersuchungen fand er eine ausgesprochene Sensitivität der menschlichen Leukämiezellinie HL 60 gegenüber dem Ätherlysophospholipid ET-18-OCH_3 im Vergleich zu menschlichen Neutrophilen und einer Kaninchennierenzellinie, die beide unempfindlich waren. Vergleichende Untersuchungen von sensitiven und resistenten Tumorzellinien ergaben, daß ET-18-OCH_3 in den sensitiven Zellen die zelluläre Aufnahme kleinmolekularer essentieller Nahrungsstoffe hemmt. Dieses konnte im Falle der ET-18-OCH_3 resistenten Zellinien nicht beobachtet werden.

M.R. Berger vom Institut für Toxikologie und Chemotherapie am DKFZ, Heidelberg, berichtete über Therapieergebnisse von Alkyllysophospholipid-Derivaten am durch Methyl-Nitrosoharnstoff induzierten Mammakarzinom der Ratte. In der oralen Therapie erwies sich ET-18-OCH_3 als wirksam. Zwei neue Substanzen, die in der Arbeitsgruppe *Eibl/Unger* entwickelt wurden (1-O-Hexadekylpropandiol-(1,2)-phosphocholin und Hexadekylphosphocholin), zeigten in der oralen Therapie eine gute Antitumoraktivität. Hexadekylphosphocholin besitzt an diesem Modell die zur Zeit größte antitumorale Wirksamkeit. Im Vergleich zu den Alkyllysophospholipiden ET-18-OCH_3 und 1-O-Hexadekylpropandiol-(1,2)-phosphocholin, die in den beschriebenen Experimenten nur eine tumorstatische Wirkung zeigten, wurden nach Applikation des Hexadekylphosphocholins bei bis zu 30 % der Mammakarzinome komplette Tumorregressionen beobachtet, so daß für diese Substanzgruppe eine tumorizide Wirkung gesichert werden konnte.

P.G. Munder vom Max-Planck-Insitut für Immunbiologie, Freiburg, untersuchte die Tumorzellzerstörung durch Alkyllysophospholipide in Abhängigkeit von der chemischen Struktur. Analysen der antitumoralen Aktivität ergaben zwei unterschiedliche Wirkungsmechanismen. Einerseits zerstören Alkyllysophospholipide durch Hemmung des Phospholipidstoffwechsels Tumorzellen direkt, andererseits induzieren dieselben Substanzen tumortoxische Makrophagen. So zerstört das schwer metabolisierbare Et-18-OCH_3 Tumorzellen direkt und steigert gleichzeitig die zytotoxische Aktivität von Makrophagen bis auf das 100fache. Ein in der sn-2-Position nicht substituiertes Alkyllysophospholipid

wie das ET-18-OH (Lyso-PAF) ist dagegen kaum direkt zytotoxisch, vermag aber immer noch Makrophagen zu aktivieren. Die besondere Bedeutung der Molekülstruktur für die antitumorale Wirksamkeit wurde an einem breiten Spektrum an phospholipidanalogen Substanzen herausgestellt.
W.E. Berdel aus der Abteilung für Hämatologie/Onkologie der I. Medizinischen Klinik der TU München berichtete über vorklinische Ergebnisse und erste klinische Pilotstudien mit Ätherlysophospholipiden. In ausführlichen Untersuchungen wurden die Phänomene der Makrophagenaktivierung und der direkten Zytotoxizität von Ätherlipiden an menschlichen Tumoren und Leukämien überprüft. Struktur-Aktivitäts-Analysen unterstreichen die besondere Bedeutung der stabilen sn-1- und sn-2-Positionen des zytotoxischen Moleküls und eines in vielen Tumorzellen fehlenden 1-O-Alkyl-spaltenden Enzyms. Rasterelektronenmikroskopische Aufnahmen zeigen, daß die zytotoxische Wirkung zu einem großen Anteil auf die Zerstörung der zellulären Membranen zurückzuführen ist. ET-18-OCH_3 wurde mittlerweile als erstes Ätherlipid in einer Pilotstudie der Phase I in die klinische Erprobung eingeführt. Dabei wurden 16 Patienten mit weit fortgeschrittenen neoplastischen Erkrankungen behandelt. Zwei Patienten mit nichtkleinzelligen Lungenkarzinomen zeigten für mehrere Monate eine partielle Remission; bei einem Patienten mit einer AML kam es unter der Behandlung zu einem signifikanten Blastenabfall im peripheren Blut. Eine Phase-II-Studie für nichtkleinzellige Bronchialkarzinome und akute Leukämien wurde begonnen.
W. Pahlke von der Boehringer Mannheim stellte das neue Thioätherphospholipid BM 41.440, das sich z.T. in der Phase I der klinischen Erprobung befindet, vor. Ähnlich dem ET-18-OCH_3 zeigt diese Thioätherverbindung in vitro eine selektive dosisabhängige zytotoxische Wirkung auf verschiedene tierische und humane Tumorzellinien. Im Gegensatz zum ET-18-OCH_3 weist BM 41.440 keine Plättchenaggregationsaktivität auf und läßt sich leicht mit der HPLC dedektieren, so daß pharmakokinetische Untersuchungen ganz wesentlich erleichtert werden. Zytotoxische Wirksamkeit und hemmende Einflüsse auf die Metastasierung von Tumoren in vivo wurden am Modell des Met-A-Tumors sowie am Lewis-Lung-Karzinommodell der Maus nachgewiesen.
Über erste Erfahrungen mit Ätherlipiden in der topischen Therapie von Hautmetastasen berichtete *C. Unger* der Medizinischen Klinik der Universität Göttingen, Abt. Hämatologie/Onkologie. Innerhalb unterschiedlicher Therapiekonzepte in der palliativen Behandlung ausgedehnter und zum Teil ulzerierender Hautmetastasen stellt die topische Applikation zytotoxisch wirksamer Substanzen eine vergleichsweise wenig aggressive Therapiemodalität dar. Verschiedenkettige Alkylglyzerine besitzen neben ihrer Eigenschaft als Trägersubstanzen noch verschiedene Eigenwirkungen, wie Beeinflussung der Diffusionseigenschaften von Zellmembranen, antibakterielle und antimykotische Eigenschaften sowie Zytotoxizität für Tumorzellen. In dieser Formulierung sind Alkyl-

phosphocholine als eigentliche Wirkstoffe eingearbeitet. Erste Ergebnisse im Rahmen einer klinischen Pilotstudie bei Patienten mit Mammakarzinomen zeigen die Wirksamkeit dieses Behandlungskonzeptes. Systemische Nebenwirkungen wurden bislang nicht beobachtet, die lokale Verträglichkeit ist auch bei länger dauernder Anwendung gut.

W.R. Vogler von der Emory University, Atlanta, Georgia, USA, untersuchte den Einfluß von ET-18-OCH_3 auf den Membranphospholipidmetabolismus von HL 60 und K 562 Leukämiezellinien. Mit Hilfe von radioaktiv markierten Lysophospholipiden, Fettsäuren und Cholinchlorid konnte gezeigt werden, daß diese Substanzen in Gegenwart steigender Mengen an ET-18-OCH_3 deutlich vermindert in die sensitive HL 60 im Vergleich zur resistenten K 562 Zellinie eingebaut werden. Eine von mehreren möglichen Ursachen für die Hemmung der Phosphatidylcholinbiosynthese durch Alkyllysophospholipide scheint deren inhibierende Wirkung auf Azyltransferasen zu sein. Somit käme den Alkyllysophospholipiden eine Antimetabolitwirkung auf den Zellmembran-Phospholipidstoffwechsel zu.

Zusammenfassend zeigen die Ergebnisse der verschiedenen Arbeitsgruppen, daß Alkyllysophospholipide eine Substanzgruppe mit bemerkenswert großer Vielfalt an biologischen Wirkungen darstellen, wobei die zytotoxischen und immunmodulierenden Eigenschaften für die Krebstherapie zu neuen Hoffnungen berechtigen. Einen deutlichen Anstoß zur Untersuchung dieser Stoffgruppe gab die Identifizierung des Platelet-activating-factors (PAF) als Ätherlipid; diese Substanz wird derzeit weltweit infolge ihres breiten biologischen Wirkungsspektrums untersucht. Die besondere Attraktivität der Verwendung von Alkyllysophospholipiden in der Krebstherapie liegt in der potentiell selektiven antitumoralen Wirksamkeit dieser Substanzgruppe begründet. Weitere Studien zum Verständnis des Wirkmechanismus auf der Membranebene werden derzeit unternommen.

Der zweite Tag des Symposiums wurde eingeleitet mit einem Referat von *R.K. Oldham* aus dem Biological Therapy Institute, Franklin, Tennesse, USA, der sich mit den monoklonalen Antikörpern in der Krebstherapie befaßte. Im Vordergrund der Ausführungen stand die These, daß ungeachtet der erfolgversprechenden ersten Daten über die Anwendung der Antikörpertechnik die Tumorzellheterogenität beachtet werden muß. Einen entscheidenden Fortschritt innerhalb dieses Therapieansatzes erwartet man von einer Therapieindividualisierung, die alle maligne Zellklone innerhalb einer Tumorentität erfaßt. Dies erscheint möglich mit Hilfe der neuen Technik des genetischen Engineerings, so daß ein selektives Targeting von Antikörpern allein oder als Konjugate mit Isotopen, Medikamenten oder Toxinen erfolgen kann. Erste klinische Daten zur Behandlung von soliden Tumoren (Melanom, Neuroblastom, gastrointestinale Tumoren sowie Lymphome) mit Hilfe monoklonaler Antikörper bzw. Immunkonjugaten wurden vorgestellt.

F. Cramer vom Max-Planck-Institut für Experimentelle Medizin in Göttingen berichtete über kohlenhydratbindende Proteine (Lektine) in Tumorzellen und ihre mögliche Bedeutung bei Zelldifferenzierung und Metastasierung. Verschiedene Typen von menschlichen Tumoren exprimieren ein komplexes Lektinmuster, das für einen bestimmten Tumortyp charakteristisch ist. Tumorzellektine scheinen funktionale Bedeutung zu besitzen, so wird z.B. der Zell-zu-Zell-Kontakt wesentlich über Lektine vermittelt. Diese Kontakte lassen sich spezifisch durch die dem jeweiligen Lektin entsprechenden Zucker hemmen. Über die Lektine ist eine histochemische Charakterisierung von Tumorzellen möglich. So können Tumorzellen entsprechend den auf ihren Membranen vorhandenen Lektinen mit fluoreszierendem Serumalbumin gefärbt werden, an welches der jeweils für die Tumorzellart charakteristische Zucker kovalent gebunden ist. Auf diese Weise ließen sich z.B. Teratomzellen spezifisch färben. Es liegt nahe, zu versuchen, auf dieser Basis eine tumorspezifische Chemotherapie zu entwikkeln.
Die besondere Bedeutung der Zellmembran als Target für Anthrazykline wurde von *T.R. Tritton* von der University of Vermont Medical School, Burlington, USA, vorgetragen. Von den unterschiedlichen Wirkungsmechanismen der Anthrazykline in Tumorzellen wird die Interkalation mit der DNA besonders favorisiert. Die besondere Bedeutung der Zellmembran als Toxizitätstarget für Adriamycin unterstreichen Experimente, bei denen großmolekulare Polymer-Adriblastinkonjugate, die das Zellinnere nicht erreichen können, synthetisiert wurden. Diese Konjugate zeigten in den Experimenten gegenüber dem unkonjugierten Adriblastin eine erheblich größere Zytotoxizität. Als Ursache dieses Effektes wird eine Modulation der Membranfluidität und damit verbunden eine wesentliche Beeinträchtigung der Membranfunktion angenommen. Experimente mit dem polymergebundenen Adriblastin in der intraperitonealen Applikation im Tiermodell zeigen hohe Tumorwirksamkeit bei sehr geringer Toxizität.
Eine neue Verbindungsklasse mit gezielter Wirkung auf transformierte Zellen wurde von *G. Sauer* vom Institut für Virusforschung am DKFZ, Heidelberg, vorgestellt. Antiviral wirksame Xanthogenate zeigen in Verbindung mit Fettsäuren eine ausgeprägte antitumorale Wirksamkeit in vitro. Diese Effekte zeigen eine ausgesprochene Selektivität bei bestimmten transformierten Zellen gegenüber nicht transformierten Zellen gleicher Herkunft. Mitogenstimulierte periphere menschliche Lymphozyten tolerierten eine zweitägige Behandlung 10fach besser als eine menschliche T-Zell-Lymphomlinie. Somit erscheint es möglich, daß bei einer Kombination von Xanthogenaten und Monokarbonsäuren bestimmter Kettenlänge eine Schere zwischen der zytotoxischen Reaktion auf normale und daraus abgeleitete transformierte Zellen nutzbar zu machen ist. Über den Wirkungsmechanismus gibt es z.Z. nur Vermutungen. Xanthogenate reichern sich offensichtlich insbesondere in Zellmembranen an, ferner scheinen spezifische Phosphorylierungsreaktionen in Gegenwart von Xanthogenaten unterbunden zu werden.

M. Krönke (Klinische Arbeitsgruppen der Max-Planck-Gesellschaft, Göttingen) referierte über den Interleukin-2-Rezeptor als Angriffspunkt für Immuntoxine bei der adulten T-Zell-Leukämie. Adulte T-Zell-Leukämiezellen exprimieren im hohen Maße zelluläre Rezeptoren für Interleukin-2, ein T-Zell-spezifisches Wachstumshormon. Dieser IL-2-Rezeptor ist ein relativ spezifischer Tumormarker, da er auf nicht aktivierten T- und B-Lymphozyten oder auf anderem menschlichen Gewebe praktisch nicht auffindbar ist. Immuntoxine, die aus einem monoklonalen Anti-IL-2-Rezeptorantikörper (Anti-TAC) und der Rizin-A-Kette, einem sehr potenten Inhibitor der Proteinsynthese, konstruiert werden, binden spezifisch an IL-2-rezeptorpositive Zielzellen. Kolonieinhibitionsteste zeigten, daß mit einer Anti-TAC-Behandlung mehr als 99,99 % einer adulten T-Zell-Leukämiepopulation eliminiert werden kann, ohne hämatopoietische Knochenmarkszellen zu schädigen. Dieses Immuntoxin könnte demnach zunächst in vitro klinisch in der Behandlung von Patienten mit adulter T-Zell-Leukämie eingesetzt werden, um im Rahmen einer kurativen Knochenmarkstransplantation das autologe Transplantat von infiltrierenden Tumorzellen zu befreien.
Experimente zur Beeinflussung des Tumorzellwachstums über membrangebundene Rezeptoren mit Hilfe von Prolaktin-Daunomycin-Liganden wurden von *H.C. Blossey* aus der Medizinischen Klinik der Universität Göttingen, Arbeitsgruppe Endokrinologie, vorgestellt. Daunomycin wurde kovalent an Lysinreste von Schafprolaktin gebunden. Die Spezifität der Bindung des Prolaktinanteils an Prolaktinrezeptoren der Plasmamembranen von Rattenlebern war durch die chemische Modifikation praktisch nicht beeinträchtigt. In Granulosazellkulturen der Ratte ist die minimale Konzentration für maximale Toxizität $4x10^{-6}$M für Daunomycin und den Prolaktin-Daunomycin-Liganden. Für Zellen aus Shionogi 115 Mammakarzinomen der Maus, die keine Prolaktinrezeptoren haben, war der Prolaktin-Daunomycin-Ligand nicht toxisch. Die Ergebnisse dieser Untersuchungen zeigen, daß Hormon-Zytostatika-Liganden eine selektiv zytotoxische Wirkung an Tumorzellen bewirken können, die den entsprechenden komplementären Zellrezeptor besitzen.
Ziel dieses Symposiums war es, die Zellmembran von Tumorzellen als Targetorgan in der Behandlung neoplastischer Erkrankungen herauszustellen und neue Forschungsansätze zu diskutieren, die dem Ziel einer Selektivität in der Vernichtung von Tumorzellen dienen. In Anbetracht der immer noch bestehenden großen Schwierigkeiten bei der Krebsbehandlung durch unerwünschte Nebenwirkungen klinisch eingesetzter Zytostatika sind Verbesserungen von Selektivität bzw. Individualisierung der Tumortherapie ein Schritt in die richtige Richtung.

C. Unger
Göttingen

Phospholipide als Antitumormittel: Möglichkeiten einer selektiven Therapie

H. Eibl[a], *C. Unger*[b]
[a]Max-Planck-Institut für biophysikalische Chemie Göttingen
Abteilung Hämatologie/Onkologie, [b]Klinikum der Universität Göttingen

Einleitung und Problemstellung

Die überwiegende Anzahl bösartiger Veränderungen im Zellgewebe ist einer erfolgreichen Behandlung durch operative Methoden oder durch Bestrahlung entzogen, da Tumorzellen von Normalgewebe häufig nicht exakt abgegrenzt, Infiltrationen nicht genau lokalisiert und besonders Metastasen operativ nicht entfernt werden können. Einen Ausweg aus dieser Problematik bietet die Chemotherapie. Sie arbeitet auf zellulärer Ebene und beinhaltet zumindest theoretisch die Möglichkeit einer selektivenTherapie (1).
Heute klinisch verwendete Antitumormittel sind überwiegend starke Zellgifte. Ihre hohe Toxizität erlaubt häufig nur eine zeitlich begrenzte Anwendung. Es stört insbesondere die deutliche Suppression der körpereigenen Immunabwehr. Ein vordringliches Ziel unserer Arbeit ist deshalb, die Selektivität von Antitumormitteln zu verbessern, um die genannten Nachteile gängiger Antitumormittel einzuschränken. Zumindest im Tiermodell haben wir in den vergangenen drei Jahren mit neuen Carrier- und Wirkprinzipien auf Phospholipid- oder Ätherlipidbasis in dieser Hinsicht erhebliche Fortschritte erzielt.
Phospholipide sind wichtige Membranbausteine, die die funktionellen Eigenschaften von Biomembranen wesentlich beeinflussen. Sie enthalten pro Glyzerineinheit zwei langkettige Fettsäuren und Phosphat. Die Biosynthese von Phospholipiden erfolgt über sogenannte Lysophospholipide (2–4), die pro Glyzeringrundgerüst nur eine Fettsäure aufweisen. Wie der Name sagt, können Lysophospholipide lytische Eigenschaften besitzen und die Auflösung von Zellmembranen bewirken (5–7). Neben der Deazylierung von Phospholipiden durch Phospholipasen und der Azylierung von Lysophospholipiden durch Azyltransferasen – Mechanismen, die seit Jahren untersucht werden – ist in neuerer Zeit dephosphorylierenden Enzymen in tierischen Geweben größere Aufmerksamkeit gewidmet worden. Das besondere Interesse konzentriert sich dabei auf (Äther-)Phospholipide, die im Vergleich zu (Ester)-Phospholipiden allerdings nur in geringen Konzentrationen vorkommen. Es konnte gezeigt werden, daß

1-O-Hexadekyl-2-O-azetyl-sn-glyzero-3-phosphocholin plättchenaggregierende Eigenschaften besitzt (8, 9) und auch die sekretorischen Leistungen von Zellen (10) stimuliert. Damit ist nachgewiesen, daß Phospholipide bestimmter Struktur Signalmoleküle sein können, die funktionelle Eigenschaften von Zellen steuern und regulieren. Das ist sehr eindrucksvoll auch für Phosphatidylinositol und seine phosphorylierten Derivate gezeigt worden (11).
Bei der großen Bedeutung der genannten Strukturen für die Funktion der Zellen ist es überraschend, daß systematische Untersuchungen über Wechselwirkungen zwischen chemischer Struktur und Substrateigenschaften gegenüber phospholipidmetabolisierenden Enzymen insbesondere für (Äther)-Phospholipide kaum vorliegen. Deshalb haben wir untersucht, wie sich die Substrateigenschaften von Phospholipiden beim Austausch langkettiger Fettsäureester gegen entsprechende Alkyläther ändern. Auch der Einfluß anderer Strukturmodifikationen wurde studiert, wobei insbesondere dem Abstand zwischen Phosphor und Stickstoff in Phosphatidylcholinen eine besondere Bedeutung zukommt. Ausgewählte Lysophospholipide mit eingeschränktem Metabolismus im Vergleich zu Lysolezithin wurden in Zellkulturen auf wachstumsbeeinflussende Eigenschaften geprüft. Das metabolische Schicksal interessanter Substanzen wurde mit Hilfe radioaktiv markierter Ausgangsmoleküle verfolgt.
Wie die bisherigen Ausführungen zeigen, ist unser Konzept auf Phospholipide oder verwandte Verbindungen als Wirkstoffe ausgerichtet. Denn Phospholipide besitzen entscheidende Vorteile gegenüber anderen Antitumormitteln. Insbesondere möchten wir auf drei günstige Eigenschaften der (Alkyl)-Lysophospholipide hinweisen, die in diesem Artikel auch angesprochen werden:

1. Selektivität, d. h. eine bevorzugte toxische Wirkung gegen neoplastische Zellen kann erreicht werden über einen unterschiedlichen Metabolismus der (Alkyl)-Lysophospholipide in Tumor- und Normalzellen;
2. Körpereigene Abwehrkräfte (Immunsystem) werden im Unterschied zu anderen Wirkstoffen durch (Alkyl)-Lysophospholipide nicht beeinträchtigt, sondern eher stimuliert (12);
3. Orale Applikation ist möglich infolge der effektiven Resorption dieser Substanzen im Magen-Darm-Trakt (> 80 %).

Aufbauend auf neueren Ergebnissen über die unterschiedlichen Substrateigenschaften von (Alkyl)-Lysolezithinen gegenüber phospholipidmetabolisierenden Enzymen, ist es uns gelungen, neue Wirkstoffe zu entwickeln, die sich in ausgewählten Tumormodellen insbesondere durch eine gute therapeutische Breite auszeichnen.

Ätherphospholipide und Ätherlipide als Substrate für membranständige Enzyme

Nach bisherigen Erfahrungen spielen Alkylglyzerinmonooxygenasen (O-alkylspaltende Enzyme), Azyltransferasen, Phospholipase C und Phospholipase D eine wichtige Rolle hinsichtlich der Toxizität von (Alkyl)-Lysolezithinen. Die Angriffspunkte dieser Enzyme sind an einem typischen Substrat in Abbildung 1 zusammengestellt.

Eine entgiftende Wirkung besitzen Alkylglyzerinmonooxygenasen für Alkylglyzerine und (Alkyl)-Lysolezithine (13–15). Eine entsprechende Bedeutung wurde Azyltransferasen für (Alkyl)-Lysolezithine (16, 17) zugeschrieben. Doch müssen diese Befunde nach unseren neueren Untersuchungen korrigiert werden. (Alkyl)-Lysolezithine werden durch Azyltransferasen offensichtlich nicht azyliert und damit auch nicht entgiftet (18). Voraussetzung für die Toxizität der (Alkyl)-Lysolezithine in dem von uns untersuchten Tiermodell (Nitrosomethylharnstoff-induzierte Mammakarzinome in Ratten) sind jedoch Substrateigenschaften gegenüber Phospholipase C oder D (19, 20). Von den genannten Enzymen haben wir gute Vorstellungen über Wechselbeziehungen zwischen chemischer Struktur und Substrateigenschaften entwickelt, die nachfolgend zusammengestellt sind.

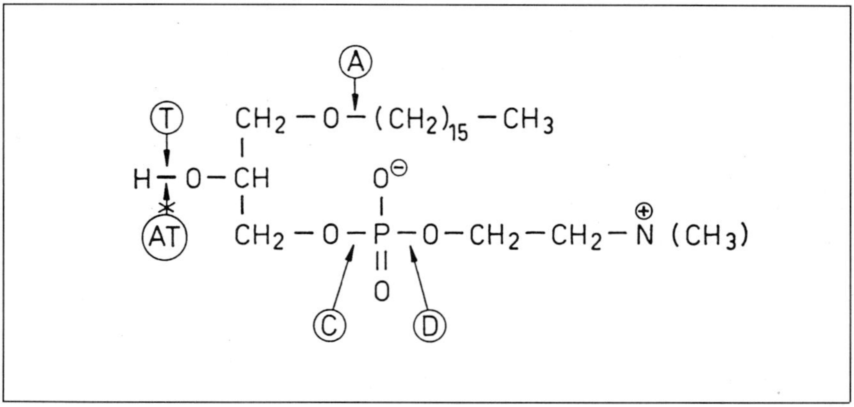

Abbildung 1. Phospholipidmetabolisierende Enzyme.
A steht für O-alkylspaltendes Enzym, T für Transazylasen, AT für Azyltransferasen, C für Phospholipase C und D für Phospholipase D.

Alkylglyzerinmonooxygenasen (O-alkylspaltende Enzyme)

Die Publikationen von *Snyder* et al., aus den Jahren 1968 bis 1970 waren stimulierend für die Entwicklung von (Alkyl-)-Lysolezithinen als Antitumormittel (21–23). Es wurde berichtet, daß Alkylglyzerinmonooxygenasen oder O-alkylspaltende Enzyme (24) in einer Reihe von Tumorzellen nicht vorkommen, in Leberzellen jedoch in hohen Konzentrationen vorhanden sind (21). Aus diesen Daten konnte eine selektive antineoplastische Wirkung in dem Sinne erwartet werden, daß Normalzellen die offensichtlich toxischen (Alkyl)-Lysolezithine entgiften, Tumorzellen aber nicht. In dieser Vorstellung wurden Phase-I-Studien mit 1-Oktadekyl-2-O-methyl-rac-glyzero-3-phosphocholin (25) begonnen.
Neben der Arbeitsgruppe von *Snyder* haben wir intensive Untersuchungen über Alkylglyzerinmonooxygenasen aufgenommen und das Enzym aus endoplasmatischem Retikulum angereichert (13–15). Wir haben uns auch um die Entwicklung neuer analytischer Methoden bemüht, denn zum Studium der Substrateigenschaften von Alkylglyzerinmonooxygenasen steht bislang nur eine Testmethode mit radioaktiv markierten Substraten zur Verfügung (26). Wir haben Testverfahren ausgearbeitet, die ohne Radioaktivität auskommen. Die erste Methode beruht auf der Bestimmung von wasserlöslichem Phosphat, das bei der Einwirkung von Alkylglyzerinmonooxygenasen auf (Alkyl)-Lysolezithine gebildet wird (13). Das zweite Verfahren ist ein spektrophotometrischer Test, der die Reaktion des Tetrahydropteridin-abhängigen Enzyms mit dem NAD/NADH-Redox-System koppelt (14, 15). Die Ergebnisse über die Substrateigenschaften von verschiedenen (Alkyl-)Lysolezithinen und von Ätherlipiden sind in Tabelle I zusammengestellt.

Tabelle I. Alkylglyzerinmonooxygenasen aus Rattenleber.
Umsatzraten für (Ether)-Lysolezithine sind angegeben, in Klammern für die dephosphorylierten Produkte. G, Glyzerin; PC, Phosphocholin; PC_6, Phospho-(N.N.N.-trimethyl)-hexanolamin.

Substrate	Enzym-Einheiten (nmol/mg/min)
1-O-Hexadekyl-sn-G-3-PC	164 (380)
3-O-Hexadekyl-sn-G-1-PC	198 (380)
1-O-Oktadekyl-sn-G-3-PC	129 (222)
1-O-Hexadekyl-sn-G-3-PC_6	111 (380)
1-O-Oktadekyl-2-O-methyl-sn-G-3-PC	0 (198)
3-O-Oktadekyl-2-O-methyl-sn-G-1-PC	0 (198)
1-O-Hexadekyl-propandiol-(1.3)-PC	170 (198)
1-O-Hexadekyl-propandiol-(1.2)-PC	111

Überraschenderweise ist 1-O-Oktadekyl-2-O-methyl-rac-glyzero-3-phosphocholin kein Substrat für Alkylglyzerinmonooxygenasen. Damit haben Vorstellungen über eine direkte Entgiftung dieser Substanz in der Leber über die Einwirkung von Alkylglyzerinmonooxygenasen keine experimentelle Bestätigung gefunden. Es ist jedoch bemerkenswert, daß die dephosphorylierte Substanz, 1-O-Oktadekyl-2-O-methyl-rac-glyzerin, ausgezeichnete Substrateigenschaften für das Enzym besitzt.
Eine allgemeine Betrachtung der in Tabelle I zusammengestellten Ergebnisse erlaubt folgende Schlußfolgerungen:

1. Moleküle mit einem langkettigen Alkylrest (> 14 Kohlenstoffatomen) in der sn-1,2- oder 3-Position von Glyzerin, von Propandiol-(1.3) oder von Propandiol-(1.2) als Grundgerüst sind Substrate für Alkylglyzerinmonooxygenasen, wenn die weiteren Hydroxylgruppen frei sind;
2. Substanzen mit einem langkettigen Alkylrest in der sn-1-, 2- oder 3-Position von Glyzerin können einen weiteren apolaren Rest (Azyl oder Alkyl) im Molekül tragen, ohne die Substrateigenschaften zu verlieren; die Kettenlänge dieses Restes darf jedoch 5 Kohlenstoffatome nicht überschreiten;
3. Substanzen mit einem langkettigen Alkylrest in der sn-1, 2- oder 3-Position von Glyzerin, von Propandiol-(1.3) oder von Propandiol-(1.2) können unter Erhalt der Substrateigenschaften in einer weiteren Position auch einen Phosphorsäureester- oder Phosphocholinrest tragen. Eine Substitution von OH durch OCH_3 in Glyzerin führt jedoch zu einem vollständigen Verlust der Substrateigenschaften.

Man würde aus den Umsatzraten in Tabelle I für 3-O-Hexadekyl-sn-glyzero-1-phosphocholin (198 Einheiten) im Vergleich zu 1-O-Oktadekyl-2-0-methyl-sn-glyzero-3-phosphocholin (0 Einheiten) eine unterschiedliche Toxizität für Raji-Zellen erwarten. Die Unterschiede sind jedoch nicht sehr ausgeprägt. Nach unseren augenblicklichen Daten spielen Alkylglyzerinmonooxygenasen deshalb keine wichtige Rolle für ein selektives Antitumorkonzept (27).

Azyltransferasen und Transesterasen

Azyltransferasen sind wie Alkylglyzerinmonooxygenasen im endoplasmatischen Retikulum lokalisiert (3). Sie sind für die De-novo-Synthese von Phospholipiden wichtig, aber auch verantwortlich für einen Austausch der Fettsäuren in der sn-1- und 2-Position von (1.2-Diazyl)-Phospholipiden in einem sogenannten Deazylierungs-Reazylierungszyklus (26). Wie Phospholipase A_2 besitzen Azyltransferasen eine hohe Konfigurationsspezifität, d. h. 1-O-Palmitoyl-sn-glyzero-3-phosphocholin ist ein Substrat für Azyltransferasen (Abbildung 3), 3-O-Palmitoyl-sn-glyzero-1-phosphocholin nicht (27). Aufbauend auf dieser Erkenntnis wurde die unterschiedliche Toxizität von 1-O-Hexadekyl-sn-glyzero-3-phosphocholin und 3-O-Hexadekyl-sn-glyzero-1-phosphocholin damit erklärt, daß nur 1-O-Hexadekyl-sn-glyzero-3-phosphocholin durch Veresterung, beispielweise mit Ölsäure, entgiftet werden kann, das entsprechende Konfigurationsisomere aber nicht. Aus unseren In-vitro Untersuchungen mit 1-O-Hexadekyl-sn-glyzero-3-phosphocholin als Substrat für Azyl-CoA-abhängige Azyltransferasen geht jedoch hervor, daß eine Reazylierung durch Azyltransferasen nicht möglich ist (18). Langkettige 1-O-Alkyl-sn-glyzero-3-phosphocholine mit natürlicher Konfiguration können also nicht über Azyltransferasen azyliert und entgiftet werden. Der Übergang von Ester zu Äther, von 1-O-Palmitoyl-sn-glyzero-3-phosphocholin zu 1-O-Hexadekyl-sn-glyzero-3-phosphocholin, führt damit zu einem vollkommenen Verlust der Substrateigenschaften gegenüber den Azyltransferasen, die langkettige Fettsäurereste übertragen (Tabelle II).

Es fällt auf, daß ungesättigte Fettsäuren ganz bevorzugt in die sn-2-Position von 1-O-Palmitoyl-sn-glyzero-3-phosphocholin eingebaut werden. Das Verhältnis der Einbauraten von Ölsäure und Stearinsäure in die sn-2-Position beträgt 14, d. h. Ölsäure wird um einen Faktor von 14 rascher eingebaut als Stearinsäure (18). Die positionsspezifischen Einbauraten reflektieren die natürliche Zusammensetzung der Phospholipide in Biomembranen, die vorwiegend gesättigte Fettsäuren in der sn-1-Position und ungesättigte Fettsäuren in der sn-2-Position von Glyzerin tragen. Wie aus den Daten aus Tabelle II hervorgeht, reagieren Azyltransferasen sehr sensitiv auf geringe Strukturvariationen im Substrat. Der Austausch von Ester gegen Äther in 1-O-Palmitoyl-sn-glyzero-3-phosphocholin, die Verlängerung des Phosphor-Stickstoff-Abstandes bereits um ein

Tabelle II. Azyltransferasen aus Rattenleber.
Azylierungsraten für Lysolezithine mit verschiedenen Azyl-CoA-Estern. G, Glyzerin; PC, Phosphocholin; PC_3, Phospho-(N.N.N.-trimethyl)-propanolamin; PC_6, Phospho-(N.N.N.-trimethyl)-hexanolamin.

Substrate	Azyl-CoA-ester	Enzym-Einheiten (nmol/mg/min)
1-O-Palmitoyl-sn-G-3-PC	18:0	20
	18:1	172
	18:2	232
3-O-Palmitoyl-sn-G-1-PC	18:1	0
1-O-Palmitoyl-sn-G-3-PC_3	18:1	0
1-O-Hexadekyl-sn-G-3-PC	18:1	0
3-O-Hexadekyl-sn-G-1-PC	18:1	0
1-O-Hexadekyl-sn-G-3-PC_6	18:1	0

Kohlenstoffatom führt zu einem vollkommenen Verlust der Substrateigenschaften. Interessanterweise beinhalten diese Strukturvariationen keine Änderungen der physikalischen Eigenschaften der Substratmoleküle. Das heißt, die Esterbindung und der Phosphor-Stickstoff-Abstand tragen entscheidend zur Substraterkennung des Enzyms bei. Die genannten Strukturvariationen werden beispielsweise von der Phospholipase A_2 nicht erkannt. Das bedeutet, daß Phospholipase A_2 sowohl 1-O-Palmitoyl-2-O-Oleoyl-sn-glyzero-3-phosphocholin als auch 1-O-Hexadekyl-2-O-Oleoyl-sn-glyzero-3-phosphocholin als Substrat annimmt, ebenso wie die entsprechenden Verbindungen mit einem vergrößerten Phosphor-Stickstoff-Abstand. Wir haben Verbindungen mit Abständen bis zu 10 Methylengruppen zwischen Phosphor und Stickstoff untersucht, ohne Unterschiede in den Substrateigenschaften festzustellen (30).
Damit führt die hohe Spezifität der Azyltransferasen, ihre extreme Sensitivität gegenüber Strukturvariationen im Substrat zu einer wichtigen Auftrennung der Stoffwechselwege von einkettigen Azyl- und Alkyl-sn-glyzero-3-phosphocholinen (Abbildung 2).

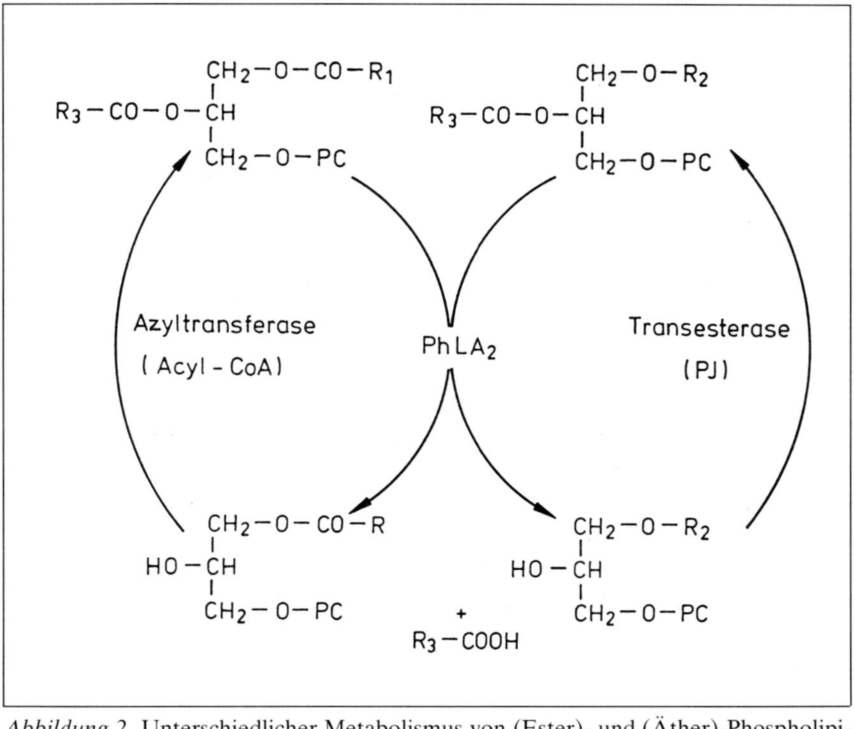

Abbildung 2. Unterschiedlicher Metabolismus von (Ester)- und (Äther)-Phospholipiden. $PhLA_2$, Phospholipase A_2; PC, Phosphocholin; R_1, R_2, R_3, Alkylreste.

Nur Azyl-sn-glyzero-3-phosphocholine sind Substrate für Azyl-CoA-Azyltransferasen. Alkyl-sn-glyzero-3-phosphocholine dagegen sind Substrate für Phosphatidylinositol-abhängige Transesterasen oder für Azetyl-CoA-abhängige Azetyltransferasen. Es muß jedoch erwähnt werden, daß die Veresterung der sn-2-Position mit Azetyl keine echte Entgiftungsreaktion darstellt, da in diesem Falle – kurze Kette in der sn-2-Position wie bei 1-O-Oktadekyl-2-O-methyl-rac-glyzero-3-phosphocholin – die typischen Eigenschaften der einkettigen (Alkyl)-Lysolezithine erhalten bleiben.

Phospholipase C und Phosphocholintransferasen

Die bisher besprochenen Enzyme, Alkylglyzerinmonooxygenasen (O-alkyl-spaltende Enzyme) und Azyltransferasen, sind entgiftende Enzyme, deren Wirkung die zelltoxischen Eigenschaften der Substanzen verringert. Substrateigenschaften der Substanzen gegenüber Phospholipase C oder Phosphocholintransferasen bedeuten dagegen eine verstärkt toxische Wirkung. Denn wie wir zeigen werden, ist der Nachweis von Substrateigenschaft gegenüber Phospholipase C ein Indiz für eine starke toxische Wirkung der Substanz, besonders dann, wenn entsprechende entgiftete Enzyme ausgeschaltet sind (19).
Dieser Befund ist neu und überraschend. Wir haben deshalb ausführliche Daten über die Hydrolyse mit Phospholipase C (7) erhoben und den Einfluß von Strukturvariationen auf die Substrateigenschaften untersucht (Tabelle III).

Tabelle III. Phospholipase C aus Bacillus cereus.
Hydrolyseraten für Phospholipide. G, Glyzerin; PC, Phosphocholin; PC_6, Phospho-(N.N.N.-trimethyl)-hexanolamin.

Substrate	Enzymeinheiten (n mol/mg/min)
1.2-O.O-Dipalmitoyl-sn-G-3-PC	167000
1-O-Oktadekyl-2-O-azetyl-sn-G-3-PC	350000
1.2-O.O-Dipalmitoyl-sn-G-3-PC_6	0
1.2-O.O-Dihexadekyl-sn-G-3-PC	0
1-O-Palmitoyl-sn-G-3-PC	660
1-O-Palmitoyl-propandiol-(1.2)-PC	892
1-O-Hexadekyl-sn-G-3-PC	30
3-O-Hexadekyl-sn-G-1-PC	33
1-O-Oktadekyl-2-O-methyl-rac-G-3-PC	19
1-O-Hexadekyl-propandiol-(1.3)-PC	8
1-O-Hexadekyl-propandiol-(1.2)-PC	9

Als Enzym haben wir eine käufliche, bakterielle Phospholipase C aus Bacillus cereus verwendet, da uns zu dem Zeitpunkt der Untersuchungen Phospholipase-C-Präparationen aus Leber nicht zur Verfügung standen. Es ist aber wichtig darauf zu verweisen, daß Leberzellen mit einer Reihe unterschiedlicher Phospholipasen C ausgestattet sind, die sich durch Spezifität für Substrate wie Phosphatidycholin, Lysophosphatidycholin und Phosphatidylinositol auszeichnen. Phospholipase C aus Bacillus cereus dürfte der phosphatidylcholinspezifischen Phospholipase C aus Leber in ihren Eigenschaften nahekommen.

Bei einem Vergleich der spezifischen Hydrolyseraten verschiedener Substrate fällt auf, daß dieses Enzym auf strukturelle Änderungen im apolaren Bereich (Alkyl- oder Azylketten) überraschenderweise sensitiv reagiert. So ist 1.2-O.O-Dipalmitoyl-sn-glyzero-3-phosphocholin ein ausgezeichnetes Substrat für Phospholipase C aus Bacillus cereus. Ein Austausch der Ester- gegen eine Ätherfunktion in der sn-1-Position von Glyzerin ist ohne größeren Einfluß, solange die Esterfunktion in der sn-2-Position erhalten bleibt (1-O-Oktadekyl-2-O-azetyl-sn-glyzero-3-phosphocholin). Überraschenderweise wird jedoch keine Umsetzung beobachtet, wenn beide Esterfunktionen durch langkettige Ätherreste ersetzt werden, beispielsweise in 1.2-O.O-Dihexadekyl-rac-glyzero-3-phosphocholin. Die Ergebnisse machen deutlich, daß Hydrolyse mit Phospholipase C aus Bacillus cereus offensichtlich eine Esterfunktion in der sn-2-Position von Glyzerin voraussetzt. Bei einem Vergleich der Hydrolyseraten von 1-O-Palmitoyl-sn-glyzero-3-phosphocholin mit 1.2-O.O-Dipalmitoyl-sn-glyzero-3-phosphocholin erfolgt die Hydrolyse des einkettigen Lysolezithins um einen Faktor von ca. 200 langsamer (~ 0,5 % der spezifischen Aktivität von 1.2-O.O-Dipalmitoyl-sn-glyzero-3-phosphocholin). Noch geringer sind die Hydrolyseraten für das entsprechende 1-O-Hexadekyl-sn-glyzero-3-phosphocholin. Neben der fehlenden Esterfunktion in der sn-2-Position ist die sn-1-Position des Glyzerins mit einer Ätherfunktion besetzt. Doch ist im Gegensatz zu 1.2-O.O-Dihexadekyl-rac-glyzero-3-phosphocholin die Substrateigenschaft gegenüber dem Enzym noch deutlich meßbar vorhanden.

Neben den bereits diskutierten Strukturvariationen im apolaren Bereich werden jedoch auch Änderungen im polaren Bereich empfindlich registriert – selbst bei Erhalt der neutralen Oberflächeneigenschaften, wenn die negative Ladung am Phosphat durch eine positive Ladung am Stickstoff kompensiert und damit neutralisiert ist. So ist die Hydrolyserate für 1.2-O.O-Dimyristoyl-sn-glycero-3-phospho-(N.N.N-trimethyl)-hexanolamin um einen Faktor von etwa 10^4 langsamer als das entsprechende 1.2-O.O-Dimyristoyl-sn-glyzero-3-phosphocholin. Das Enzym erkennt auch die Position des Phosphocholinrestes. 1.3-O.O-Dipalmitoyl-glyzero-2-phosphocholin besitzt deutlich geringere Substrateigenschaften als das 1.2-Isomere. Damit stehen zahlreiche Möglichkeiten der chemischen Strukturvariation zur Verfügung, die eine Feineinstellung der Substrateigenschaften für Phospholipase C zulassen. Damit öffnen sich Möglichkeiten, um Substanzen wie 1.2-O.O-Diazylglyzerine, 1-O-Azyl-2-O-alkylglyzerine oder Alkanole ganz gezielt und kinetisch kontrolliert in der Zelle zu generieren, da die entsprechenden Vorläufer in Form von Phosphocholinderivaten einfach in die Zelle eingeschleust werden können (31). Die genannten Substanzen haben als Stimulatoren oder Inhibitoren für Proteinkinase C in den letzten Jahren besonderes Interesse gefunden (32–35).

Experimente in Zellkulturen

Um Unterschiede zwischen den verschiedenen (Alkyl)-Lysophospholipiden in ihrer biologischen Wirkung aufzuzeigen, haben wir zwei verschiedene Zelltypen ausgewählt. Beispielsweise sind Humanerythrozyten metabolisch fast inert und können Unterschiede in den physikalischen Eigenschaften der (Alkyl)-Lysolezithine erkennen. Raji-Zellen dagegen als metabolisch aktive Strukturen können Unterschiede im Metabolismus deutlich machen.

Die Hämolyseraten von Humanerythrozyten für unterschiedliche (Alkyl)-Lysolezithine sind praktisch gleich, d. h. Unterschiede in der Struktur der (Alkyl)-Lysolezithine im apolaren Bereich werden nicht erkannt, wenn die Kettenlänge der Alkyl- oder Azylreste 16 bis 18 Kohlenstoffatome beträgt. Die hämolytische Grenzkonzentration stimmt mit der kritischen Mizellkonzentration (5, 6, 36) weitgehend überein. Das gilt insbesondere auch für Moleküle, die sich lediglich im Abstand zwischen Phosphor und Stickstoff unterscheiden, eine im Hinblick auf die später zu diskutierenden metabolischen Daten besonders wichtige Tatsache.

Ein völlig anderes Bild ergibt sich jedoch in der Raji-Zelle (Abbildung 3). Strukturelle Unterschiede werden durchaus erkannt. Sie äußern sich in unterschiedlichen toxischen Eigenschaften, die gut über einen differenzierten Metabolismus der Substanzen in der Zelle verstanden werden können. Ausgehend von 1-O-Oktadekyl-2-O-methyl-rac-glyzero-3-phosphocholin, einer sehr toxischen Struktur, ergeben sich erste Hinweise, daß Substrateigenschaften gegenüber Phospholipase C oder Phospholipase D wesentlich für die giftige Wirkung dieser Substanzen sein könnten. Denn 1-O-Oktadekyl-2-O-methyl-rac-glyzero-3-phosphocholin ist weder ein Substrat für Alkylglyzerinmonooxygenasen noch für Transesterasen. Entsprechend toxisch ist 3-O-Hexadekyl-sn-glyzero-1-phosphocholin, ein (Äther)-Lysolezithin mit nicht natürlicher Konfiguration. Denn die jetzt vorhandenen Substrateigenschaften gegenüber Alkylglyzerinmonooxygenasen reichen zumindest in der Raji-Zelle nicht aus, um Unterschiede in der Zytotoxizität im Vergleich zu 1-O-Oktadekyl-2-O-methyl-rac-glyzero-3-phosphocholin sichtbar werden zu lassen. Auch hier fällt auf, daß die Substrateigenschaften gegenüber Phospholipase C oder D offensichtlich nicht im Sinne einer

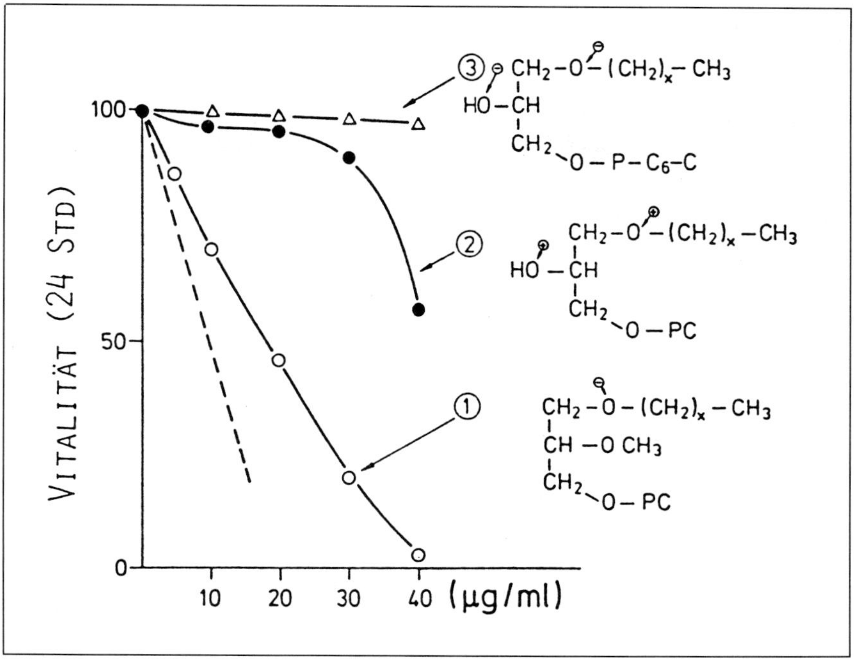

Abbildung 3. Zellvitalität von Raji-Zellen nach Inkubation mit Lysolezithinen (24 Stunden). Zellvitalität (0 bis 100 %) ist gegen steigende Konzentration an verschiedenen (Alkyl)-Lysolezithinen aufgetragen. Drei verschiedene Substanzgruppen lassen sich unterscheiden. PC, Phosphocholin; P-C_6-C, Phospho-(N.N.N.-trimethyl)-hexanolamin; x = 15, 17.

Entgiftung wirken. Beide Substanzen sind deshalb in Abbildung 3 zu einer Gruppe zusammengefaßt, die weitere Vertreter ähnlicher Toxizität beinhaltet (Substanzgruppe 1).

Erwartungsgemäß erweist sich 1-O-Hexadekyl-sn-glyzero-3-phosphocholin, ein (Äther)-Lysolezithin mit natürlicher Konfiguration, weniger toxisch als das obengenannte Isomere. Es kann durch Phosphatidylinositol-abhängige Transesterasen azyliert (Arachidonsäure) und damit entgiftet werden, obwohl die Substanz auch ein Substrat für Phospholipase C und D ist. Bei konkurrierenden Reaktionen ist es immer eine Frage der Kinetik, welcher Prozeß dominiert. In obigem Falle ist offensichtlich die Azylierung, der Entgiftungsprozeß (Substanzgruppe 2 in Abbildung 3), von überwiegender Bedeutung.

Überraschenderweise finden sich jedoch in Substanzgruppe 3 Strukturen, die völlig untoxisch sind, beispielsweise 1-O-Hexadekyl-sn-glyzero-3-phospho-(N.N.N-trimethyl)-hexanolamin. Aufgrund des erweiterten Phosphor-Stickstoff-Abstandes können diese Moleküle durch Phospholipase C oder D nicht hydrolysiert und durch Phosphatidylinositol-abhängige Transesterasen nicht azyliert werden. Es sind metabolisch weitgehend inerte Moleküle. Die Schlußfolgerung ist naheliegend, daß die fehlende Toxizität auf die fehlenden Substrateigenschaften gegenüber Phospholipase C und/oder D zurückgeführt werden kann. Aus diesem Grunde war es für uns wichtig zu untersuchen, welche Stoffwechselprodukte entstehen, wenn (Alkyl)-Lysolezithine in der Raji-Zelle metabolisiert werden.
Diese Untersuchungen können vorteilhaft an 1-O-Oktadekyl-2-O-methyl-rac-glyzero-3-phosphocholin durchgeführt werden, einem (Äther)-Lysophospholipid, das eingeschränkte Substrateigenschaften gegenüber phospholipidmetabolisierenden Enzymen besitzt und, wie schon gesagt, nur durch Phospholipase C und/oder D umgesetzt werden kann. Das biologische Schicksal der radioaktiv markierten Moleküle in Raji-Zellen wurde verfolgt und festgestellt, daß in Abhängigkeit von der Inkubationsdauer steigende Mengen eines neuen, radioaktiv markierten Produkts entstehen, das als 1.2-O.O-Diazyl-sn-glyzero-3-phosphocholin (19, 20) identifiziert werden konnte.
Als wichtiges Ergebnis dieser Studien muß jedoch festgehalten werden, daß die metabolischen Umwandlungen von 1-O-Oktadekyl-2-O-methyl-rac-glyzero-3-phosphocholin in Raji-Zellen zur Bildung von Lezithin führen, während wasserlösliches Phosphocholin oder Cholin nicht beobachtet werden können. Das bedeutet, daß Phosphocholin in einem direkten Transfer von 1-O-Oktadekyl-2-O-methyl-rac-glyzero-3-phosphocholin auf 1.2-O.O-Diazyl-sn-glyzerin übertragen wird unter Freisetzung von 1-O-Oktadekyl-2-O-methyl-rac-glyzerin, d. h. die enzymatisch katalysierte Reaktion beruht auf einem Phosphocholinaustausch zwischen primären Alkoholen. Das Enzym ist eine Phosphocholintransferase und keine Phospholipase C. Damit haben wir im Rahmen dieser Untersuchungen eine im Prinzip neue enzymatische Reaktion gefunden.

Vergleich von Substrataktivitäten mit toxischen Eigenschaften in vitro und in vivo

Substrateigenschaften von (Alkyl)-Lysolezithinen gegenüber phospholipidmetabolisierenden Enzymen sollen verglichen werden mit den toxischen Eigenschaften der Substanzen, in vitro an Raji-Zellkulturen und in vivo an Ratten mit Methylnitrosoharnstoff-induzierten Mammakarzinomen. Aus diesem Vergleich sollten sich Hinweise ergeben, welche phospholipidmetabolisierenden Enzyme in dem genannten Modell eine dominierende Rolle spielen, entweder in der Entgiftung oder der Giftung von (Alkyl)-Lysolezithinen. Die dadurch gewonnenen Erkenntnisse können dann in neue Strukturen umgesetzt werden, die selektiveren Angriff auf die Tumorzelle ermöglichen.

Bei einer schrittweisen Variation der chemischen Struktur dieser Substanzen können wir eine zunehmende Toxizität wahrnehmen, die anhand der Umsatzraten für phospholipidmetabolisierende Enzyme erklärt werden kann. 1-O-Hexadekyl-sn-glyzero-3-phosphocholin besitzt im Konzentrationsbereich von 5 bis 40 μg/ml nur geringe wachstumshemmende Eigenschaften für die Raji-Zelle. Das ist verständlich, denn Phosphatidylinositol-abhängige Transesterasen wirken entgiftend. Diese Entgiftung ist erschwert im Falle von 1-O-Hexadekyl-propandiol-(1.3)-phosphocholin, denn dort besteht die Möglichkeit einer Detoxifizierung durch Transesterasen nicht mehr. Die Substanz wird zu einem Zellgift für die Raji-Zelle, erweist sich jedoch im Ganztierversuch nicht als toxisch, da dort die Leber als metabolisch aktivstes Organ die Entgiftung übernimmt, – möglicherweise über Alkylglyzerinmonooxygenasen, für die 1-O-Hexadekyl-propandiol-(1.3)-phosphocholin ein gutes Substrat ist. Im Gegensatz dazu sind die Substrateigenschaften für das Isomere 1-O-Hexadekyl-propandiol-(1.2)-phosphocholin gegenüber Alkylglyzerinmonooxygenasen deutlich geringer. Neben der deshalb erwarteten Toxizität für die Raji-Zelle wird im Ganztier auch der Tumor erreicht und in seinem Wachstum gehemmt, ohne daß erhebliche Nebenwirkungen auftreten. 1-O-Hexadekyl-propandiol-(1.2)-phosphocholin ist damit die erste Substanz aus der Reihe der (Alkyl)-Lysolezithine, die therapeutische Breite und damit eine selektive Toxizität für den Methylnitrosoharnstoff-induzierten Tumor besitzt (37).
Für 1-O-Oktadekyl-2-O-methyl-rac-glyzero-3-phosphocholin beobachten wir dann erstmals das ganze Spektrum der Toxizität, – für die Raji-Zelle, für den Tumor und für die Ratte. Denn entgiftende Substrateigenschaften fehlen jetzt vollkommen. Das Substrat kann weder durch Alkylglyzerinmonooxygenasen noch durch Transesterasen abgebaut werden. Gleichzeitig werden aber höhere Umsatzraten für Phospholipase C gefunden. Substrateigenschaften für Phospholipase C sind offensichtlich Voraussetzung für die Toxizität dieser Substanzen in vitro und in vivo. Die therapeutische Breite ist gering, zumindest in dem hier untersuchten Tumormodell.

Die vorliegenden Daten zeigen, daß Substanzen dann eine stark toxische Wirkung besitzen, wenn Substrateigenschaften für Alkylglyzerinmonooxygenasen oder Phosphatidylinositol-abhängige Azyltransferasen (entgiftende Enzyme) fehlen und gleichzeitige Substrateigenschaften gegenüber Phospholipase C und/oder D vorhanden sind. So ist 1-O-Oktadekyl-propandiol-(1.3)-phospho-(N.N.N-trimethyl)-hexanolamin wenig toxisch, da es kein Substrat für Phos-

pholipase C ist, ganz im Gegensatz zu 1-O-Oktadekyl-2-O-methyl-rac-glyzero-3-phosphocholin.
Übersetzt man diese Erkenntnisse konsequent in eine chemische Struktur, die die minimalen Voraussetzungen für ein Antitumormittel auf dieser Basis erfüllt, so ergibt sich, daß der Glyzeringrundkörper oder auch das Propandiolgrundgerüst nicht notwendigerweise essentielle Strukturelemente darstellen. Ein Verzicht auf diese elementaren Bausteine von Phospholipiden oder von phospholipidanalogen Verbindungen führt zu einer neuen Substanzklasse, die nur noch Substrateigenschaften gegenüber Phospholipase C, Phosphocholintransferasen oder Phospholipase D besitzt. Hexadekylphosphocholin, als Produkt dieser rationalen Überlegungen, besitzt in der Tat äußerst günstige Eigenschaften in den hier untersuchten Modellsystemen. Es ist toxisch für Raji-Zellen und toxisch für den Tumor – besitzt jedoch nur eine geringe Toxizität für das Tier (38). Die Substanz besitzt eine ausgezeichnete therapeutische Breite und wird im Augenblick am Klinikum in Göttingen auf ihre antineoplastischen Eigenschaften untersucht.

Zusammenfassung und Ausblick

Über vergleichende Untersuchungen an Erythrozyten und Raji-Zellkulturen konnten wir zeigen, daß die geringen Unterschiede in den physikalischen Eigenschaften der (Alkyl)-Lysophospholipide nicht ausreichen, um ihre sehr unterschiedliche Toxizität in Raji-Zellen zu erklären. Bei einem Vergleich der Substrateigenschaften dieser Substanzen gegenüber verschiedenen phospholipidmetabolisierenden Enzymen mit deren Toxizität wird deutlich, daß Substrateigenschaften gegenüber Phospholipase C und möglicherweise Phospholipase D vorhanden sein müssen, um toxische Eigenschaften in dem von uns untersuchten Konzentrationsbereich hervorzurufen. Bei diesen Arbeiten haben wir ein neues Enzym entdeckt. Es überträgt den Phosphocholinrest aus (Alkyl)-Lysophospholipiden direkt auf Diazylglyzerin unter Bildung eines Alkohols. Dieser Alkohol oder ein Folgemetabolit stellt möglicherweise ein neues toxisches Prinzip dar. Den Beobachtungen müssen jetzt gezielte Untersuchungen folgen, um die Eigenschaften der Phosphocholintransferase genauer zu studieren.
In den vergangenen Jahren sind apolare Lipide wie Diazylglyzerine mit besonderem Interesse getestet worden, da diese Lipide ausgezeichnete Stimulatoren für die kalziumaktivierte und phospholipidabhängige Proteinkinase C darstellen (32, 33). Besonders Strukturen wie 1-O-Oleoyl-2-O-azetyl-sn-glyzerin (34) sind untersucht worden, aber auch einfache Lipide wie 1.2-O.O-Dioktanoyl-sn-glyzerin (35). Im Augenblick ist über den Einfluß von chemischen Strukturvariationen im apolaren Bereich von Glyzerinderivaten auf den Aktivierungspro-

zeß wenig bekannt. Als Vorläufer der Strukturen werden im allgemeinen Phosphatidylinositole genannt, die über eine Hydrolyse mit Phospholipase C in die Aktivatoren umgewandelt werden.
Bei unseren Untersuchungen über Phospholipide mit eingeschränktem Metabolismus und ihrem Einfluß auf die Eigenschaften von Biomembranen wollten wir versuchen, Zellmembranen in gezielter Weise über den Einbau schlecht metabolisierbarer Lysolezithine zu verändern. Als Schwerpunkt dieser Studien war vorgesehen, die Zellmembran möglichst nahe in kritische Bereiche zu führen, d. h. den Lysolezithingehalt der Membran zu erhöhen und damit Eigenschaften wie Fluidität und Permeabilität der Membran in gewünschter Weise zu beeinflussen. Diese Untersuchungen wurden dann sehr rasch in eine andere Richtung gelenkt, als wir zeigen konnten, daß Alkyllysolezithine und auch Alkylphospholipide in der Zelle durch Phospholipase C oder durch eine Phosphocholintransferase in apolare Strukturen umgewandelt werden, die den Diazylglyzerinen sehr ähnlich sind, aber mit Sicherheit schlechter metabolisiert werden können. Möglicherweise besetzen die entstehenden Alkylglyzerine oder langkettigen Alkanole Rezeptorplätze für Diazylglyzerine in irreversibler Weise. So können Raji-Zellen mit sehr geringen Konzentrationen an Alkylphosphocholinen in ihrem Wachstum gehemmt werden. Aus völlig anderen Überlegungen sind wir so möglicherweise auf Substanzen gestoßen, die die Aktivität von Proteinkinase C beeinflussen. Wir haben ausgezeichnete Voraussetzungen, um Untersuchungen über den Einfluß der chemischen Struktur von Diazylglyzerinen auf die Aktivierung oder Inhibition von Proteinkinase C zu führen. Einfache Verfahren zur Darstellung der notwendigen Ausgangsverbindungen wurden von uns ausgearbeitet und sind bereits publiziert (39, 40).
Aus den bisherigen Untersuchungen konnte kein Hinweis erhalten werden, daß Alkylglyzerinmonooxygenasen bei der selektiven Wirkung von (Alkyl)-Lysolezithinen an Tumorzellen von Bedeutung sein könnten. Insbesondere das in diesem Zusammenhang häufig diskutierte (Alkyl)-Lysolezithin, 1-O-Oktadekyl-2-O-methyl-rac-glyzero-3-phosphocholin, kann diese Erwartungen kaum erfüllen, da es zumindest kein direktes Substrat für Alkylglyzerinmonooxygenasen ist.
Entgegen der gängigen Auffassung in der Literatur, konnten wir nachweisen, daß Azyl-Coenzym A-abhängige Azyltransferasen (Äther)-Lysolezithine nicht azylieren können. Diese Beobachtung erlaubt die wichtige Schlußfolgerung, daß die Stoffwechselwege für (Ester)- und (Äther)-Lysolezithine, sehr wahrscheinlich allgemein für (Ester)- und (Äther)-Lysophospholipide in der Zelle völlig verschieden und in separaten Zyklen ablaufen. Die Azylierung der (Äther)-Lysolezithine erfolgt über phosphatidylinositolabhängige Transesterasen, deren Eigenschaften ebenfalls genauer, besonders hinsichtlich des Einflusses der Struktur auf die Substrateigenschaften, untersucht werden müssen.

Wir haben gezeigt, daß über ein Verständnis des metabolischen Schicksals von (Äther)-Lysolezithinen und über ein Studium der damit verbundenen Enzyme Erkenntnisse gewonnen werden, deren Übersetzung in chemische Strukturen zu selektiveren Antitumormitteln führen kann. Dieses Konzept war erfolgreich und hat zu der Entwicklung einer neuen und einfachen Klasse antineoplastischer Substanzen geführt, den Alkylphosphocholinen. Ob die vielversprechenden Eigenschaften der neuen Substanzen in der Klinik bei der Behandlung von Humantumoren bestätigt werden können, muß abgewartet werden.

Literatur

1 Brock N (1976) Experimental basis of cancer chemotherapy. In: Hellmann K, Connors TA (eds) Chemotherapy. Plenum, New York

2 Lands WEM (1960) Metabolism of glycerolipids. II. The enzymatic acylation of lysolecithin. J Biol Chem 235: 2233–2237

3 Eibl H, Hill EE, Lands WEM (1969) The subcellular distribution of acyltransferases which catalyze the synthesis of phospholipids. Eur J Biochem 9: 250–258

4 Okuyama H, Eibl H, Lands WEM (1971) Acyl-Coenzyme A: 2-Acyl-sn-glycerol-3-phosphate acyltransferase activity in rat liver microsomes. Biochem Biophys Acta 248: 263–273

5 Reman FC, Demel RA, van Deenen LLM, Eibl H, Westphal O (1969) Studies on the lysis of red cells and bimolecular lipid leaflets of bovine erythrocytes by lysolecithins, lecithins and structural analogs. Chem Phys Lipids 3: 221–233

6 Arnold D, Weltzien HU (1968) Über die strukturabhängige hämolytische Aktivität einiger Cholin Phospholipide. Z Naturforsch 23 B: 675–683

7 Unger C, Eibl H (1986) Phospholipide als Antitumormittel – Zytotoxische Prinzipien als Ergebnis von Strukturvariationen. In: Nagel GA (ed) Mammakarzinome. Springer, Berlin Heidelberg, pp 115–123

8 Demopoulos CA, Pinckard RN, Hanahan DJ (1979) Platelet-activating factor. Evidence for 1-O-alkyl-2-acetyl-sn-glycerol-3-phosphorylcholine as the active component (A new class of lipid chemical mediators). J Biol Chem 254: 9355–9358

9 Benveniste J, Tence M, Varenne P, Bidault J, Boullet C, Polonsky J (1979) Semisynthesis and proposed structure of platelet-activating factor (PAF): PAF-acether, an alkyl ether analog of lysophosphatidylcholine. CR Hebd Seances Acad Sci Ser D 289: 1037–1040

10 Söling H-D, Eibl H, Fest W (1984) Acetylcholine-like effects of 1-O-alkyl-2-O-acetyl-sn-glycero-3-phosphocholine (»Platelet Activating Factor«) and its analogues in exocrine secretory glands. Eur J Biochem 144: 65–72

11 Berridge MJ (1986) Intracellular signalling through inositol triphosphate and diacylglycerol. Biol Chem Hoppe-Seyler 367: 447–456

12 Munder PG (1973) Biochemische und biologische Untersuchungen zum Wirkmechanismus von Adjuvantien (Habilitationschrift), Universität Freiburg

13 Unger C, Eibl H, von Heyden H-W, Nagel GA (1985) New assay for the O-alkyl cleavage enzyme with alkyl-lysophospholipids as substrates. Cancer Res 45: 616–618
14 Kötting J, Unger C, Eibl H (1986) The first spectrophotometric assay for the determination of O-Alkyl cleavage enzymes. J Cancer Res Clin Oncol 111: 24
15 Kötting J, Unger C, Eibl H (in press) A continuous assay of alkylglyceromonooxygenase (E.C. 1.14.16.5). Anal Biochem
16 Berdel WE (1986) Antineoplastische Wirkung von Äther-Lipid-Derivaten. In: Thieme Copythek. Thieme, Stuttgart New York
17 Andreesen R, Weltzien H-U, Eibl H, Common HH, Löhr GW, Munder PG (1978) Selective destruction of human leukemic cells by alkyl-lysophospholipids. Cancer Res 38: 3894–3899
18 Neumüller W, Fleer EAM, Unger C, Eibl H (1987, in press) Enzymatic acylation of (ester)- and (ether)-lysophospholipids in rat liver microsomes. Lipids
19 Eibl H, Unger C (1986) Phospholipide als Antitumormittel – ein neues Konzept. In: Nagel GA (ed) Mammakarzinome. Springer, Berlin Heidelberg, pp 124–132
20 Fleer EAM, Kim D-J, Unger C, Eibl H (1986) 1-0-Octadecyl-2-0-methyl-rac-glycero-3-phospho-[^{3}H-methyl]-cholin: Chemical preparation and metabolism in leukemic Raji-cells. In: Muccino RR (ed) Synthesis and Applications of Isotop. Lab. Compounds 1985. Elsevier, Amsterdam, pp 473–478
21 Soodsma JF, Piantadosi C, Snyder F (1970) The biocleavage of alkyl glycerol ethers in Morris hepatomas and other transplantable neoplasms. Cancer Res 30: 309–311
22 Snyder F, Wood R (1968) The occurrence and metabolism of alkyl and alk-1-enyl ethers of glycerol in transplantable rat and mouse tumors. Cancer Res 28: 972–978
23 Snyder F, Wood R (1969) Alkyl and alk-1-enyl ethers of glycerol in lipids from normal and neoplastic human tissues. Cancer Res 29: 251–257
24 Tietz A, Lindberg M, Kennedy EP (1964) A new pteridine-requiring enzyme for the oxydation of glyceryl ethers. J Biol Chem 239: 4081–4090
25 Berdel WE, Schlehe H, Fink U, Emmerich B, Naubach PA, Emslander HP, Daum S, Rastetter J (1982) Early tumor and leukemia response to alkyl-lysophospholipids in a phase-I-study. Cancer 50: 2011–2015
26 Rock CO, Baker RC, Fitzgerald V, Snyder F (1976) Stimulation of the microsomal alkylglycerol monooxygenase by catalase. Biochim Biophys Acta 450: 469–473
27 Unger C, Eibl H, Kim D-J, Fleer EAM, Bartsch HH, Nagel GA, Pfitzenmaier K (1987) Sensitivity of leucemic cell lines to cytotoxic alkyl-lysophospholipids in relation to O-alkyl cleavage enzyme activities. JNCI 78: 219–222
28 Robertson AF, Lands WEM (1964) Metabolism of phospholipids in normal and spherocytic human erythrocytes. J Lipid Res 5: 88–93
29 Eibl H, Westphal O, van den Bosch H, van Deenen LLM (1970) Synthesen von Cholinphosphatiden, VI: 3-Palmitoyl-sn-glycerin-1-phosphorylcholin (D-α-Lysolecithin) und dessen Unwirksamkeit als Substrat für Acyltransferasen (Lecithin-Synthese). Liebigs Ann Chem 738: 161–169
30 Diembeck W, Eibl H (1979) Synthesis of phospholipid analogues. Variation of PN-distance. Chem Phys Lipids 24: 237–244
31 Fleer EAM, Unger C, Kim D-J, Eibl H (in press) Metabolism of etherlipids. Lipids
32 Michell B (1983) Ca^{2+} and protein kinase C: two synergistic cellular signals. TIBS 8: 263–265
33 Nishizuka Y (1984) The role of protein kinase C in cell surface signal transduction and tumor promotion. Nature 308: 693–698

34 Ebeling JG, Vandenbark GR, Kuhn LJ, Ganong BR, Bell RM, Niedel JE (1985) Diacylglycerols mimic phorbol diester induction of leukemic cell differentiation. PNAS 82: 815–819
35 Jannun YA, Loomis CR, Bell RM (1985) Activation of protein kinase C by Triton X-100 mixed micells containing diacylglycerol and phosphatidylserine. J Biol Chem 260: 10039-10043
36 Kovatchev S, Vaz WLC, Eibl H (1981) Lipid dependance of the membrane-bound D-lactate dehydrogenase of Escherichia coli. Biochemistry 256: 10369–10374
37 Muschiol C, Berger MR, Schmähl D, Unger C, Eibl H (1986) Anticancer activity of new alkyllysophospholipid derivatives. J Cancer Res Clin Oncol 111: 22
38 Berger MR, Schmähl D, Muschiol C, Unger C, Eibl H (1986) Alkylphosphocholines as anticancer agents. J Cancer Res Clin Oncol 111: 524
39 Eibl H, Woolley P (1986) Synthesis of enantiomerically pure glyceryl esters and ethers: I. Methods employing the precursor 1.2-isopropylidene-sn-glycerol. Chem Phys Lipids 41: 53–63
40 Eibl H, Woolley P (1987, in press) Synthesis of enantiomerically pure glyceryl esters and ethers: II. Methods employing the precursor 3.4-isopropylidene-D-mannitol. Chem Phys Lipids

Für die Verfasser: *Dr. H. Eibl,* Max-Planck-Institut für biophysikalische Chemie, Am Faßberg, D-3400 Göttingen

Selective Cytotoxic Action of Ether-Lipid Analogs of PAF: Mechanistic Studies Related to Their Metabolism, Subcellular Localization, and Effects on Cellular Transport Systems

F. Snyder, M. Record, Z. Smith, M. L. Blank and D. R. Hoffman
Medical and Health Sciences Division,
Oak Ridge Associated Universities, Oak Ridge, Tennessee, USA

Introduction

Unnatural ether-linked phospholipids that have been shown to exhibit selective antitumor properties (3), often referred to as ALP[1], are closely related structural analogs of platelet activating factor, i.e., PAF (13,18), one of the most potent and diverse cellular mediators known. Whereas the molecular structure of PAF and ALP are very similar, the biological responses elicited by each are totally different. The chemical structure of PAF was discovered in the Fall of 1979 by three independent groups (2,5,6). Our own work was directed toward the identification of the active antihypertensive principle from rat kidney, called APRL by *Muirhead* (14); we (5) synthesized 1-alkyl-2-acetyl-GPC and found it possessed antihypertensive properties that were identical to APRL. At the same time, *Demopoulos, Pinckard,* and *Hanahan* (6) in San Antonio and *Benveniste* et al. (2) in Paris, who were working on the elucidation of the PAF structure, demonstrated that 1-alkyl-2-acetyl-GPC had biological activities identical to PAF. Identification of the chemical structure of PAF isolated from IgE-sensitized rabbit basophils (8) and the characterization of key enzymes responsible for the metabolism of PAF in various tissues (1,4,12,15,19) documented the natural occurrence of PAF. In contrast, the ALP antitumor analogs do not occur naturally and they do not possess PAF properties, just as PAF and other PAF agonists exhibit no antitumor properties.

This report summarizes some of our recent biochemical experiments with the sn-2 methoxy and sn-2 acetamide analogs of PAF. Results were compared with data obtained with PAF under similar conditions. Emphasis has been placed on (a) structural-antitumor activity responses of various PAF analogs, (b) metabolism and subcellular distribution of the radiolabeled methoxy analog of

---

[1]Abbreviations: GPC = glycero-3-phosphocholine; PAF = platelet activating factor or 1-alkyl-2-acetyl-GPC; ALP = alkyllysophospholipid; APRL = antihypertensive polar renal lipid

PAF, and (c) the effect of the methoxy and acetamide analogs of PAF on the transport of essential nutrients across the cellular membrane.

Methods

Methods used for cell culture incubations reported in this paper have been described earlier (9,11). Details of other experimental procedures will soon be provided in regular journal articles of the original work. Specific references to earlier published methods or the description of pertinent technical information will be cited where appropriate in the next section.

Results and discussion

Efficacy of various PAF analogs as selective antitumor agents

Investigations from our laboratory have compared the selective cytotoxic activity of various PAF analogs (9–11) towards two human leukemic cell lines (HL-60 (sensitive) and K-562 (insensitive) cells), human neutrophils, and Madin-Darby canine kidney cells. These cells were selected for a detailed characterization of the cytotoxic response since much information is already known about other aspects of their biochemistry. Under our experimental conditions it is clear that the most potent PAF analogs with selective antitumor activity are those with acetamide or methoxy substituents at the sn-2 position of ALP. Our data have also shown PAF and related agonists are poor antitumor agents and

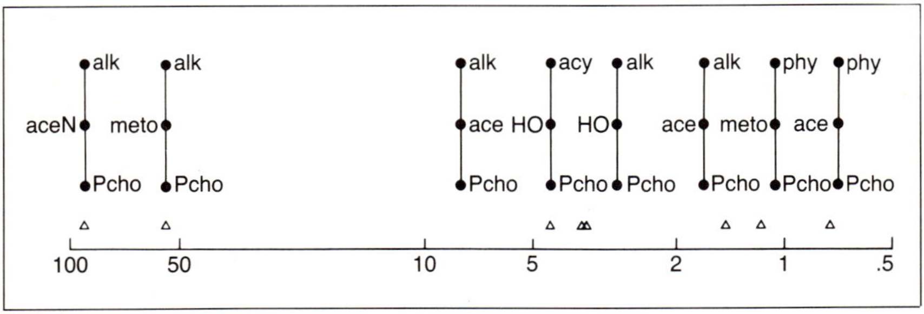

Figure 1. Selectivity index of cytotoxic activity of alkylphospholipid analogs toward HL-60 cells compared to human polymorphonuclear neutrophils. Data are from references 9 and 11. Symbols used in this figure represent the following terms: alk = alkyl; acy = acyl; ace = acetate; aceN = acetamide; metO = methoxy; phy = phytanyl; Pcho = phosphocholine.

that an opposite relationship exists between alkylether phospholipids exhibiting PAF activity (hypotensive, inflammatory, and allergic reactions) and those possessing selective antitumor properties (figure 1).

Metabolism of rac-1-9,10-^{3}H-octadecyl-2-methoxy-GPC

Unlike PAF, its methoxy analog is poorly metabolized by all of the cells we studied (HL-60, K562, human neutrophils, and Madin-Darby canine kidney cells) (10). The potential enzymatic reactions that the methoxy analog of PAF could participate in are shown in the scheme illustrated in figure 2. However, during a 20-hr incubation with any of the cell types used in these studies, less than 10 % of the methoxy analog was catabolized (table I). Only minute amounts (about 1 % of total label incubated) of ^{3}H-alkylmethoxyglycerol were detected in HL-60 cells and human neutrophils; these results suggest that phospholipase C activity does not play an important role in the degradation of the methoxy analog in any of the cells used in this investigation.

Also small amounts of radioactivity were found in the alkylacyl-glycerophosphocholine fraction on thin-layer chromatograms in lipid extracts from all of the cell types incubated with the labeled methoxy analog (table I). In order for this product to be formed, the methoxy group would first need to be cleaved; human

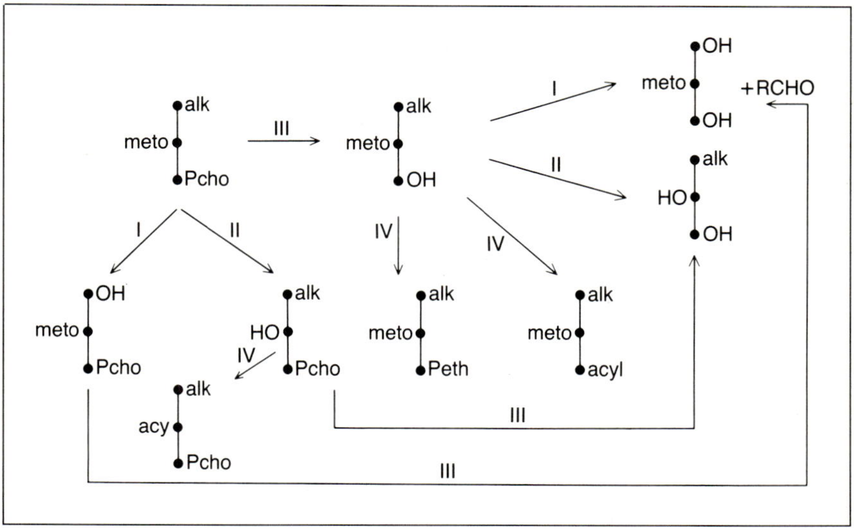

Figure 2. Potential enzymatic routes for the metabolism of the methoxy analog of PAF. See figure 1 for abbreviations. I cleavage of alkyl; II cleavage of methoxy; III hydrolysis of phosphocholine; IV phosphobase or acyltransferase.

neutrophils produced the greatest quantity of this acylated lipid. Although these data suggest that an enzyme exists for the oxidation of the methoxy group, the activity for such cleavage activity must be extremely low.

We have also found that the methoxy analog of PAF does not serve as substrate for the Pte · H_4-dependent alkyl cleavage enzyme (figure 3). This came as no surprise since our laboratory has previously shown that neither PAF (12) nor other alkylphospholipids with a substituent at the sn-2 position (17) serve as substrates for the alkyl monooxygenase.

Table I. Metabolism of ^{3}H-methoxy analog of PAF in various cell types[a].

Cell type	Analog not metabolized %	Products, %	
		Alkylmethoxy-glycerol	Alkylacyl-GPC
HL-60	93	1.1	4.0
K-562	92	0	4.8
Human neutrophils	87	1.4	8.2
Madin-Darby canine Kidney cells	97	0	3.5

[a]rac-l-9', 10'-^{3}H-octadecyl-2-methoxy-GPC was incubated with cells for 20 hr. The data in this table are from reference 10.

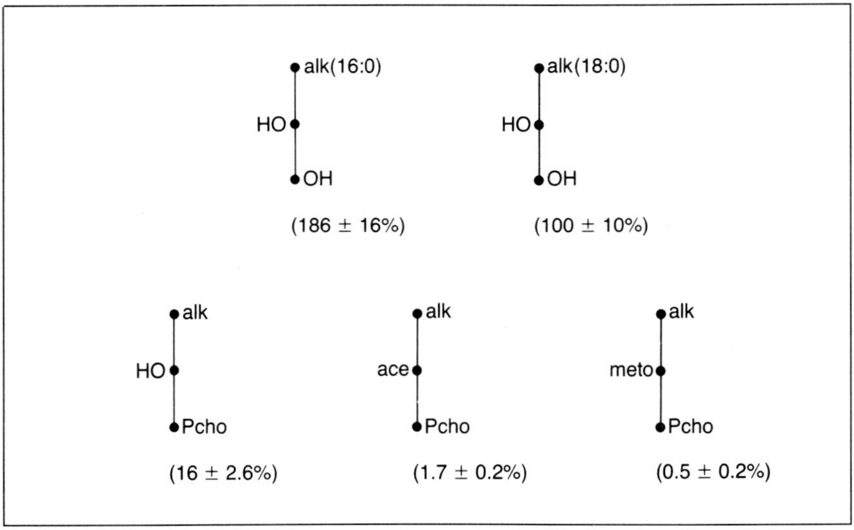

Figure 3. Specificity of Pte·H_4-dependent alkyl cleavage enzyme for glycerolipids. Data are from reference 10. See figure 1 for abbreviations.

It is possible that some metabolite of the methoxy analog of PAF might be the active agent that triggers the antitumor action. However, this thought is tempered by the fact that the bulk of the methoxy analog still remains intact even after 20 hr of incubation with the various cell types. This becomes more meaningful when one considers that we have previously demonstrated that under our cell culture conditions, the HL-60 cells are unable to recover if their exposure to the methoxy analog of PAF extends beyond 3 hr (9). Therefore, any mechanistic explanation for the cytotoxic effect of the methoxy analog towards HL-60 cells must involve a cellular event(s) that occurs during the first 3 hr of exposure of the cells to the analog.

Subcellular distribution of labeled rac-1-9,10-^{3}H-octadecyl-2-methoxy-GPC

We examined the subcellular distribution of the tritiated labeled methoxy analog of PAF in cells exposed for short periods (30 sec or 5 min) and longer times (24 hr after a 5-min exposure to the analog) in membrane fractions isolated by ultracentrifugation in a Percoll gradient (16). Results of these experiments demonstrated that the plasma membrane of HL-60 cells contain the highest amount of the methoxy analog and that this fraction becomes enriched with the labeled methoxy analog as a function of time (table II). Furthermore, a significant portion of the tritiated analog was shown to enter the cell where it is closely associated with intracellular membranes. In contrast, the labeled PAF

Table II. Distribution of radiolabeled PAF and the methoxy analog in subcellular fractions of HL-60 cells[a].

Phospholipid added	Plasma membrane	Mitochondria + lysosomes	Endoplasmic reticulum
	Ratio of tritium to protein[b]		
Methoxy analog (12 μM)			
30 sec	3.8	1.3	1.3
5 min (24 hr)[c]	5.3	1.2	1.4
PAF (12 μM)			
30 sec	3.1	0.9	1.0
5 min (24 hr)[c]	0.2	0.2	0.2

[a] Labeled PAF was 1-1', 2'-^{3}H-alkyl-2-acetyl-GPC and the labeled methoxy analog was rac-1-9', 10'-^{3}H-octadecyl-2-methoxy-GPC

[b] Ratio based on percentages of ^{3}H and protein in each subcellular fraction when compared to the homogenates.

[c] The labeled compounds were incubated for 5 min; cells were then washed and reincubated for 24 hr in fresh media.

was rapidly metabolized and associated with the plasma membrane of the HL-60 cells only after a short exposure (30 sec). There was no enrichment of the tritiated PAF in any of the membrane fractions with time and instead a uniform distribution of the label was seen in cells incubated for 5 min with ^{3}H-PAF and then reincubated in fresh media for 24 hr (table II). Autoradiographic analysis (10) of cells exposed to the tritiated methoxy analog or PAF for 20 hr revealed a cellular distribution pattern similar to that obtained for the HL-60 cell fractions isolated by ultracentrifugation.

Results of these preliminary subcellular fractionation studies indicate that the methoxy analog of PAF has a greater affinity for the HL-60 cells than for other cell types (neutrophils, K-562, and Madin-Darby canine kidney cells) and that the analog concentrates in the surface membranes of the HL-60 cells. However, the association of the methoxy analog not only with surface but also with intracellular membranes suggests that the deleterious effects of the cytotoxic ether-linked phospholipids in certain tumor cells undoubtedly are caused by multifaceted events during the very early stages of exposure of cells to the methoxy analog.

Effect of tumor-cytotoxic PAF analogs on the cellular transport of nutrients

In view of the enrichment of the methoxy analog of PAF in the plasma membrane, we examined the cellular uptake of a number of essential nutrients (amino acids, fatty acid, choline, thymidine) in HL-60 cells exposed for short periods to the cytotoxic ether phospholipid. The methoxy analog caused a marked inhibition in the uptake of methyl-^{3}H-choline by HL-60 cells (> 60 % decrease from the controls after a 1-hr exposure to the analog), but it had a much smaller effect on choline uptake in the K-562 resistant cells (approximately a 20 % decrease after a 1-hr exposure). In contrast, 1-alkyl-2-lyso-GPC had negligible effects on the uptake of choline in both the HL-60 and K-562 cells. The uptake of choline by the HL-60 cells was also reflected by the depressed incorporation of the tritiated choline into phosphatidylcholine of these cells. The acetamide analog caused a similar inhibition in choline metabolism in HL-60 cells, but the magnitude was not as great. These inhibitory actions of the methoxy or acetamide analogs in choline uptake occurred as early as 1 hr after a pre-exposure of the cells to the analog. In preliminary experiments carried out under similar conditions of pre-exposure of the HL-60 cells to the analog, we also observed that the transport of thymidine, methionine, and histidine, was significantly inhibited; the uptake of a non-metabolizable amino acid (2-aminoisobutyric acid) was also decreased in the HL-60 cells treated with the methoxy analog.

In other experiments, we examined the uptake of palmitic acid in HL-60 cells

exposed to the methoxy analog for only a short duration. Even after a 15-min exposure of the HL-60 cells to the methoxy analog, the uptake of ^3H-palmitic acid was decreased by 22 % from the control uptake values (90 pmol). Analysis of the distribution of the tritium in lipid classes revealed a general decrease in the incorporation of label into phospholipids, primarily in the phosphatidylcholine fraction, with a concommitant proportional increase of radioactivity in triacylglycerols. These results further indicate that the inhibitory action of the methoxy analog on cellular transport phenomena is a very early event.
Although the actual biochemical mechanism responsible for the inhibitory action of the methoxy analog on the cellular uptake of nutrient molecules is unknown at the present time, it appears to be an important consequence in the cytotoxic response that ultimately leads to cell death. Future work in this area must examine the specificity of the analog-induced inhibition of transport systems in various cell types and the physical-chemical nature of the interaction of the cytotoxic analogs with components of the membrane. Certainly differences in the cell surfaces (7) between normal and neoplastic cells could permit a unique interaction to occur between the cytotoxic analog and the tumor cell membrane that could account for the selective action of the methoxy or acetamide analogs of PAF toward certain tumor cells.

Acknowledgement

This work was supported by the Office of Energy Research, US Department of Energy (Contract No. DE-AC05-760R00033), the National Heart, Lung, and Blood Institute (Grant HL-27109-05), and the American Cancer Society (Grant BC-70-P) and the International Agency for Research in Cancer (P-1-2822).

References

1 Albert DH, Snyder F (1983) Biosynthesis of 1-alkyl-2-acetyl-sn-glycero-3-phosphocholine (platelet activating factor) from 1-alkyl-2-acyl-sn-glycero-3-phosphocholine by rat alveolar macrophages: Phospholipase A_2 and acetyltransferase activities during phagocytosis and ionophore stimulation. J biol Chem 258: 97
2 Benveniste J, Tence M, Varenne P, Bidault J, Boullet C, Polonsky J (1979) Semisynthese et structure purposee du facteur activant les plaquettes (P.A.F.); PAF-acether, un alkyl ether analogue de la lysophosphatidylcholine. CR Acad Sci (D), (Paris) 289: 1037
3 Berdel WE, Andreesen R, Munder PG (1985) Synthetic alkyl phospholipid analogs: a new class of antitumor agents. In: Kuo JF (ed) Phospholipids and Cellular Regulation. CRC Press, Inc., Baco Raton, pp 41–73
4 Blank ML, Lee T-C, Fitzgerald V, Snyder F (1981) A specific acetylhydrolase for 1-alkyl-2-acetyl-sn-glycero-3-phosphocholine. J biol Chem 256: 175

5 Blank ML, Snyder F, Byers LW, Brooks B, Muirhead EE (1979) Antihypertensive activity of an alkyl ether analog of phosphatidylcholine. Biochem Biophys Res Commun 90: 1194
6 Demopoulos CA, Pinckard RN, Hanahan DJ (1979) Platelet activating factor. Evidence for 1-O-alkyl-2-acetyl-sn-glyceryl-3-phosphorylcholine as the active component (a new class of lipid chemical mediators). J biol Chem 254: 9355
7 Hakomori S (1975) Fucolipids and blood group glycolipids in normal and tumor tissue. Prog Biochem Pharmacol 10: 167
8 Hanahan DJ, Demopoulos CA, Lieher J, Pinckard RN (1980) Identification of platelet activating factor isolated from rabbit basophils as acetyl glyceryl ether phosphorylcholine. J biol Chem 225: 5514
9 Hoffman DR, Hajdu J, Snyder F (1984) Cytotoxicity of platelet activating factor and related alkyl-phospholipid analogs in human leukemia cells, polymorphonuclear neutrophils, and skin fibroblasts. Blood 63: 545
10 Hoffman DR, Hoffman LH, Snyder F (1986) Cytotoxicity and metabolism of alkyl phospholipid analogs in neoplastic cells. Cancer Res 46: 5803
11 Hoffman DR, Stanley JD, Berchtold R, Snyder F (1984) Cytotoxicity of ether-linked phytanyl phospholipid analogs and related derivatives in human HL-60 leukemia cells and polymorphonuclear neutrophils. Res Commun chem Pathol Pharmacol 44: 293
12 Lee T-C, Blank ML, Fitzgerald V, Snyder F (1981) Substrate specificity in the biocleavage of the O-alkyl bond: 1-alkyl-2-acetyl-sn-glycero-3-phosphocholine (a hypotensive and platelet-activating lipid) and its metabolites. Archs Biochem Biophys 208: 353
13 Lee T-C, Snyder F (1985) Function, metabolism, and regulation of platelet activating factor and related ether lipids. In: Kuo JF (ed) Phospholipids and Cellular Regulation. CRC Press, Inc., Baco Raton, pp 1–39
14 Muirhead EE (1980) Antihypertensive functions of the kidney: Arthur C. Corcoran memorial lecture. Hypertension 2: 444
15 Renooij W, Snyder F (1981) Biosynthesis of 1-alkyl-2-acetyl-sn-glycero-3-phosphocholine (platelet activating factor and a hypotensive lipid) by cholinephosphotransferase in various rat tissues. Biochem Biophys Acta 663: 545
16 Ribbes G, Ninio E, Fontan P, Record M, Chap H, Benveniste J, Douste-Blazy L (1985) Evidence that biosynthesis of platelet-activating factor (paf-acether) by human neutrophils occurs in an intracellular membrane. FEBS Lett 191: 195
17 Snyder F, Malone B, Piantadosi C (1973) Tetrahydropteridine-dependent cleavage enzyme for O-alkyl lipids: Substrate specificity. Biochem Biophys Acta 316: 259
18 Snyder F (1985) Chemical and biochemical aspects of platelet activating factor, a novel class of acetylated ether-linked choline phospholipids. Med Res Rev 5: 107
19 Wykle RL, Malone B, Snyder F (1980) Enzymatic synthesis of 1-alkyl-2-acetyl-sn-glycero-3-phosphocholine, a hypotensive and platelet-aggregating lipid. J biol Chem 255: 10256

Corresponding address: *Dr. F. Snyder,* Medical and Health Sciences Division, Oak Ridge Associated Universities, P. O. Box 117, Oak Ridge, Tennessee 37831 USA

Chemotherapeutische Studien zur Struktur-Wirkungs-Beziehung zytotoxischer Alkyllysophospholipide an chemisch induzierten Mammakarzinomen der Ratte

M.R. Berger, C. Muschiol, D. Schmähl, C. Unger und H. Eibl
Institut für Toxikologie und Chemotherapie,
Deutsches Krebsforschungszentrum Heidelberg

Einleitung

Chemisch induzierte primäre, sogenannte »autochthone« Mammakarzinome der Ratte weisen verschiedene Charakteristika auf, die sie für moderne therapeutische Fragestellungen interessant erscheinen lassen. Anders als zytostatisch leicht beeinflußbare, transplantierte Tumoren kann eine intensive antineoplastische Behandlung herkömmlicher Art das Wachstum dieser durch 7,12-Dimethylbenzanthrazen oder Methyl-Nitrosoharnstoff (Tabelle I) induzierten Adenokarzinome zwar verlangsamen, aber keine kompletten Remissionen oder gar Heilungen erzielen (2, 3, 10). Die hormonelle Abhängigkeit dieser Malignome sowie ihr Rezeptorgehalt ermöglichen Studien zur Wirkung von ablativen oder additiven hormonellen Therapieverfahren (1, 6). Das autochthone Wachstum der Tumoren mit seiner immunologisch originären Tumor-Wirts-Interaktion macht dieses Modell auch interessant für Studien mit sog. »biological response modifiers« (9).

Der zeitliche Unterschied zwischen Induktion und der kontinuierlichen Entstehung der Tumoren (Abbildung 1) und der deshalb vermehrte Aufwand bei der Diagnostik und Therapie machen jedoch deutlich, daß sich dieses Modell nur bedingt für ein breites Primärscreening eignet, sondern speziellen Fragestellungen vorbehalten bleiben muß (5).

Eine dieser Fragestellungen ist die Struktur-Wirkungs-Aufklärung zur therapeutischen Aktivität von Alkyllysophospholipid-Derivaten, einer Gruppe von Verbindungen, die zytotoxische und immunologisch aktivierende Mechanismen in sich vereinigt (8). Für ET-18-OCH_3, den bislang wirksamsten Vertreter dieser Klasse, konnte an Methyl-Nitrosoharnstoff(MNH)-induzierten Mammakarzinomen eine Dosis-Wirkungs-Abhängigkeiten folgende (4), reproduzierbare antineoplastische Wirkung gefunden werden. Die hohe Toxizität dieser Verbindung in therapeutisch wirksamen Dosierungen ließ jedoch eine für klinische Untersuchungen zu schmale therapeutische Breite vermuten und war Anlaß für Untersuchungen zur Optimierung der chemischen Struktur von Alkyllysophospholipid-Derivaten. Die Evaluierung auf eine antineoplastische Wirkung wurde an MNH-induzierten Mammakarzinomen durchgeführt.

Material und Methodik

Die Methodik der Induktion von Mammatumoren der weiblichen SD-Ratte mit Methyl-Nitrosoharnstoff ist in Tabelle I dargestellt. Bei Erreichen eines Tumorvolumens von mehr als 0,8 cm^3 (Abbildung 1) wurden die tumortragenden Ratten zufällig auf die verschiedenen Experimentalgruppen verteilt. Die Therapie setzte sofort danach ein und wurde an fünf Tagen je Woche über fünf Wochen fortgeführt. Tumorvolumina und Körpergewicht der Tiere wurden fortlaufend gemessen, die Überlebenszeiten festgehalten. Jede Therapiegruppe war mit 15 Ratten, die Kontrollgruppe mit 20 Versuchstieren besetzt.

Tabelle I. Autochthone (chemisch induzierte) Mammakarzinome der Ratte.

Induktionsart	Mediane Induktionszeit (Range)	Inzidenz	Diagnose	Klassifikation	Mediane Überlebenszeit der unbehandelten Kontrollen nach Diagnose (Range)
7,12-Dimethylbenzanthrazen (7,12-DMBA) Dosis: je 5 mg/kg i.v. am 50., 52. bzw. 54. Lebenstag Stamm: Sprague-Dawley	50 Tage (35 – 120)	90 %	Inspektion Palpation Röntgen	85 % tubulopapilläre Adenokarzinome 11 % Fibroadenome 0,8 % Adenoakanthome 3,2 % Fibrosarkome	155 Tage (67 – 248)
Methyl-Nitrosoharnstoff (MNH) Dosis: je 50 mg/kg i.v. am 50., 71. bzw. 92. Lebenstag Stamm: Sprague-Dawley	62 Tage (48 – 140)	90 %	Inspektion Palpation Röntgen	99,6 % glandulopapilläre Adenokarzinome 0,3 % spinozelluläre verhornende Karzinome 0,05 % Adenoakanthome	55 Tage (22 – 166)

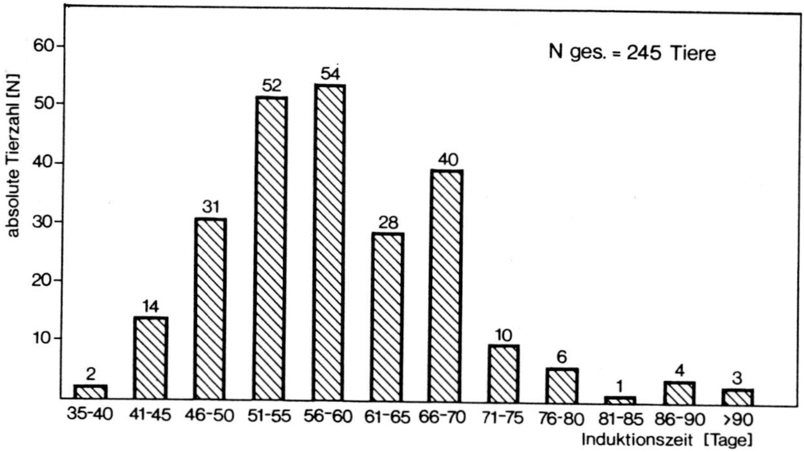

Abbildung 1. Beobachtete Häufigkeit von weiblichen SD-Ratten, deren Gesamttumorvolumen erstmals 0,8 cm^3 übersteigt nach Induktion mit Methyl-Nitrosoharnstoff (jeweils 50 mg/kg an den Tagen 0, 21,42).

Ergebnisse

Ausgangspunkt für eine chemische Optimierung war zunächst das Kriterium »Substrateigenschaft« gegenüber dem O-Alkyl-spaltenden Enzym. Entsprechend diesem Kriterium weist intaktes ET-18-OCH_3 in vitro keinerlei Substrateigenschaften auf (10). Die antineoplastische Aktivität gegenüber MNH-induzierten Mammakarzinomen konnte jedoch bezüglich der Wirksamkeit und schmalen therapeutischen Breite dieser Substanz reproduziert werden (Tabelle II). In der höchsten Dosierung wurde die stärkste Inhibition des Tumorwachstums beobachtet, jedoch auch eine toxisch bedingte Mortalität von 64 % nach fünfwöchiger Therapie. Die niedrigste Dosierung, die keine signifikante Tumorwachstumsinhibition erreichte, erzielte dagegen eine Überlebenszeitverlängerung um 50 %. Weiterhin geprüft wurden die Verbindungen 1-O-Oktadekylpropandiol-(1,3)-phosphocholin, 1-O-Hexadekylpropandiol-(1,3)-phosphocholin, 1-O-Hexadekylpropandiol-(1,2)-phosphocholin, 1-O-Oktadekyl-sn-glyzero-3-phosphotrimethylammoniumhexanol und Hexadekylphosphocholin (Tabelle III).

Von den Alkyllysophospholipid-Derivaten erwiesen sich alle Verbindungen bis auf 1-O-Hexadekylpropandiol-(1,2)-phosphocholin therapeutisch als unwirksam gegenüber MNH-induzierten Mammakarzinomen.

Erstaunlicherweise erwies sich Hexadekylphosphocholin, das gegenüber dem

O-Alkyl-spaltenden Enzym keinerlei Substrateigenschaften aufweist, als eine bemerkenswert tumorinhibierende Verbindung an diesem Modell. Dieser Befund war Anlaß, Hexadekylphosphocholin (HPC) und die beiden in der Länge der Alkylkette variierten, analogen Verbindungen Oktadekylphosphocholin (OPC) und Tetradekylphosphocholin (TPC) in ausgedehnte Dosis-Wirkungs-Untersuchungen mit einzubeziehen.

Die erhaltenen Ergebnisse sind in Tabelle IV sowie in den Abbildungen 2 bis 4 dargestellt. In dem geprüften äquimolaren Dosisbereich war OPC die toxischste Substanz, erkennbar an dem hohen Gewichtsverlust der Tiere und der signifi-

Tabelle II. Behandlung von autochthonen, Methyl-Nitrosoharnstoff-induzierten Mammakarzinomen der SD-Ratte mit 1-Oktadekyl-2-methoxy-rac-glyzero-3-phosphocholin ($ET\text{-}18\text{-}OCH_3$).

Dosis, µmol/kg	Woche 4			Woche 6			
	T/C %[a]	% Mortalität	% KGD[b]	T/C %[a]	% Mortalität	% KGD[b]	% ALZ[c]
115	17	21	–5	23	64	–3	–29
77	26	0	1	46	17	2	27
51	56	0	2	59	0	6	49
0	100	0	12	100	15	8	0

[a] T/C % = Quotient aus den medianen Tumorvolumina der behandelten und Kontrollgruppe x 100
[b] % KGD = % Körpergewichtsdifferenz (Woche 4 – Woche 1 bzw. Woche 6 – Woche 1)
[c] % ALZ = % Anstieg der medianen Überlebenszeit über die Kontrolle

Tabelle III.

Verbindung	Therapeutische Wirksamkeit	Substrate für das O-Alkyl-spaltende Enzym
1-O-Oktadekylpropandiol-1-3-phosphocholin	–	+
1-Oktadekyl-sn-glyzero-3-phosphotrimethylammoniumhexanol	–	+
1-O-Hexadekylpropandiol-1-3-phosphocholin	–	+
1-O-Hexadekylpropandiol-1-2-phosphocholin	+	(+)
Hexadekylphosphocholin	+	–

– = T/C % ≥ 43
+ = T/C % ≤ 43 (in at least one dosage tested)

Tabelle IV. Behandlung von autochthonen, Methyl-Nitrosoharnstoff-induzierten Mammakarzinomen der Ratte mit Oktadekylphosphocholin (OPC), Hexadekylphosphocholin (HPC) und Tetradekylphosphocholin (TPC).

Alkylphosphocholin	Dosis, μmol/kg	T/C %[a] (Woche 6)	% ALZ[b]	% Mortalität (Woche 6)	% KGD[c]
OPC	115	toxisch	-76	100	toxisch
	77	1	-72	80	-13
	51	2	26	33	- 7
	34	6	53	0	0
	15	23	53	0	4
	7	74	2	20	2
HPC	115	toxisch	-69	93	toxisch
	77	2	26	40	- 4
	51	13	23	0	2
	34	39	38	7	8
	15	28	24	10	8
	7	74	16	10	2
TPC	172	42	51	13	0
	115	72	5	13	-11
	77	73	12	13	- 7
	51	92	- 5	20	- 5
Kontrolle	0	100	0	15	8

[a] T/C % = Quotient aus den medianen Tumorvolumina von behandelter und Kontrollgruppe x 100
[b] % ALZ = % Anstieg der medianen Überlebenszeit über die Kontrolle
[c] % KGD = % Körpergewichtsdifferenz (Woche 6 – Woche 1)

kanten Verkürzung der Überlebenszeit in den beiden höchsten Dosierungen (Abbildung 2).
Die optimale Dosierung von OPC lag bei 34 μmol/kg; die dabei erreichte Verlängerung der Überlebenszeit der tumortragenden Tiere um 50 % wurde auch in der nächstniederen Dosierung beobachtet, bei der jedoch die Inhibition des Tumorwachstums von 94 % auf 77 % vermindert war.
Die niedrigste Dosierung hatte keine signifikante therapeutische Wirkung mehr.
Das um zwei C-Atome verminderte homologe Alkylphosphocholin HPC erwies sich nur in der höchsten Dosierung als deutlich toxisch, seine optimale Dosierung wurde bei 51 μmol/kg erreicht; die dabei beobachtete prozentuale Überlebenszeitverlängerung (Abbildung 3) war jedoch kürzer (23 %) und die Inhibition des Tumorwachstums geringer (87 %) verglichen mit der optimalen Wir-

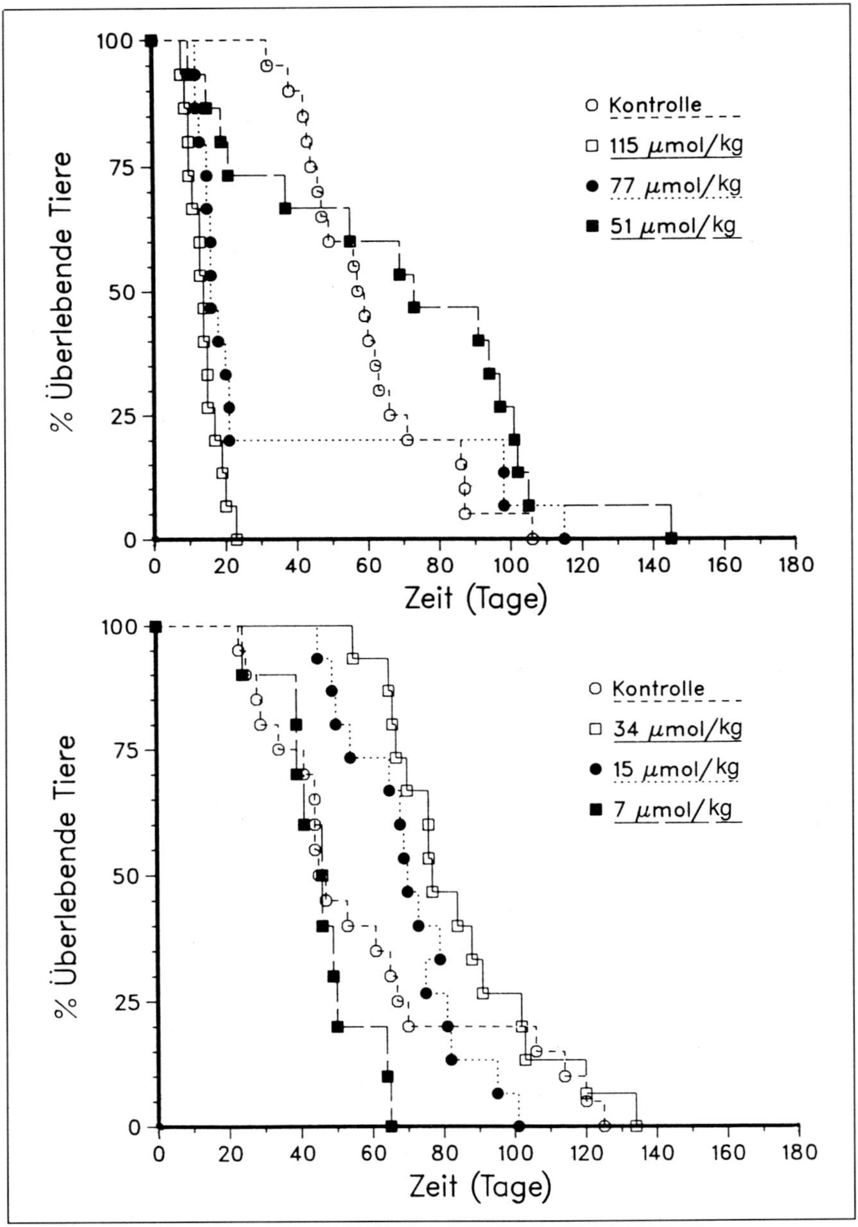

Abbildung 2. Kaplan-Meier-Plot zur Überlebenszeit von SD-Ratten mit Methyl-Nitrosoharnstoff-induzierten Mammakarzinomen, die mit Oktadekylphosphocholin behandelt wurden.

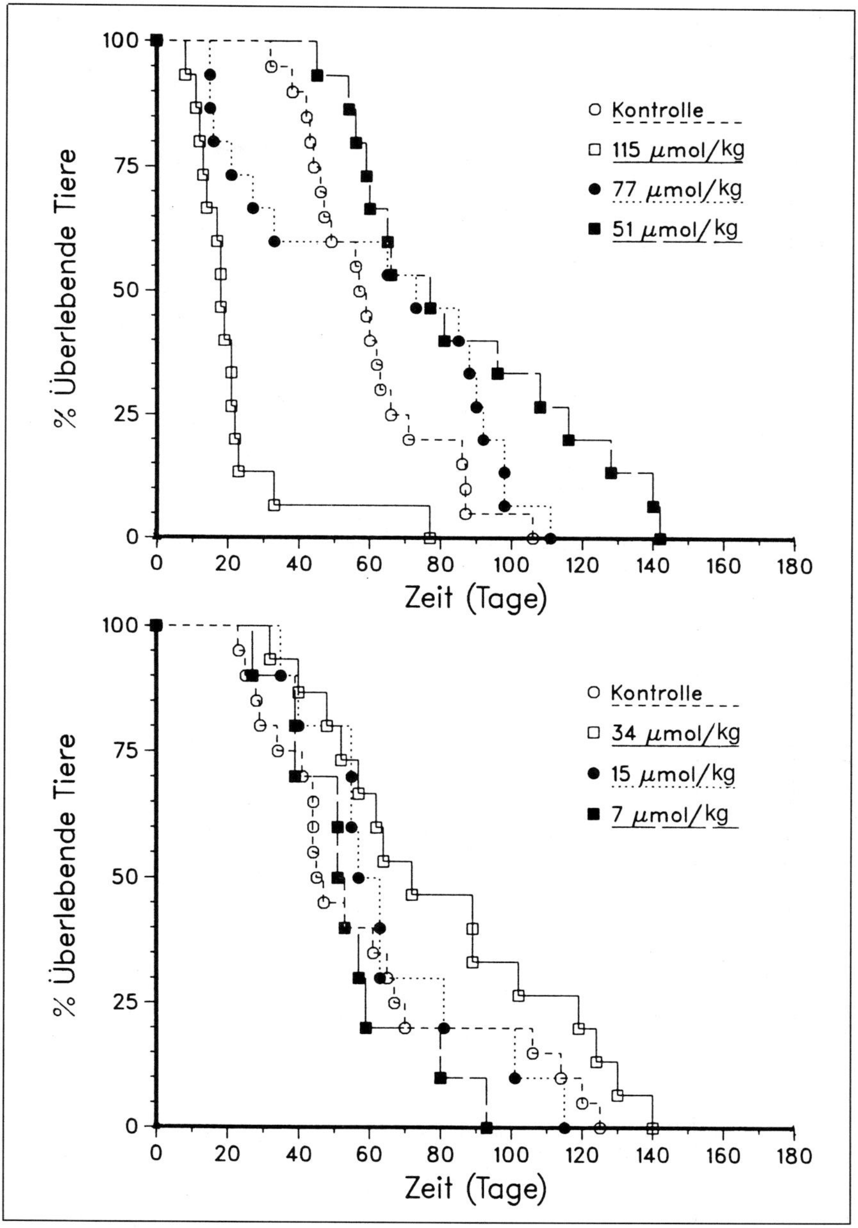

Abbildung 3. Kaplan-Meier-Plot zur Überlebenszeit von SD-Ratten mit Methyl-Nitrosoharnstoff-induzierten Mammakarzinomen, die mit Hexadekylphosphocholin behandelt wurden.

kung von OPC. Eine nicht mehr signifikante therapeutische Wirkung wurde ebenfalls bei einer Dosierung von 7 μmol/kg beobachtet.
Eine therapeutisch bedeutsame Wirkung wurde bei TPC, dem Alkylphospholipid mit der kürzesten Seitenkette dieser experimentellen Serie, nur in der höchsten der untersuchten Dosierungen gefunden (Abbildung 4). Interessanterweise wurde neben einer nur 58 %igen Tumorwachstumshemmung eine Überlebenszeitverlängerung um 50 % beobachtet.
Die übrigen geprüften Dosierungen waren therapeutisch inaktiv.

Diskussion

Mit dem MNH-induzierten autochthonen Mammakarzinom der SD-Ratte ist ein Modell gefunden worden, das die therapeutische Wirkung von Alkyllysophospholipiden und Alkylphosphocholinen reproduzierbar zu charakterisieren vermag (4). Dies ist nicht ohne Bedeutung, da andere Modelle, wie z.B. das Lewis-Lung-Karzinom, nicht in gleicher Weise reproduzierbar therapeutische Wirkungen dieser Substanzklasse aufzuzeigen vermögen (7).

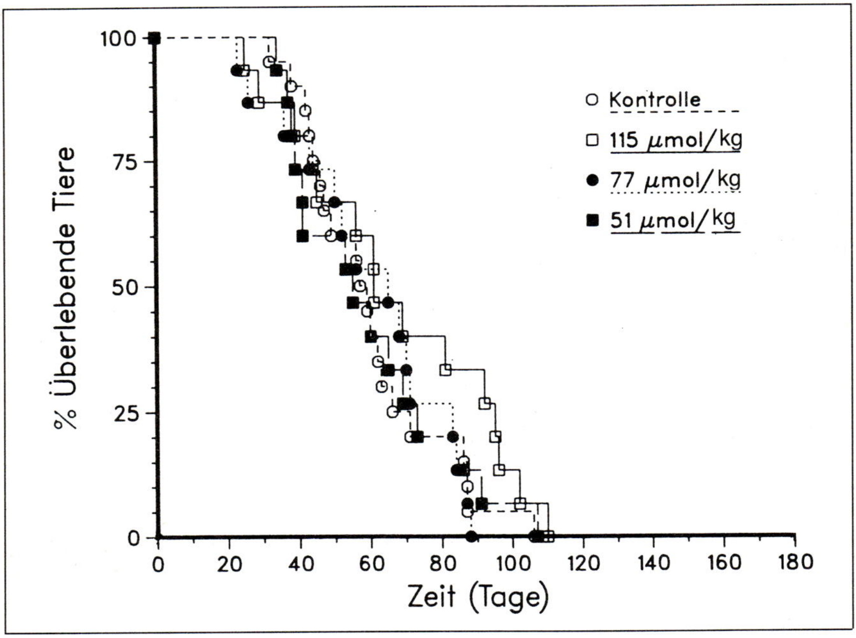

Abbildung 4. Kaplan-Meier-Plot zur Überlebenszeit von SD-Ratten mit Methyl-Nitrosoharnstoff-induzierten Mammakarzinomen, die mit Tetradekylphosphocholin behandelt wurden.

Im Vergleich zu den Alkyllysophospholipiden ET-18-OCH_3 und 1-O-Hexadekylpropandiol-(1,2)-phosphocholin, die in den beschriebenen Experimenten nur eine tumoristatische Wirkung zeigten, wurden nach Applikation der Alkylphosphocholine OPC und HPC in bis zu 30 % der Mammakarzinome komplette Tumorregressionen beobachtet, so daß für diese Substanzgruppe eine tumorizide Wirkung gesichert werden konnte. Deshalb ist die antineoplastische Wirkung dieser neuen, bislang unbekannten Substanzgruppe verglichen mit der der Alkyllysophospholipide an diesem Modell als überlegen zu beurteilen. Diese Beurteilung wird gestützt durch die größere therapeutische Breite, die OPC und HPC im Vergleich zu dem Alkyllysophospholipid ET-18-OCH_3 an dem MNH-Modell aufweisen.
Die Toxizität der Alkylphosphocholine war bei den untersuchten Strukturen mit der Länge der Alkylkette positiv korreliert. Eine numerische Abhängigkeit konnte jedoch nicht entdeckt werden.
Im Gegensatz zu der ausgeprägten antineoplastischen Wirkung an chemisch induzierten autochthonen Mammakarzinomen wird eine ähnlich hohe Aktivität bei verschiedenen Impftumoren nicht beobachtet. Der Wirkmechanismus dieser Substanzgruppe ist bislang ungeklärt. Eine Wirkung über das O-Alkyl-spaltende Enzym erscheint unwahrscheinlich. Aufgrund der Struktur ist jedoch eine an der Membran ansetzende Zytolyse zu vermuten.
Insgesamt gesehen handelt es sich bei den Alkylphosphocholinen um die Entdeckung einer neuen Gruppe von antineoplastisch wirksamen Verbindungen, deren Evaluierung noch völlig am Anfang steht.
Zukünftige Versuche werden zeigen, inwieweit die beobachteten, relativ selektiven Wirkungen, die am MNH-induzierten Mammakarzinom beobachtet werden konnten, auf andere Tumoren tierischer oder menschlicher Herkunft übertragen werden können.

Literatur

1 v Angerer E, Prekajac J, Berger M (1985) The inhibitory effect of 5-acetoxy-2-(4-acetoxyphenyl)-1-ethyl-3-methylindole (D 16726) on estrogen-dependent mammary tumors. Eur J Cancer clin Oncol 21: 531–537

2 Berger M, Habs M, Schmähl D (1983) Non carcinogenic chemotherapy with a combination of vincristine, methotrexate und 5-fluorouracil (VMF) in rats. Int J Cancer 32: 231–236

3 Berger MR, Bedford P, Zeller WJ, Kaufmann M (1984) A comparative study on the therapeutic activity, myelotoxicity and DNA damage in the bone marrow of mice after cyclophosphamide and ASTA Z 7557 (INN mafosfamide). Invest New Drugs 2: 181–186

4 Berger MR, Munder PG, Schmähl D, Westphal O (1984) Influence of the alkyllysophospholipid ET-18-OCH_3 on methylnitrosourea-induced rat mammary carcinomas. Oncology 41: 109–113

5 Berger M, Zeller WJ (1984) Wege zur rationalen präklinischen Testung antineoplastischer Chemotherapeutika. In: Seeber, Osieka, Sack, Schönenberger (eds) Das Resistenzproblem bei der Chemo- und Radiotherapie maligner Tumoren, Beitr Onkol 18. Karger, Basel, pp 274–286
6 Berger MR, Fink M, Feichter GE; Janetschek P (1985) Effects of diazoxide-induced reversible diabetes on chemically induced autochthonous mammary carcinomas in Sprague-Dawley rats. Int J Cancer 35: 395–401
7 Hilgard P (persönl Mitt)
8 Munder PG, Modolell M, Bausert W, Oettgen HF, Westphal O (1981) Alkyllysophospholipids in cancer therapy. In: Hersh et al (eds) Augmenting Agents in Cancer Therapy. Raven Press, New York, pp 441–458
9 Talmadge E, Lenz BF, Collins MS, Uithoven A, Schneider MA, Adams JS, Pearson JW, Agee WJ, Fox RE, Oldham RK (1984) Tumor models to investigate the therapeutic efficiency of immunomodulators. Behring Inst Mitt 74: 219–229
10 Unger C, Eibl H, v Heyden HW, Nagel GA (1985) New assay for the O-alkyl cleavage enzyme with alkyllipophospholipids as substrates. Cancer Res 45: 616–618
11 Zeller WJ, Berger MR, Matys R, Schuhmacher J (1984) Antineoplastic activity of ASTA Z 7557 (INN mafosfamide) in transplanted and autochthonous experimental rodent tumors. Invest New Drugs 2: 175–180

Für die Verfasser: *Dr. M.R. Berger,* Institut für Toxikologie und Chemotherapie am Deutschen Krebsforschungszentrum, Im Neuenheimer Feld 280, D-6900 Heidelberg

Tumorzellzerstörung durch Alkyllysophospholipide: Beziehung zwischen chemischer Struktur und biologischer Aktivität

P. G. Munder, R. Berchtold[b] und W. Pahlke[a]
Max-Planck-Institut für Immunbiologie, Freiburg
[a]Boehringer Mannheim GmbH, Mannheim und
[b]Biochemisches Laboratorium, Bern

Einleitung

Alkyllysophospholipide und insbesondere das 1-Oktadekyl-2-Methoxy-3-Phosphorylcholin (ET-18-OCH_3) wurden bereits 1967 erstmalig synthetisiert (7,8). Der Grund für die Synthese von Analoga des natürlich vorkommenden 2-Lysophosphatidylcholins (LPC; Lysolezithin) war unter anderem die Vermutung, daß schwer metabolisierbare Lysophospholipide wie etwa das ET-18-OCH_3 die beobachtete Modulation der Immunantwort durch 2LPC in vivo verstärken (21,30,32,33). Zwar gelang es in der Tat, die Immunantwort gegenüber Antigenen durch gleichzeitige oder vorherige Gabe von Alkyllysophospholipiden zu stimulieren (9,1,34,35). Es gelang aber nicht, bei dem Stand des damaligen Wissens den Angriffspunkt von 2LPC bzw. den synthetischen Alkyllysopholipiden im Organismus klar zu definieren. Im Verlauf dieser Untersuchungen wurde jedoch die überraschende Beobachtung gemacht, daß durch Applikation von Alkyllysophospholipiden, nicht aber der natürlichen Muttersubstanz 2LPC, Wachstum und Proliferation von Tumorzellen deutlich gehemmt werden können und etablierte Tumoren zur Regression kommen (1,3,12,14,15,16,17,18,20, 24,35,37,40,41). Bei der Analyse dieses antitumoralen Effekts in vitro wurden zwei unterschiedliche Beobachtungen gemacht:

1) Alkyllysophospholipide wie das ET-18-OCH_3 zerstören direkt Tumorzellen, nicht aber normale Zellen wie etwa proliferierende Fibroblasten (1,2,4,5,24, 29,35,40).
2) Bei Inkubation von normalen Makrophagen verschiedener Herkunft (Knochenmark, Bauchhöhle, Lunge) mit verschiedenen Alkyllysophospholipiden transformieren diese normalen Abwehrzellen zu äußerst effektiven tumorzytotoxischen Effektorzellen (2,11,36).

Biochemische Untersuchungen über den möglichen Zerstörungsmechanismus von Alkyllysophospholipiden bei Inkubation mit Tumorzellen führten s.Zt. zu der Einsicht, daß diese Substanzen vor allem in den Phospholipidstoffwechsel der Tumorzellmembran eingreifen, da nach Anreicherung dieser Substanz(en) bestimmte Stoffwechselwege blockiert werden, die für die kontinuierliche Erneuerung der Phospholipidschicht der Zellmembran notwendig sind (23,29). Hinzu kommt, daß die meisten Tumorzellen im Gegensatz zu Normalzellen Alkyllysopholipide bestimmter Struktur mit deutlich erhöhter Rate intrazellulär aufnehmen und dadurch ihre eigene Zerstörung einleiten, da sie das aufgenommene ALP nicht metabolisieren können (24,39). Während also die direkte zytotoxische Wirkung von ALP bis heute einigermaßen verständlich geklärt werden konnte, ist die Frage nach dem Mechanismus der Transformation von normalen Makrophagen zu tumorzytotoxischen Abwehrzellen auf molekularer Ebene noch vollständig ungeklärt. Für diese Transformation von Makrophagen durch ALP ist die Mitwirkung anderer immunkompetenter Zellen nicht erforderlich. Sie scheint in zwei Schritten abzulaufen, wobei der erste Schritt eine etwa 24stündige Sensibilisierungsphase darstellt, die dann von einer zweiten Effektorphase gefolgt wird, die durch ansonsten unwirksame Konzentrationen von ALP ausgelöst wird (in Vorbereitung). Beide antitumoralen Wirkungsmechanismen, die durch ALP ausgelöst werden, hängen streng von der chemischen Struktur des verwendeten ALP ab, entscheidend ist vor allem die veränderte Metabolisierbarkeit der Alkyllysophospholipide gegenüber dem 2LPC und ihre Struktur, die sich nicht zu weit von der des 2LPC entfernen darf, um noch wirksam zu sein. Eine gewisse Ähnlichkeit in der Konformation scheint Voraussetzung dafür zu sein, daß die inhibitorischen Analoga überhaupt in nennenswertem Umfang in die Phospholipidschicht der Zellmembran aufgenommen werden. Die vorliegenden Untersuchungen sollen diese allgemeinen Grundsätze an einigen ausgewählten ALPs erläutern.

Material und Methoden

Zellen

Die verwendeten Tumorzielzellen stammen aus der Tumorzellbank des Institutes, wobei das Lymphom Abelson 8.1 ursprünglich vom Walter and Eliza Hall Institute in Melbourne *(Dr. Harris)* und die Meth-A-Zellen vom Sloan Kettering Institute in New York *(Dr. Oettgen)* freundlicherweise zur Verfügung gestellt wurden. Die Tumorzellen wurden entweder in vitro oder in vivo passagiert. Nach 30 bis 40 Passagen wurde in der Regel auf die ursprüngliche, in flüssigem Stickstoff aufbewahrte Zellinie zurückgegriffen. Die Makrophagen wurden aus dem Knochenmark von »specific-pathogen-freien« (SPF) Tieren des Institutes gewonnen. Hierfür wurden nach Tötung der Tiere die Femuren mit Kochsalz ausgespült und die gewonnenen Knochenmarkszellen auf gaspermea-

blen Membranen in anderweitig undurchlässigen Teflonbeuteln unter Bedingungen kultiviert, wie sie anderweitig bereits beschrieben worden sind (2,3,31,36).
Nach 10 bis 12 Tagen können reine, voll funktionsfähige Makrophagen gewonnen werden. Damit standen für alle Versuche nahezu einheitliche Zellpopulationen regelmäßig zur Verfügung.

Substanzen

Die Mehrzahl der von uns verwendeten ALPs wurde von einem von uns (RB) synthetisiert wie beschrieben (19). Die halogenierten Alkyllysophospholipide (s. Abbildung 9) wurden uns freundlicherweise von Herrn *Dr. Brachwitz,* Akademie der Wissenschaften der DDR, Berlin-Buch, zur Verfügung gestellt (20). Die Thioätheranaloga, deren Wirkung und in Auswahl in Abbildung 10 dargestellt sind, wurden uns freundlicherweise von der Firma Boehringer Mannheim GmbH, Mannheim, zur Prüfung überlassen.

Messung der Zytotoxizität

Zur Bestimmung der zytotoxischen Wirkung der verschiedenen ALPs wurde bei den Meth-A-Sarkomzellen die ^{3}H-Thymidininkorporation und ihre Veränderung in Gegenwart der Substanzen benutzt. Hierfür wurden Tumorzellen in Mikrotiterplatten in der Regel mit ALP inkubiert, am Meßtag die jeweiligen Kulturen (8fach in Parallele) abzentrifugiert, einmal gewaschen und dann in einem Endvolumen von 0,2 ml mit 0,1 μCi ^{3}H-Thymidin + 0,1 μg kaltes Thymidin für sechs Stunden inkubiert. Anschließend wurden die Mikrotiterplatten mit Hilfe eines Erntegerätes (Microtiter Dynatech Automash 2) auf spezifische Filterpapiere geerntet, intensiv gewaschen, die einzelnen Plättchen in Meßröhrchen überführt und nach Zusatz von Szintillationsflüssigkeit im Szintillationszähler gemessen. Dasselbe Verfahren wurde auch für die Kultivationsansätze verwendet, bei denen die Wirkung von ALP-transformierten Makrophagen auf Tumorzellen zusätzlich bestimmt werden sollte (Verhältnis 1:100). Die Veränderungen der ^{3}H-Thymidin-Einbaurate wurden als Maß der biologischen Wirksamkeit der verwendeten ALP benutzt und in Prozenten des Wachstums der Tumorzellkontrolle allein ausgedrückt. Hierfür wurde aufgrund der Ergebnisse eine logarithmische Darstellung gewählt. Alle Kulturen wurden stichprobenartig sowohl auf Sterilität wie auch auf das Wachstum der eingesäten Tumorzellen morphologisch mit Hilfe eines Umkehrmikroskopes kontrolliert.
Für die Messung der tumorzytotoxischen Aktivität der verwendeten Substanzen und der transformierten Makrophagen auf die Lymphomzellen Abelson 8.1 wurde eine neu entwickelte Methode verwendet, die im Prinzip auf der strengen

Korrelation von Zellzahl und Alkalischer-Phosphatase-Aktivität in diesen und anderen Lymphomzellen beruht. Eine ausführliche Beschreibung der Methode ist zur Publikation eingereicht. Kurz gefaßt ist diese Korrelation in der Abbil-

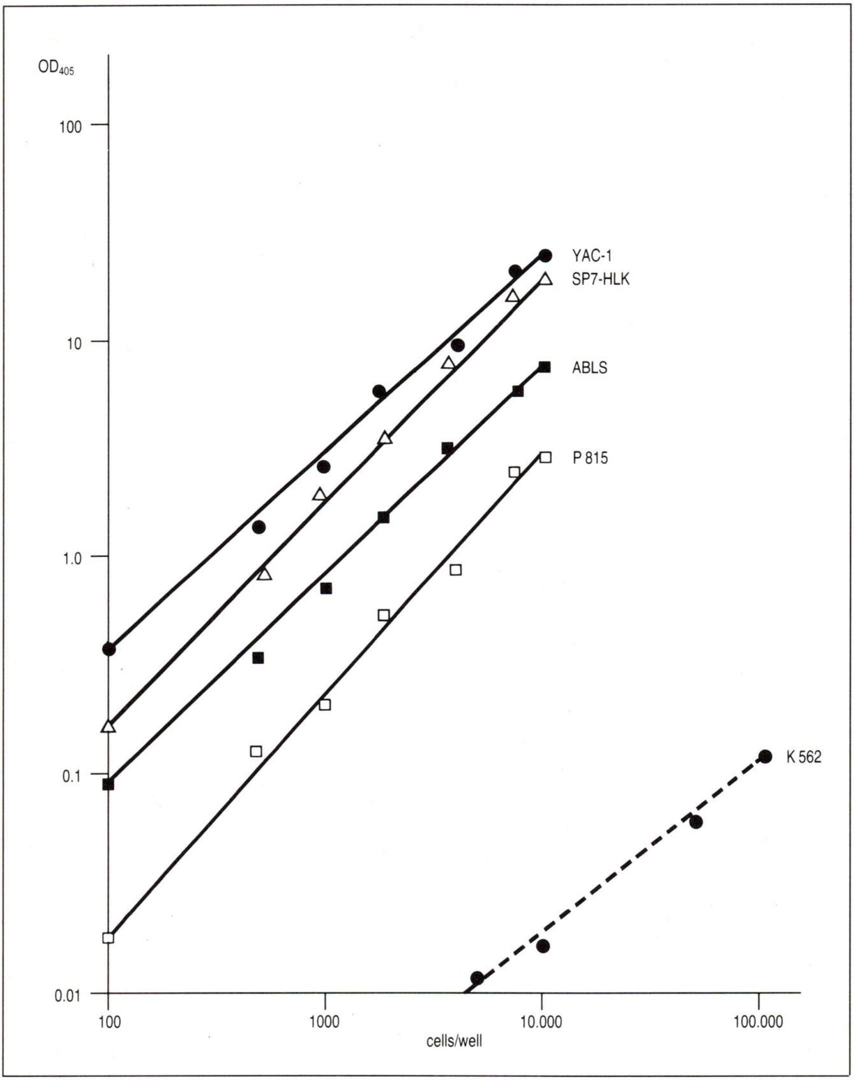

Abbildung 1. Beziehung zwischen der zellulären Alkalischen Phosphatase und der Tumorzellzahl. Die Alkalische Phosphatase wurde bei pH 9,6/21°C jeweils in 8 Parallelkulturen bei 405 nm nach 2 Stunden gemessen. Die Tumorzellzahl wurde mit Hilfe eines elektronischen Zählgerätes ermittelt.

dung 1 dargestellt, wo in doppeltlogarithmischer Darstellung die strenge Linearität zwischen Alkalischer-Phosphatase-Aktivität und Tumorzellzahl demonstriert ist. Die Korrelationskoeffizienten für die einzelnen Kurven und einzelnen Tumorzellinien betrugen 0,98–1,0. Eine kontinuierliche Erhöhung der Alkalischen-Phosphatase-Aktivität in der Kultur bedeutet eine Zunahme der Tumorzellzahl, wohingegen eine Abnahme oder Stagnation der Alkalischen Phosphatase auf eine Zerstörung der Tumorzellen bzw. eine Stagnation der Zielzellproliferation hinweist. Auch in diesem System wurden die quantitativen Daten regelmäßig durch Stichproben der einzelnen Kulturen morphologisch kontrolliert. Im allgemeinen wurde bei allen verwendeten Substanzen der biologische Effekt über eine Konzentrationsspanne von 1 bis 5 μg/ml gemessen. Bei den meisten Versuchen wurden die Ergebnisse nach 72stündiger Inkorporation dargestellt. Auf Ausnahmen wird im Text gesondert hingewiesen. Als Referenzsubstanz für die biologische Wirkung anderer Alkyllsophospholipide wurde das von uns seit Jahren experimentell wie auch kürzlich klinisch verwendete ET-18-OCH_3 gewählt, zumal sich in Untersuchungen mit mehr als 300 verschiedenen Analoga, die uns zur Verfügung standen, keine Substanzen gefunden wurden, deren biologische Wirksamkeit wesentlich über die von ET-18-OCH_3 hinausgegangen wäre, wenn auch einige in etwa die biologische Wirkung von ET-18-OCH_3 in beiden Systemen erreicht haben (Abbildung 2). Für die Transformation oder Aktivierung von normalen, völlig inaktiven reifen Knochenmarksmakrophagen wurden am 10. bis 12. Tag der Kultivation von Knochenmarkszellen und nach Bildung einer ausgereiften funktionstüchtigen Makrophagenpopulation/ml 10 μg ET-18-OCH_3 unter sterilen Bedingungen in die 50 ml DMEM + 10% FKS enthaltenden Teflonbeutel injiziert. Pro Teflonbeutel können nach 10 bis 12 Tagen etwa 30–50 x 10^6 aktivierte Makrophagen gewonnen werden. Die mit 10 μg ET-18-OCH_3 inkubierten Makrophagen wurden nach 10 bis 16 Stunden unter sterilen Bedingungen aus den Beuteln abgezogen, zentrifugiert und einmal gewa-

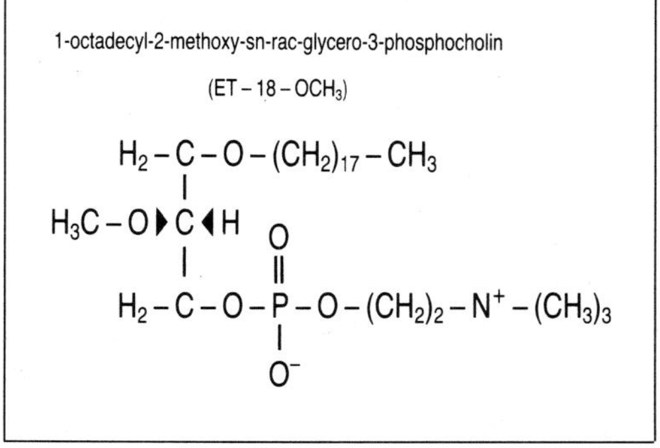

Abbildung 2. Strukturformel von ET-18-OCH_3. Die im Text angegebenen stereospezifischen Zahlen (sn-1 bis 3) beziehen sich auf das Glyzerolgerüst des Moleküls.

PERCENT AREA SUMMARY

PEAK	PEAK AREA / TOTAL AREA	PEAK AREA / SUM OF PEAY AREAS	PEAK NET AREA / SUM OF NET AREAS
1	19.80	18.73	13.43
2	26.57	25.14	19.23
3	1.52	1.44	1.46
4	57.93	54.70	65.98

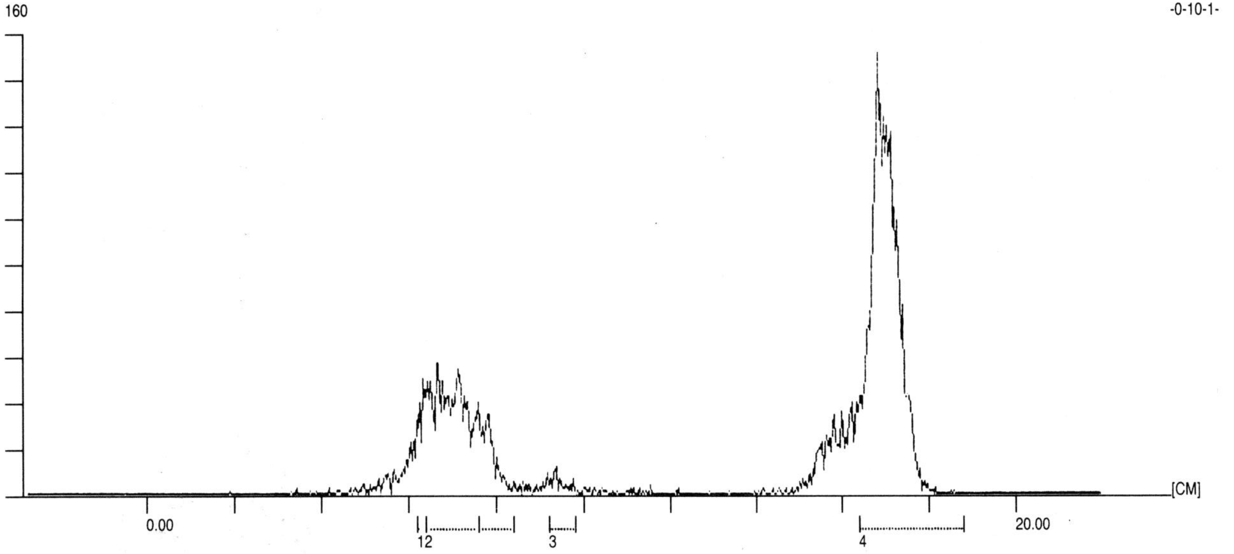

Abbildung 3. Spaltung von ET-18-OCH_3 durch Phospholipase C. Weitere Details in Material und Methoden.

schen. Anschließend wurden 100000 Makrophagen zusammen mit 1000 Tumorzellen und in Gegenwart von 1, 3, und 5 μg ET-18-OCH_3 in Mikrotiterplatten weiter inkubiert und wie beschrieben nach 24, 48 und 72 Stunden geerntet.
Für einige präliminäre Versuche wurde auch das 1-Oktadekyl-2-Methoxy-raz.-glyzerol verwendet, das nach Spaltung von ET-18-OCH_3 durch Phospholipase C entsteht. Hierfür wurde der folgende Ansatz verwendet: 10 mg ET-18-OCH_3 in 5 ml Tris/HCl-Puffer(0,1 mol,pH 7) gelöst + 400 μl CaCl(0,1 mol) + 2mal 10^6 CPM ^{3}H- 1-Oktadekyl-2-Methoxy-3-Phosphorylcholin + 400 Einheiten Phospholipase C (Bacillus cereus, Boehringer Mannheim). Der Ansatz wurde 72 Stunden bei Zimmertemperatur geschüttelt und anschließend mit Chloroform :Methanol:KCl extrahiert. Phasentrennung 24 Stunden bei 4°C, anschließend wurde die Methanol-KCl-Phase verworfen, das Chloroform eingedampft und der Rückstand auf Kieselgelplatten aufgetragen. Laufmittel: Chloroform:Methanol:H_2O (65:40:10). Die Radioaktivität wurde mit Hilfe eines Automatic TLC-Linear Analyser der Firma Berthold lokalisiert. Das Ergebnis zeigt Abbil-

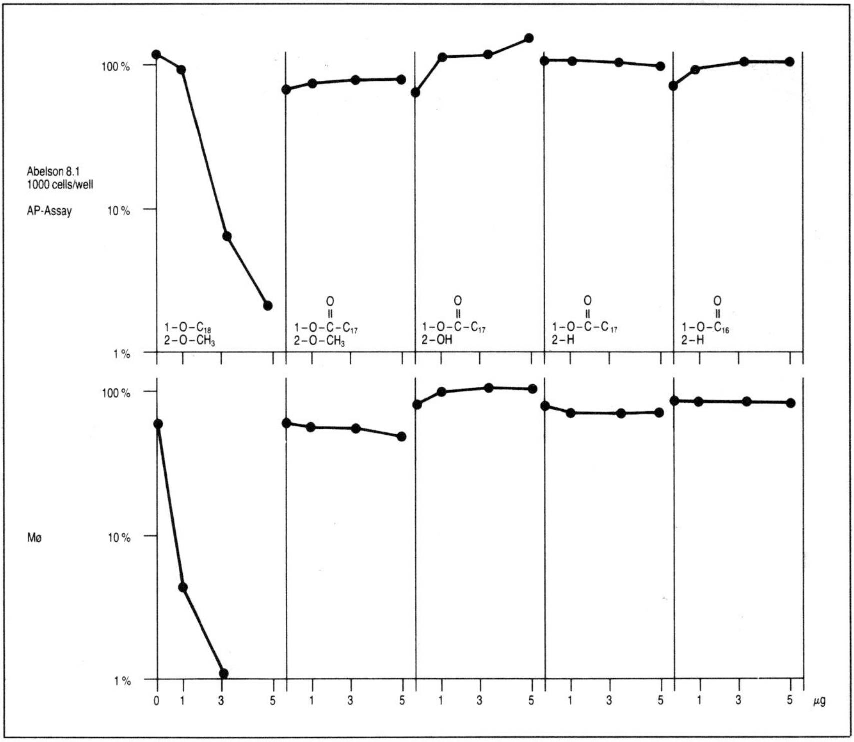

Abbildung 4. Direkte und makrophagenvermittelte Zytotoxizität von Alkyl- bzw. Azyllysophospholipiden.

dung 3. Die radioaktiven Banden wurden ausgekratzt und in G4 Fritten überführt. Die Lysolezithin-Bande wurde mit Chloroform:Methanol (2:1) und das 1-Oktadekyl-2-Methoxy-raz.-glyzerol mit Hexan aus dem Kieselgel eluiert, bis keine Radioaktivität mehr im Gel nachweisbar war. Die Proben wurden eingedampft und die eluierte Radioaktivität beider Banden nach Zusatz von Szintillationsflüssigkeit im Szintillationszähler gemessen. Für die Gewebekulturversuche wurde das ungespaltene radioaktive ET-18-OCH_3 im DMEM + 10% FKS gelöst, das radioaktive 1-Oktadekyl-2-Methoxy-raz.-glyzerol zunächst in 15 μl reinem Alkohol gelöst und anschließend in dasselbe Medium überführt.

Ergebnisse

Die erste Spalte der Abbildung zeigt immer die Veränderung der Proliferation der jeweiligen benutzten Tumorzelle, in Gegenwart der Substanz allein (obere

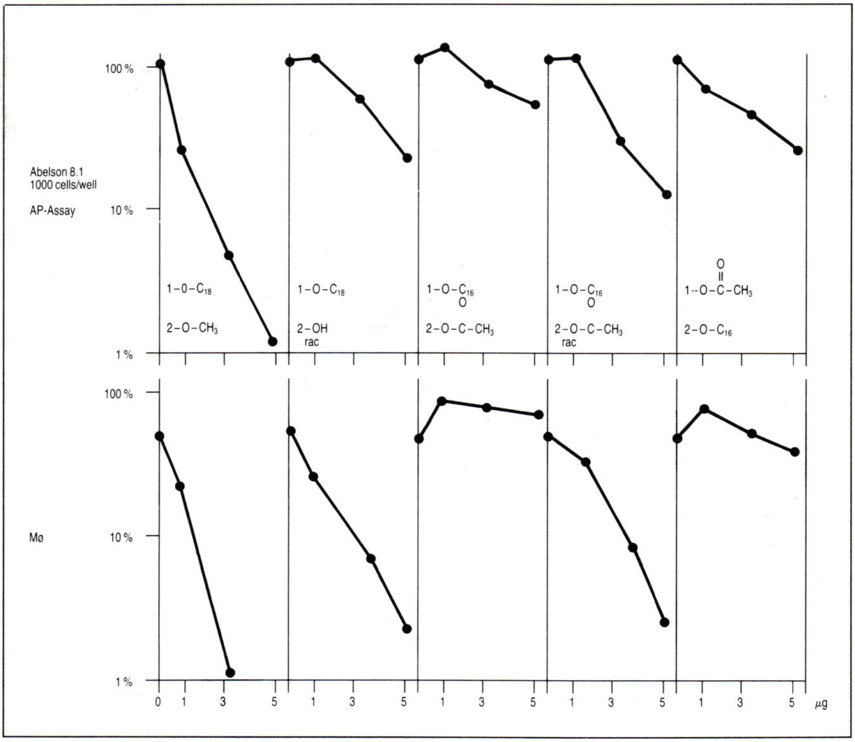

Abbildung 5. Die Bedeutung razemischer Verbindungen bei direkter bzw. makrophagenvermittelter Zytotoxizität.

Reihe), oder zusätzlich in Gegenwart von transformierten Makrophagen (untere Reihe). Wie der Vergleich der oberen Spalte (direkte Zytotoxizität von 1–5 µg ET-18-OCH_3) mit 10 µg ET-18-OCH_3 voraktivierten Makrophagen zeigt, wird die zytotoxische Wirkung von 1 und 3 µg ET-18-OCH_3 in Gegenwart von transformierten Makrophagen (untere Spalte), mindestens um eine 10er Potenz gesteigert. Die direkte zytotoxische Wirkung von ET-18-OCH_3 auf Tumorzellen wird durch die Gegenwart von transformierten Makrophagen in ihrer Wirkung nicht nur addiert, sondern potenziert. Vergleicht man nun die Wirkung verschiedener Analoga des 2LPC, die alle in Position 1 statt einer Alkylbindung eine Azylbindung besitzen, so kommt es weder bei der direkten Zytotoxizität, noch bei den durch 10 µg ET-18-OCH_3 aktivierten Makrophagen zu irgendeiner signifikanten Hemmung der Tumorzellproliferation (Abbildung 4). Der Schluß liegt nahe, daß durch eine Lysophospholipase die Azylbindung in Position 1 gespalten wird und weder die Fettsäure, noch das andere Reaktionsprodukt

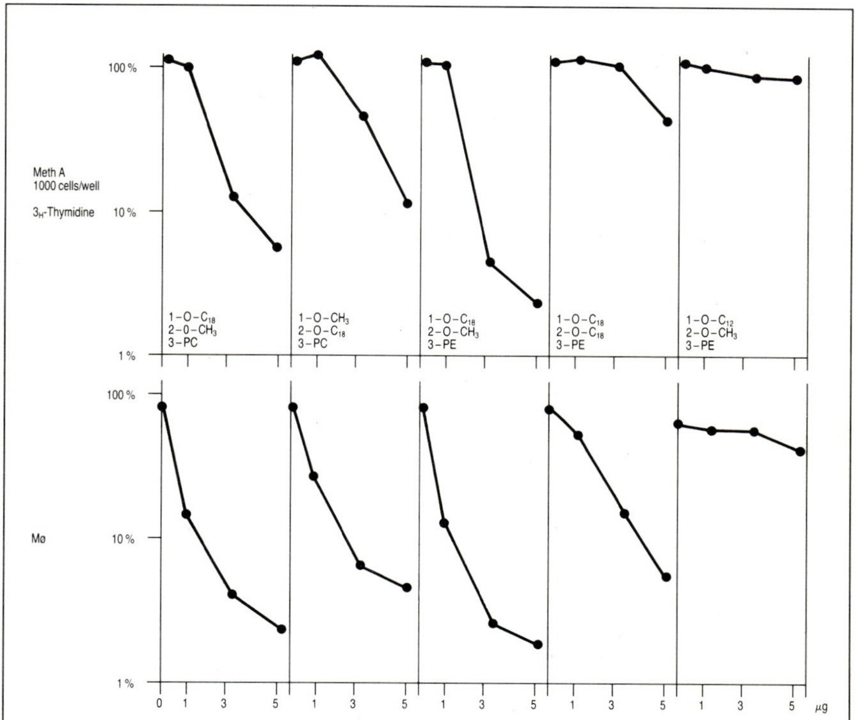

Abbildung 6. Hemmung der antitumoralen Wirkung durch Verkürzung der aliphatischen Seitenkette.

eines modifizierten Glyzerophosphorylcholins irgendeine Wirkung auf die Tumorzelle ausübt. Auch eine Substitution in sn-2 (s. Spalte 2,4 und 5), die eine Azylierung der Analoga verhindert, induziert keine zellbiologische Wirkung, solange in sn-1 eine Azylbindung vorhanden ist. Die Substitution in sn-2 gewinnt erst dann an Bedeutung, wenn in sn-1 ein Oktadekyl oder Hexadekyl vorhanden ist, wie Abbildung 5 zeigt. Das partiell azylierbare 1-Oktadekyl-raz.-Glyzero-3-Phosphorylcholin (Spalte 2) zeigt sowohl eine direkte, wie auch eine makrophagenvermittelte Zytotoxizität, wenn auch deutlich schwächer als das ET-18-OCH_3. Wird eine reine L-Verbindung benutzt, verschwindet diese partielle Zytotoxizität vollkommen, während eine reine D-Verbindung etwa dieselbe Aktivität wie ET-18-OCH_3 zeigt (36). Ist dagegen die Gruppe in sn-2 abspaltbar wie im plättchenaggregierenden Faktor (Spalte 3), so ist die zellbiologische Wirkung wieder komplett aufgehoben, da das gespaltene Molekül zu einem 1-Oktadekyl-2-Azyl-3-phosphorylcholin umgesetzt werden kann. Wird

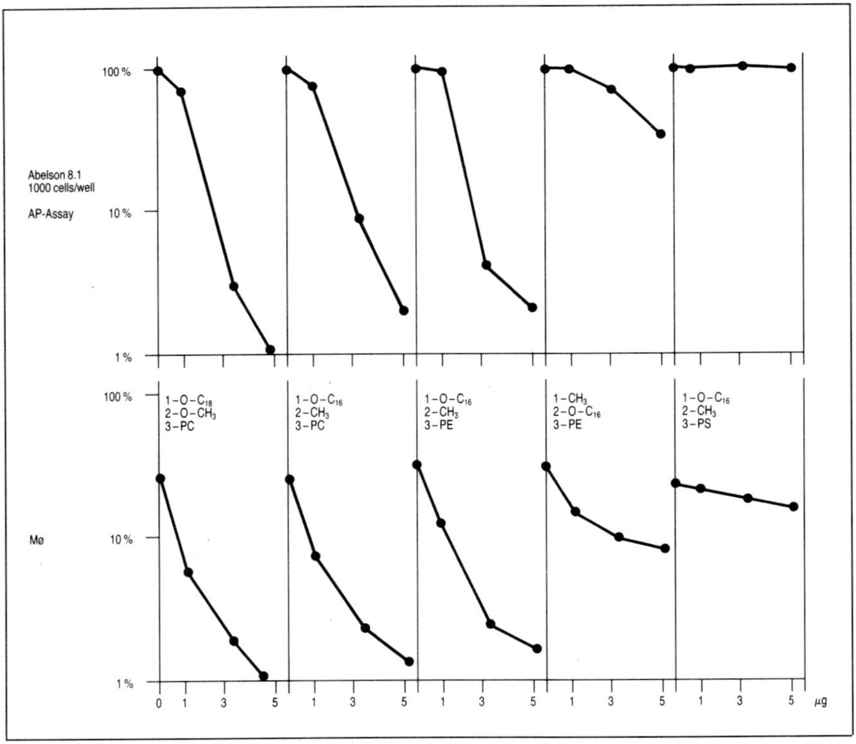

Abbildung 7. Einfluß der polaren Kopfgruppe (PC, PE, PS) auf die antitumorale Wirksamkeit.

dagegen das Razemat dieser Verbindung verwendet, so zeigt sich, wie in Spalte 2, eine deutliche, wenn auch schwächere zytotoxische Wirksamkeit in beiden Meßsystemen, die wahrscheinlich ebenfalls auf der D- und L-Konfiguration beruht. Ein Tausch der Substituenten zwischen sn-1 und sn-2 (Spalte 5) führt zu keiner signifikanten Veränderung der Aktivität. In weiteren Untersuchungen mit anderen Modifikationen von ET-18-OCH_3 wurde ebenfalls keine entscheidende Verbesserung der zytotoxischen Wirkung erzielt, wenn die Gruppen in sn-1 und sn-2 ausgetauscht oder aber auch, wenn das Phosphocholin in sn-3 durch Phosphoäthanolamin ersetzt wurde. Entscheidend gehemmt wurde die Zytotoxizität, wenn die aliphatische Seitenkette auf 12 C-Atome verkürzt wurde (Spalte 5). Dann kommt es weder zu einer direkten, noch zu einer makrophagenvermittelten Zytotoxizität, auch wenn die 3fach höhere Konzentration in der Kultur verwendet wurde (Abbildung 6).
Ähnliche Befunde wurden erhoben, wenn statt Oktadekyl ein Hexadekyl in sn-

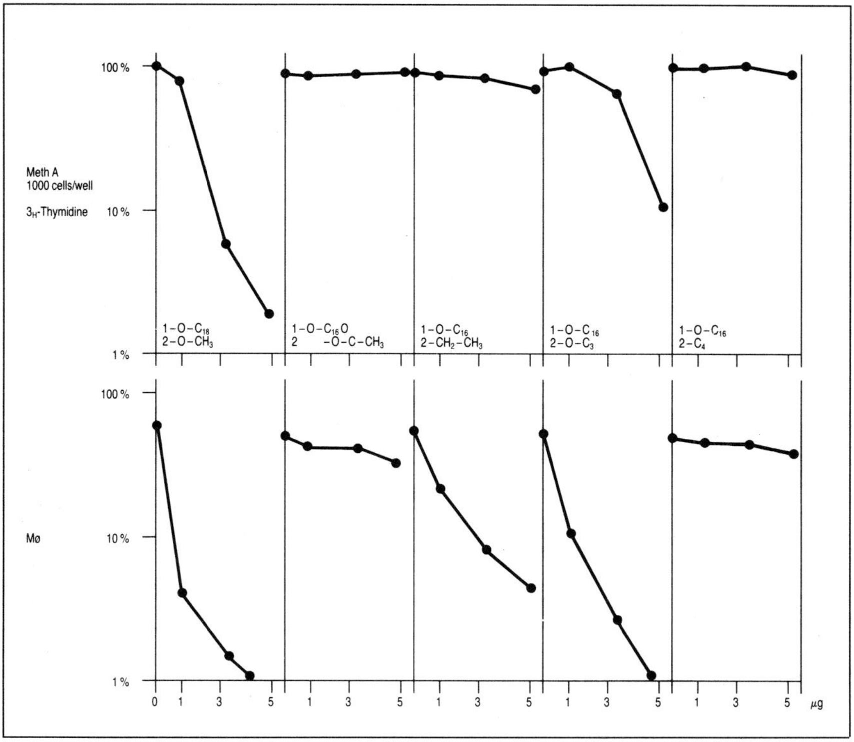

Abbildung 8. Hemmung der direkten wie auch makrophagenvermittelten Zytotoxizität in Abhängigkeit von der Länge der Substituenten in sn-2.

1 bzw. sn-2 vorhanden ist, wie Abbildung 7 zeigt. Interessant ist die Beobachtung, daß ein Austausch der Phosphocholin- mit einer Phosphoseringruppe (Spalte 5) zum völligen Verlust der Aktivität führt. Auch die durch ET-18-OCH_3 induzierte Aktivierung zytotoxischer Makrophagen wird durch den weiteren Zusatz dieser Verbindung nicht gesteigert.

Interessant sind die Befunde, die in Abbildung 8 dargestellt sind, wo in sn-2 Substituenten verschiedener Kettenlängen eingebaut worden sind. Zunächst zeigt sich, daß die abspaltbare Azetylgruppe (Spalte 2) wieder die Zytotoxizität vollständig aufhebt. Die Substitution in sn-2 mit einer CH_2-CH_3-Gruppe führt zwar zu einem Verlust der direkten Zytotoxizität, wohl aber zu einer deutlichen Verstärkung der makrophagenvermittelten Zellzerstörung (Spalte 3). Auffällig ist der Bruch in der biologischen Aktivität zwischen den Substanzen, der in Spalte 4 und 5 dargestellt ist. Während die Substitution mit einer Propylgruppe in sn-2 noch zu einem deutlichen zytotoxischen Effekt auf die Meth-A-Sarkomzellen führt, verschwindet diese Wirkung vollständig, wenn in sn-2 eine Butylgruppe

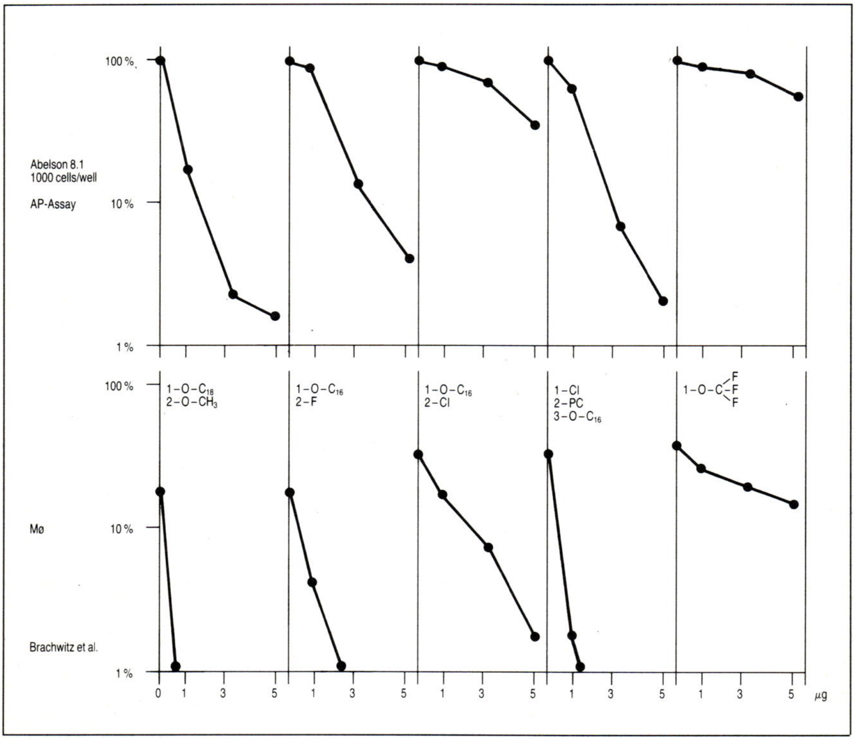

Abbildung 9. Die antitumorale Wirkung halogenierter Alkyllysophospholipide.

eingeführt wurde (Spalte 5). Ähnliche Befunde wurden mit Substanzen erhoben, die in sn-2 entweder verzweigte Ketten oder Ringstrukturen als Substituenten besitzen. Die Substitution mit Halogenen führt zu Verbindungen, die z. T. fast genauso wirksam sind, wie das ET-18-OCH_3, wie in Abbildung 9 dargestellt ist. Auch die Transformation von normalen Makrophagen zu zytotoxischen Effektorzellen wird durch die Halogensubstitution nicht negativ beeinflußt. Eine Ausnahme stellt die mit 3 Fluoratomen substituierte Verbindung dar (Spalte 5). Diese Substanz ist in beiden Systemen nahezu unwirksam. Wahrscheinlich verhindert der Platzbedarf dieser 3 Atome in sn-1 ein Eindringen in die Phospholipiddoppelschicht. Dieses Phänomen scheint auch für die Verbindungen zuzutreffen, die in Abbildung 10 in Auswahl dargestellt sind. Es handelt sich hierbei um Thioäther (16), deren aliphatische Seitenkette durch Ringstrukturen oder durch Aufspaltung der Kette gewissermaßen verbreitert wurde. Die Abbildung zeigt, daß die direkte Zytotoxizität des Thioäthers in etwa der des ET-18-OCH_3 entspricht (Spalte 1 und 2) und daß diese zytotoxische Wirkung

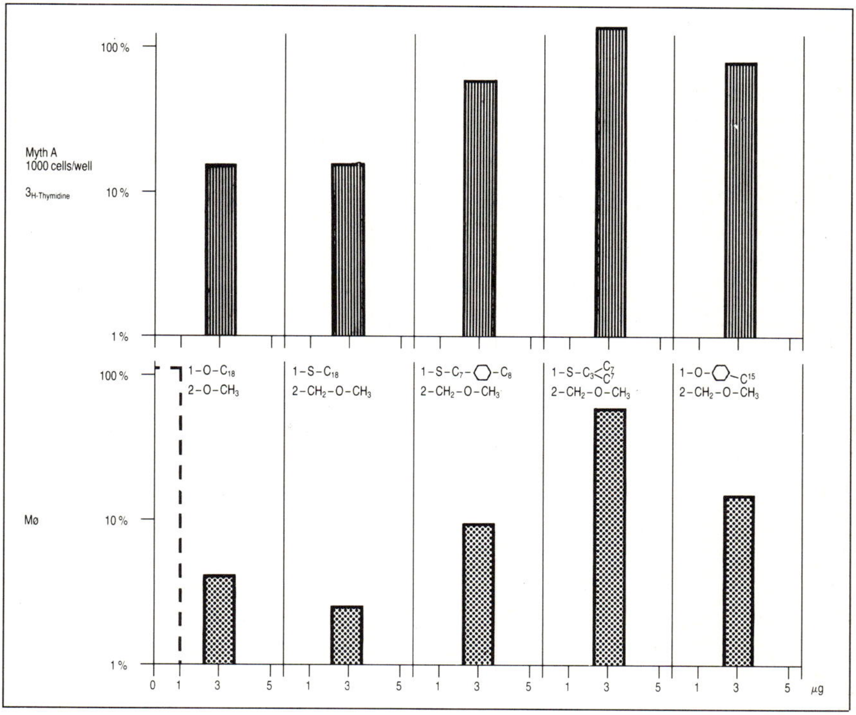

Abbildung 10. Verminderung der antitumoralen Wirksamkeit durch Verbreiterung der aliphatischen Seitenkette.

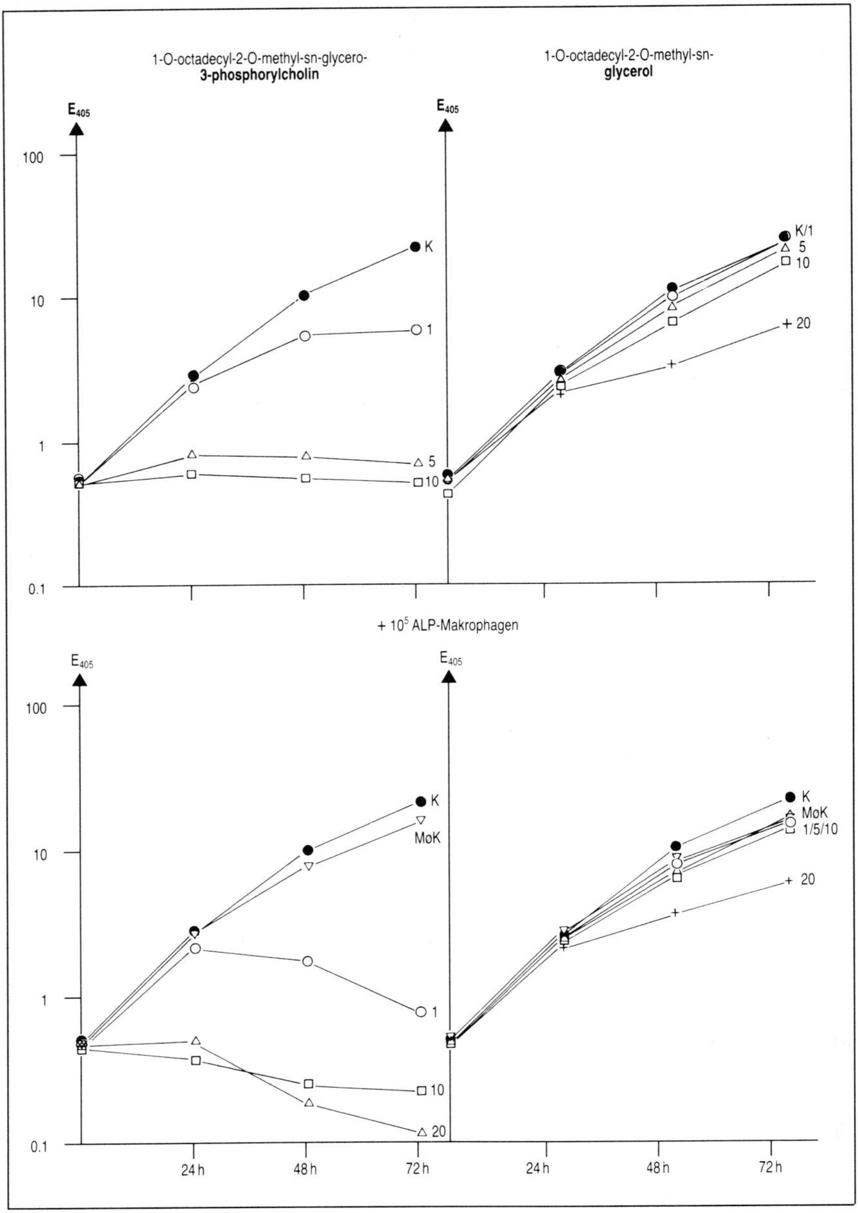

Abbildung 11. Antitumorale Wirkung von ET-18-OCH_3 und dem Spaltprodukt 1-Oktadekyl-2-O-Methyl-sn-glyzerol. Zielzelle: Abelson 8.1 Lymphom; Messung der Alkalischen Phosphatase siehe Abbildung 1.

um so mehr abnimmt, je größer der Platzbedarf der aliphatischen Seitenkette in der Phospholipiddoppelschicht wird. Dies gilt sowohl für die direkte Zytotoxizität wie auch für die makrophagenvermittelte antitumorale Wirkung (25). Diese bisherigen Untersuchungen zeigen, daß die verwendeten Analoga des 2LPC in ihrer Konfiguration der Muttersubstanz ziemlich ähneln müssen, um eine zellbiologische Wirkung auslösen zu können. Hierzu gehört auch, daß im Molekül eine polare Gruppe wie Phosphocholin oder Phosphoäthanolamin vorhanden sein muß. Die Bedeutung der polaren Kopfgruppe zeigt erneut die Abbildung 11. Wird das Phosphocholin durch eine Phospholipase C abgespalten und das 1-Oktadekyl-2-Methoxy-raz.-glyzerol in seiner Wirkung auf Tumorzellen und Makrophagen analysiert, so wird die Wirkung maximal bis fast um das Hundertfache reduziert, wie Abbildung 11 zeigt. 1 μg ET-18-OCH_3 hat in etwa bereits denselben direkten zytotoxischen Effekt wie 20 μg des Metaboliten nach 72 Stunden. Die Tumorzellzerstörung setzt bei höheren Konzentrationen von ET-18-OCH_3 (5 und 10 μg) bereits nach 24 Stunden ein, während der Metabolit zu diesem Zeitpunkt noch keinerlei antitumorale Wirkung aufweist. Erst nach 48 Stunden entwickelt sich eine geringe Hemmung der Tumorzellproliferation (20 μg) durch direkte Einwirkung des Metaboliten, die aber weit hinter der Wirkung des 1-Oktadekyl-2-Methoxy-3-Phosphorylcholins zurückbleibt. Die drastische Erhöhung der antitumoralen Wirkung von ET-18-OCH_3, die durch die Kokultivation mit Makrophagen erzielt werden kann, fehlt fast vollständig bei Zusatz des Metaboliten.

Diskussion

Die antitumorale Wirksamkeit von Alkyllysophospholipiden ist in der Vergangenheit von verschiedenen Arbeitsgruppen beschrieben bzw. bestätigt worden (1,14,20,27,37,41,42). Eine ganze Reihe von Arbeitshypothesen sind über die mögliche antitumorale Wirkung dieser Substanzklasse aufgestellt worden. Keine erscheint jedoch hinreichend begründet. Einige müssen sogar als nichtakzeptabel verworfen werden. Die hier vorgelegten Daten konzentrieren sich nicht auf den möglichen biochemischen Mechanismus der antitumoralen Wirkung dieser Substanzklasse, sondern auf die Moleküle selbst und die Konfigurationen, die vorliegen müssen, damit überhaupt eine antitumorale Wirkung in nennenswertem Umfang nachgewiesen werden kann. Dabei wurde einmal die direkte Zytotoxizität der ausgewählten Substanzen untersucht, andererseits aber auch ihre Fähigkeit, normale Makrophagen zu zytotoxischen Effektorzellen zu transformieren. Natürlich können Wirksamkeit in der Gewebekultur auch Rückschlüsse auf den möglichen biochemischen Mechanismus ihrer antitumoralen Wirksamkeit gezogen werden. Dies war aber nicht das eigentliche Ziel der Arbeit.

Vergleichssubstanz für alle Untersuchungen war das 1-Oktadekyl-2-Methoxy-3-phosphorylcholin (ET-18-OCH_3), das sich in vivo im Tierexperiment wie in vitro in der Gewebekultur wie aber auch in einem begrenzten Umfang in der Klinik als antitumoral wirksam erwiesen hat (13). An dieser Substanz wurde gleichsam die biologische Wirksamkeit der anderen ausgewählten Substanzen gemessen. Sieht man zunächst einmal von den Experimenten ab, bei denen die Metabolisierbarkeit der Substanz eine entscheidende Rolle spielt, wie in Abbildung 4 dargestellt ist, so läßt sich als der kleinste gemeinsame Nenner für eine mögliche antitumorale Wirkung der verwendeten Alkyllysophospholipide feststellen, daß ein nicht oder nur schwer metabolisierbares ALP nur dann relativ optimal antitumoral wirksam ist, wenn es in seiner Konfiguration so nah wie möglich an die Muttersubstanz, 2-Lysophosphaditylcholin, herankommt. Besonders deutlich wird dies bei den Untersuchungen mit Substanzen wie in Abbildung 10 dargestellt, wo die lipophile Seitenkette durch Einbau von Ringen oder durch Aufspaltung verändert worden ist (25). Es steht zu vermuten, daß diese Veränderung ein Eindringen in die Phospholipidschicht erschwert, wenn nicht gar unmöglich macht. Dasselbe gilt wahrscheinlich auch für die mit drei Fluoratomen in sn-1 substituierten halogenierten Alkyllysophospholipide. Eine Veränderung in der polaren Kopfgruppe durch Austausch von Phosphorylcholin mit Phosphoryläthanolamin ist sowohl bei der direkten Zytotoxizität wie auch bei der Induktion von tumorzytotoxischen Makrophagen nicht von entscheidender Bedeutung, wohl aber die Substitution durch ein Phosphaditylserin. Der Grund hierfür erscheint bis jetzt unklar, könnte aber mit der asymetrischen Verteilung der Membranphospholipide zusammenhängen. Daß auch Substitutionen in sn-2 das Eindringen von potentiell antitumoral wirksamen Substanzen entscheidend beeinflussen können, zeigen die Untersuchungen in Abbildung 8. Auch hier ist eine Verlängerung der Seitenkette in sn-2 mit einem Verlust der direkten Zytotoxizität wie aber auch der Fähigkeit, Makrophagen zu tumorzytotoxischen Zellen zu transformieren, verbunden.

Die vollständige Entfernung der polaren Kopfgruppe durch Spaltung mit einer Phospholipase C aus Bakterien führt nahezu zu einem vollständigen Verlust der antitumoralen Aktivität von ET-18-OCH_3, wie die Abbildung 11 zeigt, wobei betont werden muß, daß die Adsorptionsrate des Ausgangsproduktes wie auch des Reaktionsproduktes an die Zellmembran nicht wesentlich unterschiedlich war. Die Vorstellung, daß durch die Aktivität einer Phospholipase C ein zunächst nicht wirksames Alkyllysophospholipid wie ET-18-OCH_3 erst zu einer wirksamen Substanz wird, erscheint aufgrund dieser Untersuchungen unhaltbar.

Alle Versuche, zwischen dem plättchenaggregierenden Faktor und seiner biologischen Aktivität und dem ET-18-OCH_3 eine Beziehung in der biologischen Wirkung herzustellen, sind bisher gescheitert. Wie Abbildung 5 zeigt, hat PAF keinerlei antitumorale Aktivität in vitro. Rezeptorstudien mit PAF-Antagonisten lassen es möglich erscheinen, daß über diesen Weg ein Bindeglied zwischen PAF und ALP gefunden werden kann (*Houlihan,* persönl. Mitteilung).

Wir danken *Frau M. Krause-Jauer* und *Herrn K. H. Widmann* für ihre ausgezeichnete Hilfe und Mitarbeit während der Experimente und *Frau U. Kruse* für die Fertigstellung des Manuskripts.

Literatur

1 Andreesen R, Modolell M, Weltzien HU, Eibl H, Common HH, Löhr GW, Munder PG (1978) Selective destruction of human leukemic cells by alkyl-lysophospholipids. Cancer Res 38: 3894
2 Andreesen R, Modolell M, Speth V, Munder PG (1979) Human macrophage activation by alkyllsophospholipids. Immunobiology 156: 255
3 Andreesen R, Modolell M, Munder PG (1979) Selective sensitivity of chronic myelogenous leukemia cell populations to alkyl lysophospholipids. Blood 54: 519
4 Andreesen R, Modolell M, Oepke GHF, Common H, Löhr GW, Munder PG (1982) Studies on various parameters influencing leukemic cell destruction by alkyllysophospholipids. Anticancer Res 2: 95
5 Andreesen R, Modolell M, Oepke GHF, Munder PG (1983) Temperature dependence of leukemic cell destruction by alkyl-lysophospholipids. Exp Hematol 11: 564
6 Andreesen R, Munder PG (1983) Cell-destructive activity in the serum of a tumor patient after infusion of alkyl-lysophospholipid. J natn Cancer Inst 70: 623
7 Arnold D, Weltzien HU, Westphal O (1967) Synthesen von Cholinphosphatiden. III. Über die Synthese von Lysolecithinen und ihren Ätheranaloga. Liebigs Ann Chem 709: 234
8 Arnold P, Weltzien HU, Westphal O (1967) Synthesen von Cholinphosphatiden IV O-methylierte und O-acetylierte Lysolecithine. Liebigs Ann Chem 709: 240
9 Arnold B, Miller JFAP, Weltzien HU (1979) Lysolecithin analogs as adjuvants in delayed-type hypersensitivity in mice. I. Characterization of the adjuvant effect. Eur J Immunol 9: 363
10 Arnold B, Staber FG, Miller JFAP (1979) Lysolecithin analogs as adjuvants in delayed-type hypersensitivity in mice. II. Studies on the mode of action. Eur J Immunol 9: 367
11 Berdel WE, Munder PG (1981) Metastatic growth of 3-Lewis lung carcinoma in mice treated with alkyl-lysophospholipids and lysophospholipid-induced peritoneal macrophages. Anticancer Res 1: 397
12 Berdel WE, Fink U, Egger B, Reichert A, Munder PG, Rastetter J (1981) Inhibition by alkyl-lysophospholipids of tritiated thymidine uptake in cells of human malignant urologic tumors. J natn Cancer Inst 66: 813
13 Berdel WE, Schlehe H, Fink U, Emmerich B, Maubach PA, Emslander HP, Daum S, Rastetter J (1982) Early tumor and leukemia response to alkyl-lysophospholipids in a phase I study. Cancer 50: 2011

14 Berdel WE, Bausert WRE, Fink U, Rastetter J, Munder PG (1981) Anti-tumor action of alkyllysophospholipids. Anticancer Res 1: 345
15 Berdel WE, Greiner E, Fink U, Stavrou D, Reichert A, Rastetter J, Hoffman DR, Snyder F (1983) Cytotoxicity of alkyl-lysophospholipid derivatives and low-alkyl-cleavage enzyme activity in rat brain tumor cells. Cancer Res 43: 541
16 Berdel WE, Fromm M, Fink U, Pahlke W, Bicker U, Reichert A, Rastetter J (1983) Cytotoxicity of thioetherlysophospholipids in leukemias and tumors of human origin. Cancer Res 43: 5538
17 Berdel WE, Greiner E, Fink U, Zänker KS, Stavrou D, Trappe A, Fahlbusch R, Reichert A, Rastetter J (1984) Cytotoxicity effects of alkyl-lysophospholipids in human brain tumor cells. Oncology 41: 140
18 Berger M, Munder PG, Schmähl D, Westphal O (1984) Influence of the alkyl-lysophospholipids ET-18-OCH_3, on methylnitrosourea-induced rat mammary carcinomas. Oncology 41: 109
19 Berchtold R (1982) Preparation of 1-O-octadecyl-2-O-methyl-sn-glycero-3-phosphocholine. Chem Phys Lipids 30: 389
20 Brachwitz H, Langen P, Hintsche R, Schildt J (1982) Halo Lipids V. Synthesis, nuclear magnetic resonance spectra and cytostatic properties of Halo analogues of alkyl-lysophospholipids. Chem Phys Lipids 31: 33
21 Burdzy K, Munder PG, Fischer H, Westphal O (1964) Steigerung der Phagozytose von Peritonealmakrophagen durch Lysolecithin. Z Naturforsch 19b: 1118
22 Helfman DM, Barnes KC, Kinkade JM, Vogler WR, Shoji M, Kuo JF (1983) Phospholipid-sensitive Ca^{2+} -dependent protein phosphorylation system in various types of leukemic cells from human patients and in human leukemic cell lines HL60 and K562, and its inhibition by alkyl-lysophospholipids. Cancer Res 43: 2955
23 Hill EE, Lands WEM (1976) Phospholipid metabolism. In: Wakil SJ (ed) Lipid Metabolism. Academic press, p 185
24 Hoffman DR, Hajdu J, Snyder F (1984) Cytotoxicity of platelet activating factor and related alkyl-phospholipid analogs in human leukemic cells, polymorphonuclear neutrophils and skin fibroblasts. Blood 63: 545
25 Hoffman D, Stanley JD, Berchtold R, Snyder F (1984) Cytotoxicity of ether-linked phytanyl phospholipid analogs and related derivatives in human HL-60 leukemia cells and polymorphonuclear neutrophils. Cancer Res 44: 2
26 Honma Y, Kasukabe T, Hozumi M, Tsushima S, Nomura H (1981) Induction of differentiation of cultured human and mouse myeloid leukemia cells by alkyl-lysophospholipids. Cancer Res 41: 3211
27 Honma Y, Kasukabe T, Okabe-Kado J, Hozumi M, Tsushima S, Nomura H (1983) Antileukemic effect of alkyl-phospholipids. II. Prolongation of survival times of leukemic mice by alkyl ethyleneglycophospholipids. Cancer Chemother Pharmacol 11: 77
28 Berdel WE, Andreesen R, Munder PG (1984, I) Synthetic alkyl-phospholipid analogs: a new class of antitumor agents. In: Kuo JF (ed) Phospholipids and Cellular Regulation, vol II, CRC Press, Boca Raton
29 Modolell M, Andreesen R, Pahlke W, Brugger U, Munder PG (1979) Disturbance of phospholipid metabolism during the selective destruction of tumor cells induced by alkyl-lysophospholipids. Cancer Res 39: 4681
30 Munder PG, Ferber E, Modolell M, Fischer H (1969) The influence of various adjuvants on the metabolism of phospholipids in macrophages. Int Arch Allergy 36: 117

31 Munder PG, Modolell M, Wallach DFH (1971) Cell propagation on films of polymeric fluorocarbon as a means to regulate pericellular pH and pO_2 in cultured monolayers. FEBS Lett 15: 191
32 Munder PG, Modolell M, Ferber E, Fischer H (1970) The relationship between macrophages and adjuvant activity. In: Van Furth R (ed) Mononuclear Phagocytes. Blackwell Scientific, Oxford, p 445
33 Munder PG, Modolell M (1973) Adjuvant induced formation of lysophosphatides and their role in immune response. Int Arch Allergy 45: 133
34 Munder PG, Weltzien HU, Modolell M (1976) Lysolecithin analogs: a new class of immunopotentiators. In: Miescher PA (ed) VII Int Symp Immunopathol. Schwabe, Basel, p 411
35 Munder PG, Modolell M, Bausert W, Oettgen HF, Westphal O (1981)Alkyl-lysophospholipids in cancer therapy. In: Hersh EM et al (eds) Augmenting Agents in Cancer Therapy. Raven Press, New York, p 441
36 Munder PG, Modolell M, Anreesen R, Berdel W, Pahlke W, Oepke R, Westphal O (1983) Generation of tumorcidal macrophages and direct selective destruction of tumor cells by membrane active adjuvants. In: 13th Int Cancer Congr part B Biology of Cancer Bd 1. Alan R. Liss Inc., New York, p 393
37 Runge MH, Andreesen R, Pfleiderer A, Munder PG (1980) Destruction of human solid tumors by alkyl-lysophospholipids. J natn Cancer Inst 64: 1301
38 Soodsma JF, Piantadosi C, Snyder F (1970) The biocleavage of alkyl glyceryl ethers in morris hepatomas and other transplantable neoplasms. Cancer Res 30: 309
39 Storme G, Berdel WE, von Blitterswijk WJ, Bruyneel EA, De Bruyne GK, Mareel MM (1985) Antiinvasive effect of racemic-1-octadecyl-2-methoxy-glycero-3-phosphocholine and other lysophospholipid analogs on MO_4 mouse fibrosarcoma cells in vitro. Cancer Res 41: 351
40 Tarnowski GS, Mountain IM, Stock CC, Munder PG, Weltzien HU, Westphal O (1978) Effect of lysolecithin and analogs on mouse ascites tumors. Cancer Res 38: 339
41 Vogler WR, Winton EF, Boggs R, Long R, Tidwell T, Barashick L, LaVia D (1982) The effect of alkyl-lysophospholipid (ET-18-OCH_3) on granulocyte-macrophage progenitor cells from normal and chronic myelocytic leukemic marrows. Exp Hematol (suppl 11) 10: 15

Für die Verfasser: *Dr. P. G. Munder,* Max-Planck-Institut für Immunbiologie, D-7800 Freiburg

Antineoplastische Aktivität von Alkyllysophospholipid-Derivaten und anderen Ätherlipiden

Vorklinische Ergebnisse und erste klinische Pilotstudien

W. E. Berdel
Abteilung Hämatologie/Onkologie,
I. Medizinische Klinik, Technische Universität München

Einleitung

In den frühen siebziger Jahren beschrieben unabhängig voneinander drei Arbeitsgruppen erstmals Antitumoreffekte bestimmter Ätherlipide. *Munder* et al. (1) untersuchten synthetische Analoga des 2-Lysophosphatidylcholins (2-LPC) und fanden, daß bestimmte Alkyllysophospholipid-Derivate (ALP) signifikante prophylaktische und therapeutische Wirkungen gegen allogene und syngene Primärtumoren der Maus entfalten. Dabei waren die ALP zunächst als eine neue Klasse von »biological response modifiers« synthetisiert worden. Abbildung 1 zeigt die chemischen Strukturen einiger ALP der ersten Generation.

Ando et al. (2) konnten mit bestimmten L-Glyzeryläthern therapeutische Effekte im Ehrlich-Aszites-Tumorsystem der Maus beobachten. *Hallgren* et al. (3) beschrieben therapeutische Effekte von Methoxy-substituierten Alkylglyzerolen gegenüber der Metastasierung von Methylcholantren-induzierten Sarkomen der Maus.

Die zuletzt genannten Substanzgruppen haben bisher nicht zu einem systematischen Versuch der Entwicklung klinisch verwendbarer Antitumormittel geführt. Demgegenüber wurde und wird dieser Versuch mit verschiedenen ALP und anderen Ätherlipiden als möglichen Nachfolgesubstanzen der ALP jedoch unternommen. In dem vorliegenden Referat soll eine zusammenfassende Darstellung unserer experimentellen und klinischen Befunde in diesem Forschungsbereich gegeben werden.

Tierexperimentelle Ergebnisse

Nachdem bekannt war, daß bestimmte ALP das Wachstum verschiedener Primärtumoren der Maus hemmen können, haben wir zunächst den Einfluß dieser Substanzen auf die Metastasierung des 3-Lewis-Lungenkarzinoms (3-LL) in

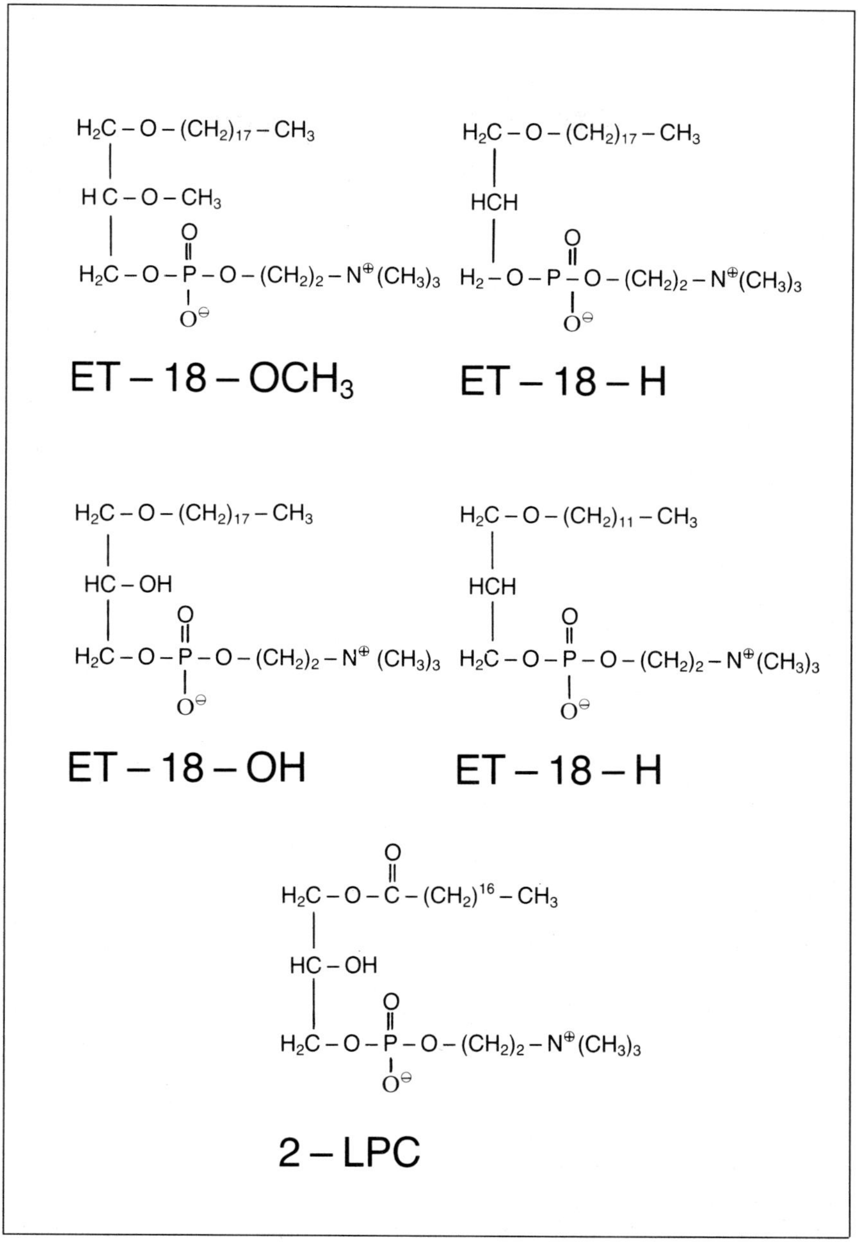

Abbildung 1. Chemische Strukturen einiger Alkyllysophospholipid-Derivate (ALP) der ersten Generation und des Esterlysophospholipids 2-LPC.

syngenen $C_{57}Bl_6$-Mäusen untersucht (4,5). Dabei konnte nur eine geringe Wirkung der ALP auf das Wachstum des Primärtumors gefunden werden. Wurden die Substanzen jedoch kurz vor oder nach der operativen Entfernung des Primärtumors gegeben, so konnte die Metastasierung des 3-LL signifikant verzögert oder verhindert werden. Neben der intradermalen und intravenösen Applikation der Substanzen war in diesen Versuchen insbesondere die orale Therapie wirksam. Analoga, die in der sn-1-Position des Glyzeringerüstes über eine Ätherbindung eine lange Fettsäure mit ca. 18 C-Atomen besaßen, und in der sn-2-Position z.B. mit einer Methylgruppe oder mit einem Wasserstoffatom substituiert waren, zeigten eine stabile Wirkung.
In-vitro- und In-vivo-Versuche mit $C_{57}Bl_6$-Makrophagen aus dem Peritonealraum oder dem Knochenmark der Tiere zeigten, daß der Behinderung der Metastasierung des 3-LL durch ALP teilweise eine Aktivierung von Makrophagen zu tumorzytotoxischen Effektorzellen zugrundeliegt. So wirkten Peritonealmakrophagen nach vorheriger Inkubation mit den Lipiden in vitro zytostatisch und zytotoxisch auf 3-LL-Tumorzellen. Reine syngene Knochenmarksmakrophagen hatten in vivo eine deutliche therapeutische antimetastatische Wirkung, wurden sie jedoch in vitro mit verschiedenen ALP durch Inkubation aktiviert, konnte ihre Wirkung bezüglich der In-vivo-Metastaseninhibition noch signifikant verbessert werden.
Bei den oben zusammengefaßten Versuchen im 3-LL-System war jeweils eine tägliche Therapie mit den ALP und eine Mindesttherapiedauer von drei Wochen notwendig, um stabile therapeutische Effekte zu erzielen. Demgegenüber war es in einer neueren Versuchsreihe mit den in Abbildung 2 gezeigten Konjugaten aus ALP und Ara-C möglich, das intraperitoneale Wachstum des 3-LL-Primärtumors bereits durch eine fünftägige intraperitoneale Therapie vollständig zu verhindern. Insbesondere das Ara-CDP-DL-PBA zeigte in den bisherigen Versuchen signifikant bessere therapeutische Ergebnisse als die beiden Elternsubstanzen.
In einer dritten Versuchsserie war es uns bisher nicht möglich, eine prophylaktische Wirksamkeit der ALP ET-18-OCH_3 und ET-18-OH auf die Entstehung von strahleninduzierten Lymphomen der $C_{57}Bl_6$-Maus oder die Entstehung der spontanen Leukämien der AKR-Maus nachzuweisen (6).

Ergebnisse der präklinischen Untersuchungen an menschlichen Leukämien und Tumoren

In einer weiteren Serie von Experimenten haben wir versucht, die Phänomene der Makrophagenaktivierung und der direkten Zytotoxizität bestimmter Ätherlipide an menschlichen Tumoren und Leukämien zu überprüfen. In vitro wurden insgesamt 18 Lipide an über 50 menschlichen Tumoren und Leukämien getestet. Dabei wurden im wesentlichen der ^{3}H-Thymidin-Aufnahmetest, der Trypanblau-Exklusionstest, der Human-tumor-clonogenic-assay (HTCA) sowie mikroskopische und rasterelektronenmikroskopische Verfahren benutzt. 1-O-Alkyllysophospholipid-Derivate (ALP), Thioätherlysophospholipid-Derivate (TLP), äthergebundene lipoidale Amine, Analoga des plättchenaktivierenden Faktors (PAF) und chemische Konjugationen aus Ätherlipiden und anderen Zytostatika zeigten bei diesen Untersuchungen deutliche zytostatische und zytotoxische Wirkungen auf neoplastische Zellen menschlicher Herkunft. Einige wesentliche Grundstrukturen der bisher getesteten Substanzen zeigt, soweit diese nicht bereits in den Abbildungen 1 und 2 enthalten sind, Abbildung 3. Für die volle Ausprägung der zytostatisch-zytotoxischen Wirkungen

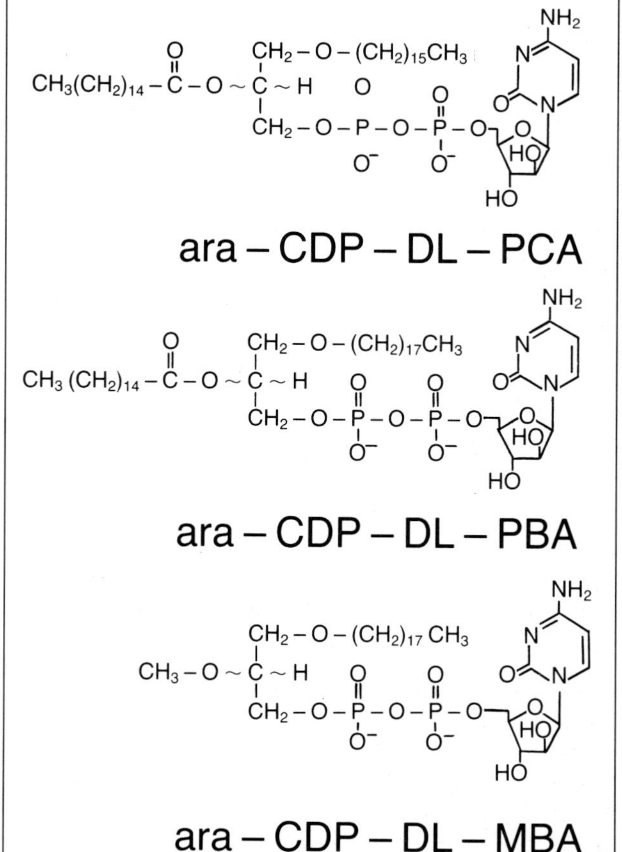

Abbildung 2. Chemische Strukturen dreier Ätherlipid-Ara-C-Konjugate (in Zusammenarbeit mit *C.I. Hong,* Roswell Park Memorial Institute, Department of Neurosurgery, Buffalo, New York, U.S.A.)

waren bei der Mehrzahl der getesteten Substanzen Inkubationszeiten von mehr als 24 Stunden notwendig. Es fand sich insbesondere bei den ausführlich untersuchten ET-18-Analoga innerhalb der Klasse der ALP (siehe Abbildung 1) eine deutliche Dosis-Wirkungs-Beziehung in einem Konzentrationsbereich von 1 bis 10 μg/ml. Die Mehrzahl der getesteten Tumoren und Leukämien war gegenüber den Testsubstanzen, z.B. den ALP in dem genannten Dosisbereich, sensitiv. Beispiele faßt Tabelle I zusammen. Während in der Gruppe der ALP lediglich Substanzen mit einer Ätherbindung in der sn-1-Position des Moleklüls und einer stabilen, substituierten sn-2-Position des Moleküls aktiv waren, zeigte im Gegensatz dazu das Esterlysophospholipid 2-LPC im vergleichbaren Dosisbereich überhaupt keine oder lediglich eine geringe Aktivität. Die Aktivität des ET-18-OH mit einer Lysogruppe in der sn-2-Position des Moleküls konnte ledig-

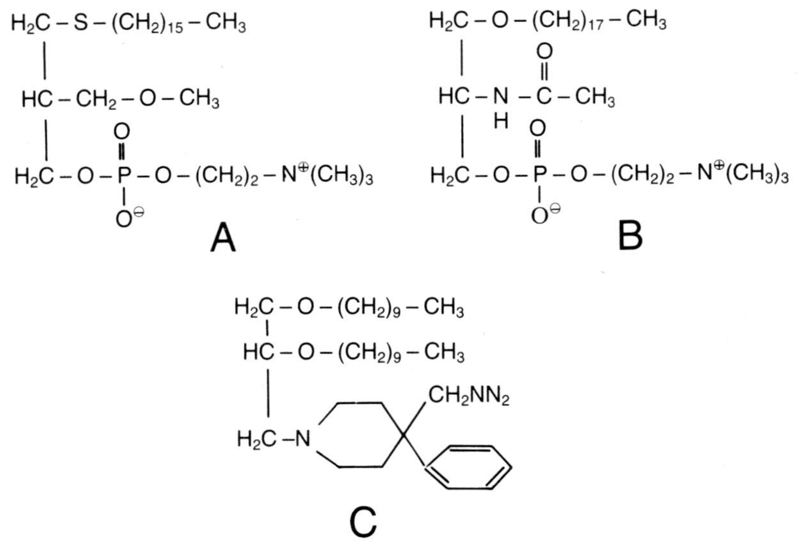

Abbildung 3. Chemische Grundstrukturen dreier anderer Gruppen von Ätherlipidderivaten.
A: BM 41.440. Ein Thioätherlysophospholipid-Derivat (Boehringer Mannheim GmbH, Mannheim, Deutschland);
B: 1-O-Alkyl-2-azetamid-glyzero-3-phosphocholin (*J. Hajdu,* Department of Chemistry, California State University, Northridge, California, U.S.A.);
C: CP-46.665. Ein lipoidales Amin (Pfizer Central Research, Groton, Connecticut, U.S.A.).

lich in einigen Tumor- und Leukämiesystemen gezeigt werden und konnte ferner durch eine Vorinkubation mit einem mikrosomalen 1-O-Alkyl-cleavage-Enzym inaktiviert werden. Nach den Untersuchungen verschiedener Arbeitsgruppen ist dieses Enzymsystem in vielen neoplastischen Zellen nur in geringer Aktivität vorhanden oder fehlt vollständig (weiterführende Literatur siehe bei (7)).
Weitere Struktur-Aktivitäts-Analysen mit der D- und L-Form des ET-18-OH, die in Zusammenarbeit mit *Eibl* und *Unger* (Max-Planck-Institut für Biophysikalische Chemie und Medizinische Universitätsklinik, Göttingen) durchgeführt wurden, zeigten, daß zumindest in der Leukämiezellinie HL-60 die Aktivität des ET-18-OH als Razemat auf die Aktivität seiner D-Form zurückgeführt werden kann.
Die mikroskopischen und rasterelektronenmikroskopischen Untersuchungen legten den Schluß nahe, daß die Zytotoxizität der ALP, TLP, des lipoidalen

Tabelle I. Zytotoxizität der ET-18-Analoga ET-18-OCH_3 und ET-18-H von 2-LPC gegenüber Tumorzellen und Leukämiezellen menschlicher Herkunft in vitro.

Histologie/Zelltyp	Zahl der getesteten Tumoren/Leukämien	
	sensitiv	resistent
Prostatakarzinome	2	
Seminome	1	
Teratokarzinome	3	
Blasenkarzinome	2	
Hypernephrome	17	2
Astrozytome	2	
Glioblastome	2	
Meningiome	1	
Medulloblastome		1
Ovarkarzinome	1	
Kleinzellige Bronchialkarzinome	1	
Nichtkleinzellige Bronchialkarzinome	1	
Non-Hodgkin-Lymphome (B-Zelltyp)	1	
Non-Hodgkin-Lymphome (T-Zelltyp)	1	
AMML	4	
AML	3	
ALL	2	
HL-60	1	
K-562		1
CML/BC	6	
Total	51	4

Amins CP-46.665 und der getesteten Analoga des plättchenaktivierenden Faktors mit schweren Schädigungen der äußeren Zellmembran korreliert ist.
Die Ergebnisse unserer Untersuchungen bezüglich der direkten Zytotoxizität von Ätherlipiden gegenüber neoplastischen Zellen menschlicher Herkunft wurden mehrfach publiziert (Literatur siehe bei (7)).
In einer zweiten In-vitro-Untersuchungsreihe konnten menschliche Monozyten/Makrophagen durch Vorinkubation mit bestimmten Ätherlipiden in vitro zu zytostatischen Effektorzellen gegenüber autologen Tumorzellen desselben Patienten aktiviert werden (8). Dieser Effekt konnte z.B. an Zellen verschiedener menschlicher Hypernephrome und Bronchialkarzinome gezeigt werden. Es gelang uns jedoch nicht, menschliche Monozyten/Makrophagen gegenüber Zellen autochthoner menschlicher Hirntumoren durch Vorinkubation mit ALP zu aktivieren.

Ergebnisse der ersten klinischen Pilotstudien der Phasen I und II mit ET-18-OCH_3

Nachdem die Ergebnisse pharmakokinetischer und toxikologischer Untersuchungen vorlagen, wurde daraufhin das ALP ET-18-OCH_3 als ein erstes Ätherlipid in einer Pilotstudie der Phase I in die klinische Erprobung eingeführt (9). Dabei wurden sechzehn Patienten mit weitfortgeschrittenen neoplastischen Erkrankungen, die überwiegend intensiv vorbehandelt waren, und sich zumeist in einem schlechten Allgemeinzustand befanden, in diese Studie aufgenommen. Für die intravenöse Behandlung wurde das ET-18-OCH_3 in 20 %igem Humanalbumin gelöst und infundiert. Die maximal tolerable Dosis (MTD) einer Einzelapplikation lag bei 50 mg/kg. Limitierend waren gastrointestinale Nebenwirkungen, Erbrechen und Durchfälle. Die MTD bei täglicher intravenöser Infusion über längere Zeiträume lag bei 20 mg/kg/Tag. Dosislimitierend war die Toxizität der Substanz an der Leber und der Lunge. Bei zwei Patienten mit nichtkleinzelligen Bronchialkarzinomen konnte eine partielle Remission erreicht werden, die in dem einen Fall fünf, in dem anderen Fall sechs Monate anhielt. Bei einem Patienten mit einer akuten myelomonozytären Leukämie kam es unter der Behandlung zu einem signifikanten Blastenabfall im peripheren Blut.
Die Substanz ET-18-OCH_3 befindet sich momentan bei nichtkleinzelligen Bronchialkarzinomen ohne Vorbehandlung und mit Progressionstendenz in einer Phase-I/II-Studie. Bisher sind fünf Patienten, die mit 5 mg/kg/Tag behandelt wurden, und zwei Patienten, die mit 10 mg/kg/Tag behandelt wurden, auswertbar. Es kam zu mehreren längeren »no change«-Verläufen, jedoch wurden bisher keine klaren Tumorremissionen beobachtet.

Abschließende Bemerkungen

Es gibt zunehmende experimentelle Evidenz dafür, daß einige Ätherlipide und Ätherlipid-Derivate eine neue Klasse von antineoplastischen Substanzen repräsentieren. Die Aktivität einiger dieser Verbindungen konnte mit der Induktion tumorzytotoxischer Zellen des unspezifischen Abwehrsystems und direkten Effekten auf neoplastische Zellen korreliert werden. Zu den direkten Effekten auf neoplastische Zellen gehört die in dieser Zusammenfassung beschriebene zytostatisch-zytotoxische Wirkung sowie weiter eine Induktion der Differenzierung neoplastischer Zellen (10) und eine Hemmung der Invasivität neoplastischer Zellen (11). Während die Interaktion zwischen unspezifischen Abwehrzellen, wie z.B. Makrophagen und Ätherlipiden, und die daraus resultierende erhöhte zytotoxische Kapazität dieser Zellen vom zugrundeliegenden Wirkungsmechanismus her noch sehr wenig charakterisiert ist, beruhen die verschiedenen direkten Effekte der Ätherlipide auf neoplastische Zellen wahrscheinlich auf der Akkumulation dieser Substanzen infolge ihrer hohen metabolischen Stabilität. Ein weiterer Schritt zur direkten Zytotoxizität scheint nach der Akkumulation dieser Substanzen ihre Interaktion mit dem Stoffwechsel zellulärer Membranen und eine progressive Zerstörung dieser Zellmembranen zu sein.
Die hier beschriebenen ALP stellen sicher lediglich eine erste Generation von Ätherlipiden dar, die in der Lage sind, durch Zerstörung zellulärer Membranen zytotoxisch zu wirken. Grundsätzlich jedoch öffnet die neue Zielrichtung der Herstellung und Austestung von Substanzen, die durch die Zerstörung von Zellmembranen in der Onkologie eine Bedeutung gewinnen könnten, durch die vielen chemischen Variationsmöglichkeiten der Lipidgrundstrukturen vielfältige Möglichkeiten. Dieses wird bereits durch die verschiedenen in dieser Zusammenfassung diskutierten und auch durch einige andere in diesem Symposium vorgestellten Ätherlipidstrukturen belegt. Hierbei ist für die Konzeption neuer Ätherlipidstrukturen sicherlich ein besseres Verständnis der molekularen Interaktionen dieser Substanzen mit zellulären Stoffwechselwegen von großer Bedeutung. Der Wert solcher Strukturen für die klinische Onkologie muß jedoch dann durch den Aktivitätsnachweis in vitro und in vivo in verschiedenen experimentellen Systemen und durch eine Evaluierung in frühen klinischen Studien determiniert werden.

Die Arbeiten wurden durch die Deutsche Forschungsgemeinschaft (DFG Be 822/2–4) unterstützt.

Literatur

1 Munder PG, Weltzien HU, Modolell M (1976) Lysolecithin analogs: A new class of immunopotentiators. In: Miescher (ed) VII. Int Symp Immunopathology. Schwabe Publ., Basel, p 411

2 Ando K, Kodama K, Kato A, Tamura G, Arima K (1972) Antitumor activity of glyceryl ethers. Cancer Res 32: 125

3 Boeryd B, Hallgren B, Ställberg G (1971) Studies on the effect of methoxy-substituted glycerol ethers on tumour growth and metastasis formation. Br J exp Path 52: 221

4 Berdel WE, Fink U, Munder PG (1979) Synthetic lysophospholipids render macrophages cytotoxic. 5th Meet Int Soc Haematol Eur Afr Div, Abstr I, p24

5 Berdel WE, Bausert WR, Weltzien HU, Modolell ML, Widmann KH, Munder PG (1980) The influence of alkyllysophospholipids and lysophospholipid-activated macrophages on the development of metastasis of 3-Lewis lung carcinoma. Eur J Cancer 16: 1199

6 Berdel WE, Luz A, Rastetter J, Fink U, Gössner W, Messerschmidt O (1983) Alkyl-lysophospholipids lack influence on the occurrence of radiation-induced lymphomas and AKR-leukemia. Cancer Letters 20: 215

7 Berdel WE, Andreesen R, Munder PG (1985) Synthetic alkyl-phospholipid-analogs; a new class of antitumor agents. In: Kuo (ed) Phospholipids and Cellular Regulation, vol II. CRC-Press, Boca Raton, pp 41–73

8 Berdel WE, Fink U, Thiel E, Stünkel K, Greiner E, Schwarzkopf G, Reichert A, Rastetter J (1982) Purification of human monocytes by adherence to polymeric fluorocarbon. Characterization of the monocyte-enriched cell fraction. Immunobiology 163: 511

9 Berdel WE, Fink U, Schick HD, Weiß G, Rastetter J (1985) Ergebnisse klinischer Pilotstudien mit dem Alkyllysophospholipid-Derivat ET-18-OCH_3. In: Akt Onkol 24. W. Zuckschwerdt, München Bern Wien, pp 215–230

10 Honma Y, Kasukabe T, Hozumi M, Tsushima S, Nomura H (1981) Induction of differentiation of cultured human and mouse myeloid leukemia cells by alkyl-lysophospholipids. Cancer Res 41: 3211

11 Storme GA, Berdel WE, Blitterswijk van J, Bruyneel EA, De Bruyne GK, Mareel MM (1985) Anti-invasive effect of racemic 1-O-octadecyl-2-O-methylglycero-3-phosphocholine on MO_4 mouse fibrosarcoma cells in vitro. Cancer Res 45: 351

Anschrift des Verfassers: *Dr. W. E. Berdel,* I. Medizinische Klinik, Abteilung Hämatologie/Onkologie, Technische Universität, Ismaninger Straße 22, D-8000 München 80

Präklinische Untersuchungen des neuen Thioätherphospholipids BM 41.440

W. Pahlke
Boehringer Mannheim GmbH, Mannheim

Thioätherphospholipide sind Analoga der natürlichen Lysolezithine bzw. des plättchenaktivierenden Faktors (PAF). In Abbildung 1 ist die Strukturformel des Thioätherphospholipids BM 41.440 dargestellt. Ersetzt man die Thioätherbindung in Position sn-1 durch eine Esterbindung und die Methylmethoxygruppe in Position sn-2 durch eine Hydroxylgruppe, so erkennt man das Lysolezithin. Beim PAF steht anstelle des Thioäthers ein Äther und in Position sn-2 eine Azetylgruppe. Diese geringfügigen Modifikationen am Molekül bewirken ein sehr unterschiedliches biologisches Verhalten. So kann z.B. eine direkte zytotoxische Wirkung in unserem Textsystem in vitro nur dann gezeigt werden, wenn in Position sn-1 die Fettsäure über eine Äther- bzw. Thioätherbrücke gebunden ist und die Position sn-2 einer schnellen Umsetzung widersteht. Auf der anderen Seite wurden die plättchenaktivierenden Eigenschaften durch die

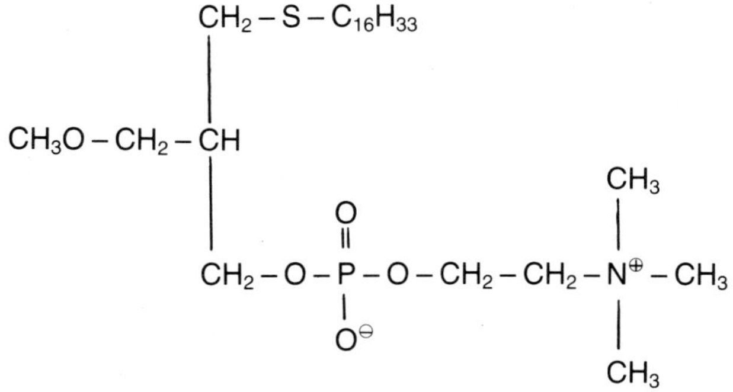

Abbildung 1. BM 41.440, 1-Hexadekylthio-2-methoxymethyl-3-propyl-phosphorsäure-mono-cholinester.

Einführung der Thioätherbrücke unterbunden. Das Lysolezithin selbst hat ebenfalls keine plättchenaktivierenden Eigenschaften.

Tabelle I. Wirkung von BM 41.440 auf die Proliferation von murinen und humanen Zellinien in vitro.

Zellinie	Tumorart	Herkunft	C_{50}^{a}, μg/ml
Meth-A	Fibrosarkom	Maus	0,7
L 1210	Leukämie	Maus	1,1
Abelson 8 – 1 Lymphom	Lymphom	Maus	2,0
YAC	B-Zell-Lymphom	Maus	1,3
P 815	Mastozytom	Maus	1,7
Lewis-Lung (Metastase)	metastasierendes Karzinom	Maus	19,6
L 929	Fibroblast	Maus	24,3
Raji	EBV-B-Zell-Lymphom	Mensch	1,0
Daudi	B-Zell-Lymphom	Mensch	0,6
K 562	proerythroide Leukämie	Mensch	5,5
U 937	histiozytisches Lymphom	Mensch	1,4
HL 60	promyeloische Leukämie	Mensch	1,5
Molt 4	T-Zell-Leukämie	Mensch	5,9
REH	non-B-non-T-Zell	Mensch	1,0

$^{a}C_{50}$: Konzentration, die den ^{3}H-Thymidin-Einbau bzw. die Aktivität der Alkalischen Phosphatase zu 50 % hemmt.

Tabelle II. Einfluß von BM 41.440 auf die Proliferation von 3T3 und auf virustransformierte 3T3-Fibroblasten (3T3 SV40).

Zellinie	Kultivationsdauer, Tage	^{3}H-Thymidin-Einbau, cpm Konzentration BM 41.440, μg/ml					
		0	1	2	4	8	16
3T3	1	2305	2207	2099	1880	1763	1192
3T3 SV40		4413	4438	4231	2135	661	233
3T3	2	5178	4953	4356	4123	4191	3546
3T3 SV40		18613	19558	17822	4503	1239	429
3T3	3	4987	8881	10660	10663	8464	8818
3T3 SV40		35772	34249	30968	4042	900	335

5 x 10^{3}/ml Zellen wurden in Mikrotiterplatten in Medium mit 10 % fötalem Kälberserum mit verschiedenen Konzentrationen von BM 41.440 inkubiert. Nach 1, 2 und 3 Tagen wurde 6 h mit ^{3}H-Thymidin markiert.

BM 41.440 hat gegenüber anderen direkt zytotoxisch wirkenden Substanzen, wie ET-18-OCH_3 zwei deutliche Vorteile:

1. Es läßt sich mit Hilfe der HPLC dedektieren und
2. es kommt, wie schon oben gesagt, zu keiner Plättchenaggregation im humanen plättchenreichen Plasma.

BM 41.440 wurde an verschiedenen murinen und humanen Tumorzellinien auf seine direkte Zytotoxizität untersucht. In Tabelle I sind die Konzentrationen an BM 41.440 aufgezeigt, die ein Wachstum der Zellen um 50 % hemmen. Die meisten Tumorzellinien weisen eine C_{50} von 1 bis 2 mcg/ml auf. Mäßig sensible Zellen, wie die Molt-4 Linie, zeigen eine etwas höhere C_{50}. Die proerythroide Zellinie K 562 ist als Linie sehr instabil, d.h. sie differenziert sich im Laufe der Passage zur normalen Zelle aus. So findet man hier C_{50}-Werte > 16, also resistent, wie auch Werte unter 5 mcg/ml = mäßig sensibel. Erstaunlicherweise zeigen sich auch Metastasen vom murinen [3]Lewis-Lung-Tumor als resistent gegenüber BM 41.440, obwohl, wie später gezeigt wird, die Substanz einen deutlichen Einfluß auf die Metastasierung in vivo aufweist. Die nur unter extremer Immunsuppression wachsenden Fibroblasten L 929, die als »normale« Zellen anzusehen sind, zeigen ebenfalls einen hohen C_{50}-Wert.
Um eine selektive Wirkung von BM 41.440 zeigen zu können, wurden die 3T3-Fibroblasten benutzt. Diese Zellen können durch SV40-Viren in eine maligne Form transformiert werden (Tabelle II). Ein Vergleich der Wirkung von verschiedenen Konzentrationen von BM 41.440 auf die normalen 3T3-Zellen und die 3T3-SV40-transformierten Zellen zeigt eine deutliche Hemmung der transformierten Zellen bei Konzentrationen, die das Wachstum der normalen Zellen nicht beeinflussen.
Auch Hepatozyten aus perfundierten Rattenlebern werden in ihrer Cholesterinbiosynthese bis zu Konzentrationen von 16 mcg/ml nicht beeinflußt (Tabelle III). Die Cholesterinbiosynthese wird mit Hilfe von radiomarkiertem Azetat gemessen. Die Tabelle zeigt die Hemmung in Prozent. In den drei Versuchen wurden jeweils Doppelbestimmungen durchgeführt.
In vitro wurde die Substanz auf frischisolierten Hirntumoren und Hypernephromen untersucht. Tabelle IV faßt die Ergebnisse zusammen, die in den Labors von *Dr. Berdel,* Klinikum Rechts der Isar in München, *Prof. Munder* am Max-Planck-Institut für Immunbiologie in Freiburg und im eigenen Labor gewonnen wurden. Auch hier liegt die Konzentration, die das Tumorwachstum um 50 % hemmt, unter 5 mcg/ml. Das Wachstum dieser Zellen, wie das der in Tabelle V gezeigten frischisolierten Leukämiezellen, wurde mit Hilfe des ^{3}H-Thymidin-Einbaus gemessen. Die verschiedenen Formen der myeloischen Leukämien zeigten sich sehr sensibel gegen BM 41.440. Hier liegen die Werte wieder zwischen 1 und 2 mcg/ml. Die im Labor von *Dr. Berdel* untersuchten Tumoren wur-

den durch 0,5 mcg/ml BM 41.440 kaum im Wachstum beeinflußt, bei 5 mcg/ml kommt es aber bereits zu einer kompletten Hemmung.

Tabelle III. Einfluß von BM 41.440 auf die Cholesterinsynthese von Rattenhepatozyten-mono-layer-Kulturen.

Konzentration, μg/ml	% Hemmung ^{14}C-Azetat-Einbau					
	Präparation 1		Präparation 2		Präparation 3	
2	7	4	2	–12	– 6	0
4	13	11	5	1	0	– 7
8	13	17	– 7	– 7	–11	–11
16	10	9	–14	–21	–21	–14

1 x 10^6 Hepatozyten aus perfundierter Rattenleber wurden zur Bildung einer Monolage 24 h in Petrischalen in Dulbecco's modified Eagle's Medium (DMEM) + 10 % fötalem Kälberserum inkubiert. Danach wurde das Medium gewechselt und die Substanz dazugegeben. Es wurde der ^{14}C-Azetat-Einbau in neutrale, nicht verseifbare Sterole in die Hepatozyten bestimmt (Doppelbestimmungen).
Alle Kulturen wurden morphologisch begutachtet. Es konnten keine toxischen Einflüsse auf die Hepatozyten bis zu der höchsten verwendeten Konzentration von 16 μg/ml beobachtet werden (Abrunden der Zellen, keine Adhäsion).

Tabelle IV. Wirkung von BM 41.440 auf die Proliferation von frisch isoliertem humanem Tumormaterial.

Tumorart	Inkubationszeit, h	C_{50}, μg/ml	Untersuchendes Labor
Hypernephrom 1	48	>0,5 < 5,0	*Dr. Berdel,* Klinikum Rechts der Isar, München
Hypernephrom 2	48	>0,5 < 5,0	"
Glioblastom	48	>5,0 <10,0	"
Glioblastom	144	4,6	*Prof. Munder,* MPI, Freiburg
Glioblastom	144	<2,0	"
Glioblastom	144	2,1	"
Meningiom	48	1,5	BM, MF-1 I

Die Tumoren wurden mit der Schere zerkleinert und in Einzelzellsuspension in Kultur genommen. Die Proliferation der Zellen wurde anhand des ^{3}H-Thymidin-Einbaus bestimmt. Es wurde die Konzentration (C_{50}) berechnet, die 50 % Wachstumshemmung bewirkt.

Tabelle V. Wirkung von BM 41.440 auf frisch isolierte Leukämiezellen.

Art der Leukämie	Inkubationszeit, h	C_{50}, μg/ml	Untersuchendes Labor
APML	72	2,1	*Dr. Andreesen,* Uniklinik Freiburg
AML	72	<2,0	"
CML	48	1,3	"
CML	48	>0,5 <5,0	*Dr. Berdel,* Klinikum Rechts der Isar, München
CML	48	>0,5 <5,0	"
AML	96	2,0	BM, MF-1 I
CML	96	0,31	"

Aus dem Blut von leukämischen Patienten wurden die Leukozyten mit Hilfe des Fikollgradienten gewonnen und mit verschiedenen Konzentrationen BM 41.440 inkubiert. Der ^{3}H-Thymidin-Einbau dient als Maß der Proliferation. Es wurde die Konzentration C_{50} berechnet, die 50 % des ^{3}H-Thymidin-Einbaus bewirkt in bezug auf die Kontrolle.
APML: Akute promyeloische Leukämie
AML: Akute myeloische Leukämie
CML: Chronische myeloische Leukämie

Im Clonogenic-assay wurden verschiedene Tumoren mit BM 41.440 inkubiert. Wie aus Tabelle VI zu entnehmen ist, sprechen die Plattenepithelkarzinome gut auf BM 41.440 an, während Melanome dagegen resistent sind.

In vivo wurde BM 41.440 an den Transplantationstumoren der Maus Meth-A (Methylcholanthren-induziertes Fibrosarkom), L 1210 (Leukämie bei der DBA-Maus) und ^{3}Lewis-Lung (metastasierendes Karzinom) untersucht. Eine gute therapeutische Wirkung von Alkyllysolezithinen konnte immer wieder beim Meth-A-Tumor beobachtet werden. Auch das Thioätherphospholipid zeigte sich in diesem Tumormodell sehr aktiv (Abbildung 2). Therapiert wurden die tumortragenden Mäuse mit 2,5 mg/kg per os vom Tag 1 bis Tag 19, alle 2 Tage. Nach 29 Tagen wurden die Tumoren herauspräpariert und gewogen. Es ist eine Verminderung des Tumorgewichts auf 44 % der Kontrolltiere zu verzeichnen. In dem gezeigten Versuchsansatz waren vier Tiere in der behandelten Gruppe ohne Tumor.

In der L-1210-Mausleukämie war BM 41.440 nur dann wirksam, wenn die Therapie vor oder unmittelbar nach der i.v. Injektion der Tumorzellen begonnen wurde. Ein Versuch, bei dem gleich nach Injektion der Tumorzellen die Behandlung begonnen wurde, ist in Abbildung 3 wiedergegeben. Durch die Therapie von BM 41.440 kommt es zu einer deutlichen Lebenszeitverlängerung, wobei

einige Tiere 60 Tage überlebten. Eine Dosisabhängigkeit ist nicht zu erkennen. Wird mit der Behandlung einen Tag nach Tumorinokulum begonnen, so hat die Substanz keinen Einfluß mehr auf den Krankheitsverlauf. Da die Mäuse keine Leukämie entwickeln, sondern in das zentrale Nervensystem metastasieren, ist es möglich, daß BM 41.440 diese Metastasierung verhindert. Sind die L-1210-Zellen aber bereits aus der Peripherie in das ZNS ausgewandert, so ist es der Substanz nicht möglich, die Zellen zu erreichen.
Injiziert man [3]Lewis-Lung-Tumorzellen in die Pfote einer Maus, so entwickelt sich der Tumor in etwa 14 Tagen zu einer Größe von rund 7 mm (Pfotendicke). Wird die Pfote amputiert, d.h. der Primärtumor bei dieser Größe entfernt, so zeigen die Tiere nach 14 Tagen, vor allem in den Kontrollgruppen, Zeichen der pulmonalen Insuffizienz und sterben schließlich an Lungenmetastasen. In diesem Modell wurde BM 41.440 in verschiedenen Dosen überprüft. Dazu wurde

Tabelle VI. Untersuchungen von BM 41.440 im Tumor-Stammzell-assay (Methylzellulose) in Zusammenarbeit mit *Dr. Runge,* Unifrauenklinik, Freiburg.

Tumor	Anzahl Kolonien bei BM 41.440, μg/ml						
	0	1	2	4	8	16	C_{50}
Plattenepithelkarzinom	96	74	70	51	55	33	4
	99	73	69	42	62	43	
Plattenepithelkarzinom	117	95	82	33	14	7	2– 4
(Br. Ca.)	116	72	66	43	14	6	
Liposarkom	64	52	60	40	47	12	8–16
	69	69	54	50	33	7	
Papillär seröses Ov. Ca.	62	48	31	25	24	8	2
(Netzmetastase)	64	38	28	21	19	11	
Malignes Melanom	71	70	62	62	46	47	>16
	67	65	58	65	48	43	
Rhabdomyosarkom	83	80	48	44	30	8	4– 8
	78	73	52	40	24	13	
Malignes Melanom	83	74	55	43	37	27	8
	82	71	55	47	41	37	
Lungen-Adeno-Ca.	192	234	174	168	87	35	4– 8
	204	193	170	157	79	37	
Bronch. Adeno-Ca.	182	193	221	183	209	230	>16
	200	230	213	159	186	222	
Lungenplattenepithel-Ca.	35	13	17	29	10	10	(> 1)
	42	15	19	26	14	12	
Zervixplattenepithel-Ca.	39	39	46	26	20	10	8
	40	33	39	29	14	11	
Korpus-Ca. (Adeno-	61	59	59	35	26	20	4– 8
karzinom)	50	51	47	34	24	16	

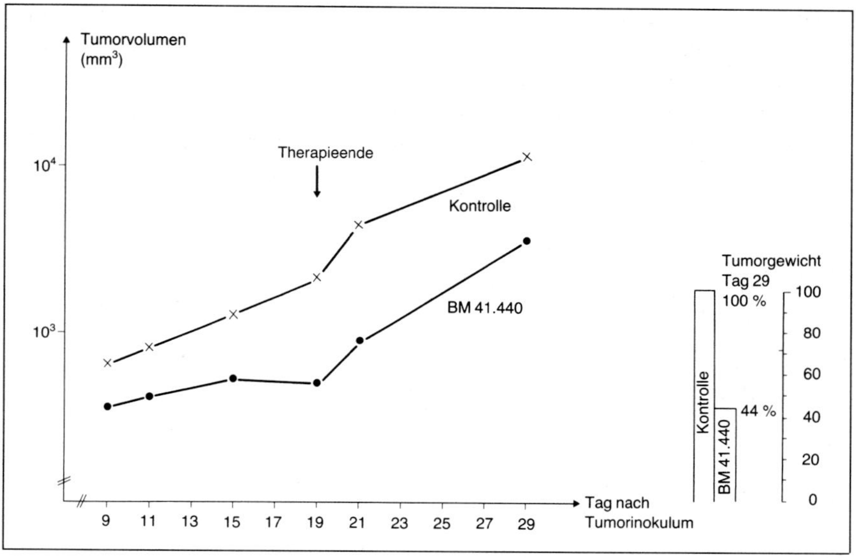

Abbildung 2. Einfluß von BM 41.440 auf das Wachstum des Meth-A-Tumors. Weiblichen CB_6F_1-Mäusen wurden 1 x 10^5 Meth-A-Tumorzellen intrakutan am Tag 0 injiziert. BM 41.440 wurde oral verabreicht, in der Dosierung von 2,5 mg/kg vom Tag 1 bis Tag 19, alle 2 Tage. Am Tag 29 wurden die Tumoren aus den Tieren herauspräpariert und gewogen.

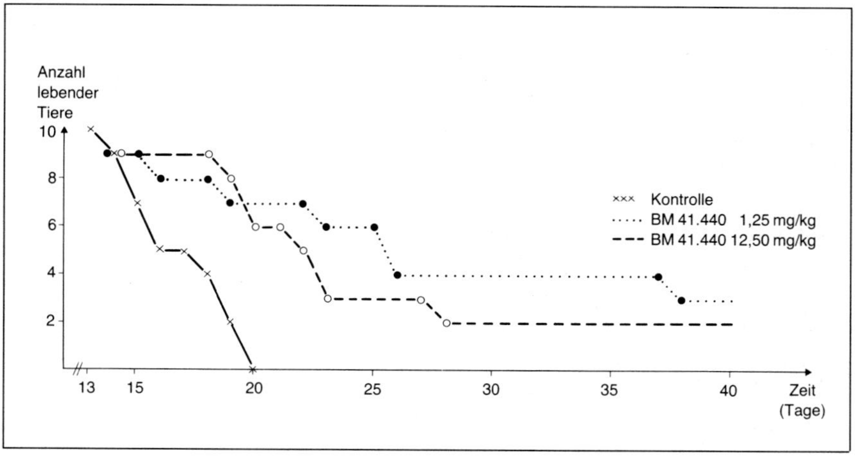

Abbildung 3. Einfluß von BM 41.440 auf die Maus-Leukämie L 1210. Weiblichen DBA-Mäusen (10 Tiere/Gruppe) wurden 10^2 L-1210-Zellen i.v. injiziert. Nach der Tumorzellinjektion wurde den Tieren 2,5 bzw. 25 mg/kg oral verabreicht. Ab Tag 2 wurde alle 2 Tage 1,25 mg/kg bzw. 12,5 mg/kg oral verabreicht. Bestimmt wurde die Überlebenszeit der Tiere.

Tabelle VII. Einfluß von BM 41.440 auf die Metastasierung beim [3]Lewis-Lung-Tumor.

Dosis, mg/kg	Lungengewicht am Tag +28, mg		Metastasen bei Anzahl der Tiere			
	$\bar{x}$	$s_{\bar{x}}$	0	1–2	2–5	>5
—	495	47	0	1	2	14
0,005	364	81	4	4	2	4
0,05	331	65	7	0	4	4
0,5	221	39	7	3	4	1
2,5	177	27	10	3	2	0
5,0	231	41	8	4	2	1

Weiblichen C57B1/6-Mäusen wurden 5 x 10^5 Zellen/Pfote und Tier subkutan injiziert. 14 Tage nach Tumorzellinokulation wurde der Primärtumor entfernt. Ab Tag 14 bis 28 wurde BM 41.440 oral in den Dosierungen 0,005 – 0,05 – 0,5 – 2,5 bzw. 5,0 mg/kg appliziert. Am Tag 28 wurden die Lungen herauspräpariert, gewogen und die Anzahl der Metastasen bestimmt.

Tabelle VIII. Einfluß von BM 41.440 auf Xenotransplantate in Nacktmäusen.

Xenotransplantat	Dosis, mg/kg	Tumorfläche, mm^2			Tumorgewicht, mg	Tiere ohne Tumor/ Gruppe
		7	14	21		
Korpuskarzinom	0	59,5	99,4	120,5	504	0/14
	2,5	36,3	76,5	98,3	411	0/10
	25,0	39,2	91,6	117,5	569	0/ 9
Zervixkarzinom	0	92,0	135,1	173,9	315	0/15
	2,5	45,2	69,5	132,5	315	0/ 9
	25,0	55,4	89,3	156,0	302	0/10
Ovarialkarzinom	0	44,4	68,6	81,4	31	1/14
	2,5	18,5	17,3	53,5	23	6/10
	25,0	23,8	18,4	42,4	20	4/10

8 Wochen alten Balb/c nu-nu Mäusen wurden kleine Scheibchen (5–10 mm dick) von humanen Tumoren in die Milchleiste transplantiert (Tag 0). BM 41.440 wurde oral alle 2 Tage appliziert in den Dosen von 2,5 bzw. 25 mg/kg, beginnend am 2. Tag nach Tumortransplantation. Das Wachstum der Tumoren wurde verfolgt durch Bestimmung der Tumorfläche nach der Formel[a] an den Tagen 7, 14 und 21. Am Tag 21 wurden die Tiere getötet und das Tumorgewicht bestimmt.

[a] $\frac{D1 \times D2}{2} \pi$

die Substanz nach Amputation über einen Zeitraum von 14 Tagen verabreicht. Wie in Tabelle VII zu sehen ist, kommt es schon bei extrem niedriger Dosierung zu einer leichten Hemmung der Metastasierung. Bei der Dosis von 2,5 mg/kg sind über die Hälfte der Tiere ohne Metastasen und kein Tier zeigte mehr als fünf Metastasen.

Erste Ergebnisse liegen auch von den Untersuchungen mit Xenotransplantaten aus dem Labor von *Dr. Runge* an der Universitäts-Frauenklinik, Freiburg, vor (Tabelle VIII). Es wurden drei frisch gewonnene Ovarialkarzinome auf Nacktmäuse transplantiert und die Tiere mit 2,5 bzw. 25 mg/kg oral behandelt. Bei einem der drei Transplantate konnten nach Behandlung mit der Substanz in der einen Gruppe sechs, in der anderen vier Tiere zur kompletten Remission gebracht werden.

In einem weiteren Versuchsansatz wurde BM 41.440 in der adjuvanten Situation beim chemisch induzierten Weichteilsarkom der Ratte untersucht und mit dem herkömmlichen Zytostatikaschema CYVADIC verglichen. Diese Untersuchungen wurden analog den von *O. Bertermann* mit ET-18-OCH_3 durchgeführten Versuchen vorgenommen. Wie aus Tabelle IX zu entnehmen ist, ist das Zytostatikaschema toxisch für die Ratten. Die mittlere Überlebenszeit betrug etwa 50 % der Kontrollgruppe. BM 41.440 allerdings erhöht deutlich die Überlebenszeit der Ratten im Vergleich zu den Kontrolltieren. Ein Tier war nach Beendigung des Versuches ohne Tumor. Dieser Therapieerfolg kann allerdings auch daraus resultieren, daß Benzpyren, mit dem die Tumoren erzeugt wurden, in der

Tabelle IX. Vergleich von CYVADIC-Kombinationstherapie und der Monotherapie mit BM 41.440 beim Benzpyren-induzierten Weichteilsarkom.

Therapie	Mittlere Überlebenszeit $\tilde{x}$, Tage	Range, Tage	Anzahl Tiere/ Gruppe
0,9 % NaCl	46	21 – 112	25
CYVADIC	23	8 – 51	23
BM 41.440	71	26 – > 160[a]	18

[a] 1 Tier ohne Tumor, Tag 160

Weiblichen Sprague-Dawley-Ratten (180–200 g) wurden 3 mg Benzpyren, gelöst in Benzol, subkutan injiziert. Bei einer Größe von ca. 4 g wurde der Primärtumor entfernt (Tag 0) und 12 Tage danach mit der Therapie begonnen. Es wurden 2 Zyklen des CYVADIC-Schemas durchgeführt (Cyclophosphamid: 500 mg/m^2, i.p., Tag 12; Vincristin: 1,5 mg/m^2, i.p., Tag 12, 15 und 18; Adriblastin: 50 mg/m^2, i.p., Tag 12; Dacarbacin: 250 mg/m^2, i.p., Tag 12–16; das Schema wurde am Tag 32 wiederholt). BM 41.440 wurde ab Tag 12 bis Tag 28 in der Dosierung von 2,5 mg/kg oral appliziert. Als Kontrollgruppe wurden die Ratten mit 0,9 %iger NaCl i.p. bzw. oral behandelt. Bestimmt wurde die mittlere Überlebenszeit.

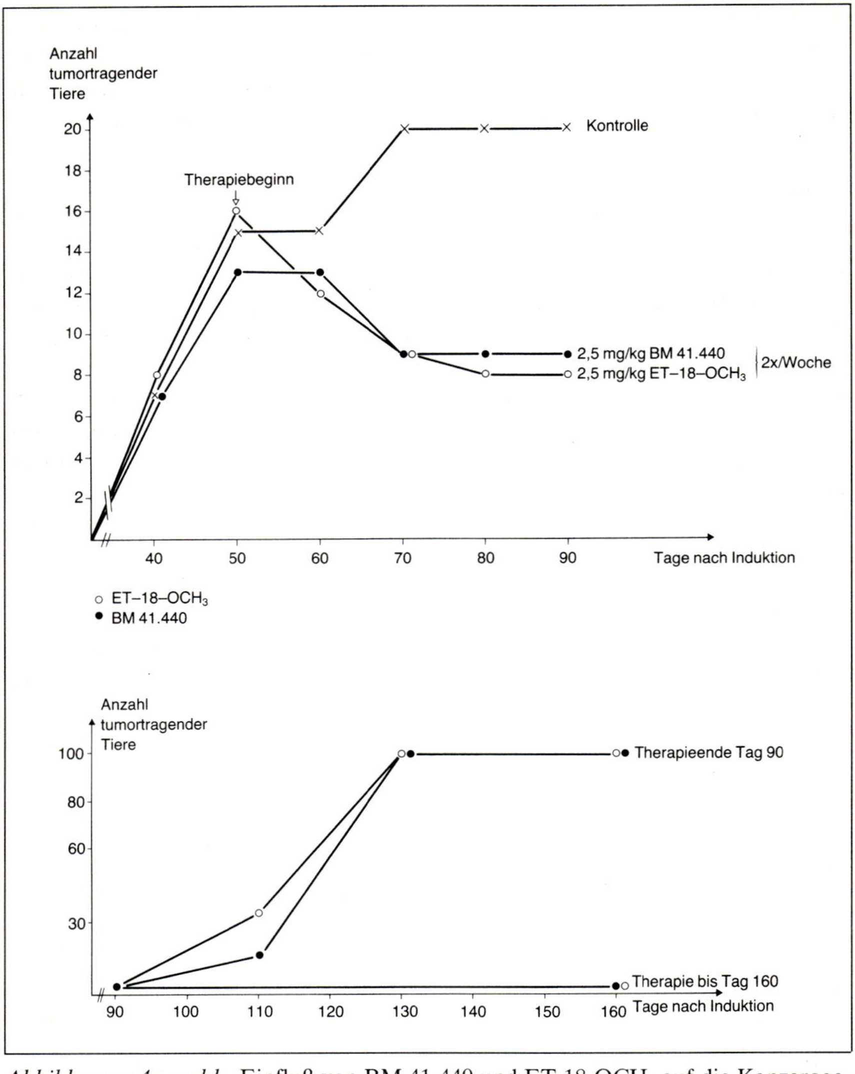

Abbildungen 4a und b. Einfluß von BM 41.440 und ET-18-OCH_3 auf die Kanzerogenese von Tumoren.
Weiblichen CB_6F_1-Tieren wurde 1 mg Methylcholanthren in Tricaprylin gelöst, in den Nacken injiziert. Ab dem 50. Tag wurden die Tiere mit 2,5 mg/kg BM 41.440 bzw. 2,5 mg/kg ET-18-OCH_3 zweimal pro Woche oral behandelt. Es wurden die tumortragenden Tiere gezählt (Abbildung 4a). Nach 90 Tagen wurden die tumorfreien Tiere aus den therapierten Gruppen in jeweils 2 Gruppen aufgeteilt, wobei bei der einen Hälfte der tumorfreien Tiere die Therapie abgesetzt wurde. Es wurde wiederum die Anzahl der tumortragenden Tiere bestimmt (Abbildung 4b).

Zeit bis zur Resektion des Primärtumors nicht abgebaut war und Reste dieser kanzerogenen Substanz die Rezidive verursachten. BM 41.440 wie auch andere Alkyllysophosphatide zeigen aber eine deutliche Wirkung auf die Kanzerogenese bei chemisch-induzierten Tumoren. Am Max-Planck-Institut für Immunbiologie im Labor von *Prof. Munder* wurden 50 Tage nach Induktion mit Methylcholanthren Mäuse mit 2,5 mg/kg BM 41.440 bzw. ET-18-OCH_3 zweimal wöchentlich oral behandelt. In der Abbildung 4a ist zu sehen, daß nach 70 Tagen alle Kontrolltiere einen palpierbaren Tumor aufweisen, während in den Therapiegruppen bei einigen Tieren ein schon vorhandener Tumor zur kompletten Remission gebracht werden konnte. Die Tiere, die bis zum 50. Tag ohne Tumor waren, blieben auch weiterhin tumorfrei. 90 Tage nach Induktion waren die meisten Mäuse der Kontrollgruppe bereits tot. Zu diesem Zeitpunkt wurden die tumorfreien Tiere aus den Therapiegruppen aufgeteilt in eine Gruppe, die weiter behandelt wurde und eine andere Gruppe, bei denen die Tiere nicht weiter behandelt wurden (Abbildung 4b). Ohne weitere Behandlung waren bei den Tieren nach etwa 30 Tagen Tumoren palpierbar, 70 Tage nach Absetzen der Therapie waren alle Tiere gestorben. Die weiterbehandelten Tiere blieben über den ganzen Zeitraum tumorfrei.
Die Substanz wurde auch toxikologisch untersucht (Tabelle X). Für BM 41.440 wurden in den akuten toxikologischen Untersuchungen LD_{50}-Werte bei der Maus nach oraler Gabe von 615 mg/kg, nach i.p. Applikation von 113 mg/kg ermittelt. Die Werte für die Ratte betrugen 253 mg/kg nach oraler Gabe, nach i.p. Applikation 74 mg/kg. Bei chronischer oraler Gabe über drei Monate lag die Dosis von 45 mg/kg bei Ratten deutlich im toxischen Bereich. Als Grenze der Verträglichkeit muß 15 mg/kg angesehen werden. Bei Hunden lag die Dosis von 20 mg/kg an der Grenze der Verträglichkeit. Aus sicherheitspharmakologischen

Tabelle X. Toxikologische Daten von BM 41.440.

Akute Toxizität		
LD_{50}		
Maus:	p.o.	615 mg/kg
	i.p.	113 mg/kg
Ratte:	p.o.	253 mg/kg
	i.p.	74 mg/kg
3-Monats-Toxizität		
Grenzdosis der Verträglichkeit		
Ratte:	p.o.	15 mg/kg
Hund:	p.o.	20 mg/kg
Mutagenität		
Keine mutagenen Effekte bei sechs verschiedenen Testansätzen		

Untersuchungen geht hervor, daß vor allem auf Leber- und Nierenfunktion geachtet werden muß.
Zur Zeit wird die Substanz in der Klinik in der Phase I auf ihre Verträglichkeit beim Menschen untersucht.

Literatur beim Verfasser.

Anschrift des Verfassers: *Dr. W. Pahlke,* Boehringer Mannheim GmbH, MF-1 I, Sandhofer Straße 116, D-6800 Mannheim 31

Ätherlipide in der topischen Therapie von Hautmetastasen

C. Unger, H. Eibl[a], H.W. von Heyden[b] und G.A. Nagel
Zentrum Innere Medizin, Abteilung
Hämatologie/Onkologie, Universität Göttingen
[a]Max-Planck-Institut für biophysikalische Chemie, Göttingen-Nikolausberg
[b]Kreiskrankenhaus Einbeck

Einleitung

Hautmetastasen stellen in der internistischen Onkologie oft ein großes therapeutisches Problem dar. Dieses gilt insbesondere dann, wenn klassische Behandlungskonzepte wie systemische Chemotherapie, Radiotherapie oder chirurgische Maßnahmen ausgeschöpft sind. Zudem ist die psychische Situation dieser Patienten außerordentlich belastend, da die Tumormanifestation sichtbar ist und den Betroffenen sozusagen täglich vor Augen geführt wird. Die topische Applikation von antitumoralen Wirkstoffen ist hier eine attraktive Möglichkeit, ohne wesentliche systemische Toxizität noch eine Beeinflussung kutaner Metastasen zu erreichen.

Entwicklung der Kaskade

Ätherlipide sind Substanzen, die sich durch ein breites Spektrum unterschiedlicher biologischer Eigenschaften auszeichnen, wie z.B. Zytotoxizität gegenüber Tumorzellen in vitro und vivo (1), Induktion von Ausdifferenzierung maligner Zellen (2), Aktivierung zytotoxischer Makrophagen (3), Hemmung der Invasion neoplastischer Zellen in normales Gewebe (4) und Beeinflussung von Diffusionseigenschaften biologischer Membranen (5). Im Rahmen unserer Arbeiten über die antitumorale Wirksamkeit dieser Substanzgruppe haben wir eine neue Klasse von Verbindungen mit antineoplastischen Eigenschaften gefunden, die sog. Alkylphosphocholine. Diese Wirkstoffe zeigen eine ausgeprägte Aktivität gegenüber dem chemisch induzierten Mammakarzinom der Ratte (6). Einer dieser Wirkstoffe, das Hexadekylphosphocholin, wurde in eine »Kaskade« genannte Grundlage, bestehend aus Alkylglyzerinen unterschiedlich langer Alkylseitenketten, eingearbeitet. Die Formulierung wurde so gewählt, daß keine Mischungslücke entstand. Im einzelnen besteht die Grundlage aus vier Teilen Wasser, vier Teilen 1-O-Propylglyzerin, zwei Teilen 1-O-Hexylglyzerin und zwei Teilen 1-O-Nonylglyzerin. Alkylglyzerine zeigen membranpertubierende Eigenschaften und verändern damit die Penetrationsfähigkeit von Wirkstoffen durch Zellmembranen. Diese Einsichten sind ausführlich am Modell der Blut-Hirn-Schranke der Ratte erarbeitet worden (5). In Abhängigkeit von der Seitenkettenlänge zeigen Alkylglyzerine darüberhinaus auch zytotoxische (7), antibakterielle und antimykotische Eigenschaften (8). Durch die Mischung der o.a. Alkylglyzerine erhält man eine Lösung von leicht visköser Konsistenz, die leicht auf die Haut aufgetragen werden kann und die die Penetration von Wirkstoffen in die tieferen Schichten der Haut begünstigt.

Methodik

Im Rahmen einer klinischen Pilotstudie wurde begonnen, Lokalrezidive (teilweise exulzerierend) der Haut bei Patienten mit metastasierenden Mammakarzinomen durch lokale Auftragung von »Kaskade« zu behandeln. Nach schriftlicher Einwilligung erfolgte zunächst eine täglich einmalige Applikation der Substanz für den Zeitraum von fünf Tagen. Kontrolluntersuchungen (großes Labor, Röntgenthorax, EKG und Urinstatus) erfolgten vor und nach diesem Behandlungszeitraum. Im Falle gesicherter lokaler Verträglichkeit wurde mit zweimaliger täglicher Auftragung weiterbehandelt.

Ergebnisse und Diskussion

Bislang wurden zehn Patienten mit »Kaskade« behandelt. Davon zeigten eine Patientin eine komplette Remission (Dauer 6 Monate), zwei Patienten eine partielle Remission, zwei Patienten einen »minor response«, während fünf Patienten nicht auf die Therapie ansprachen. Die lokale Behandlung mit »Kaskade« wurde von allen Patienten ausnahmslos gut vertragen, Zeichen der systemischen Toxizität wurden nicht beobachtet. Im Rahmen der Therapie kam es bei allen Patienten zu mäßiger Hautrötung und zu einer vermehrten Hautabschuppung im Behandlungsareal. Entnommene Hautproben aus diesem Bereich zeigten histologisch keine wesentlichen Unterschiede zu Kontrollbiopsien aus nicht behandelter Haut. Exulzerierende Tumoren zeigten unter der lokalen Behandlung zunehmende Wundreinigung und Abnahme des Wundgeruches. Von der Peripherie her kam es zu zunehmender Reepithelialisierung. Diese ersten Beobachtungen, die recht hoffnungsvoll erscheinen, geben Anlaß zu weiteren Anstrengungen, Ätherlipide für die lokale Therapie von Hautmetastasen zur Kliniksreife zu entwickeln.

Literatur

1 Berdel WE, Andreesen R Munder PG (1986) Synthetic alkyllysophospholipid analogs: A new class of antineoplastic agents. In: Kuo (ed) Phospholipids and Cellular Regulation, vol II. CRC press, Boca Raton

2 Honma Y, Kasukabe T, Hozumi M, Tsushima S, Nomura H (1981) Induction of differentiation of cultured human and mouse myeloid leukemia cells by alkyllysophospholipids. Cancer Res 41: 3211–3216

3 Munder PG, Weltzien HU, Modolell M (1977) Lysolecithin analogs: A new class of immunopotentiators. In: Miescher (ed) VII Int Symp Immunopathology. Schwabe, Basel, pp 411–424

4 Storme GA, Berdel WE, van Blitterswijk WJ, Bruyneel EA, de Bruyne GK, Mareel MM (1985) Antiinvasive effect of racemic 1-O-octadecyl-2-O-methyl-glycero-3-phosphocholine on MO_4 mouse fibrosarcoma cells in vitro. Cancer Res 45: 351–357

5 Unger C, Eibl H, von Heyden HW, Krisch B, Nagel GA (1985) Blut-Hirn-Schranke und Penetration von Zytostatika. Klin Wschr 565–571

6 Berger MR, Schmähl D, Unger C, Eibl H (1986) Alkylphosphocholines as anticancer agents. J Cancer Res clin Oncol 111: 22

7 Kim DJ (1985) Chemische Strukturvariationen in Alkylglycerinen und ihr Einfluß auf die hämolytische Aktivität gegenüber Humanerythrocyten. Med. Dissertation, Göttingen

8 Ansorg R (pers Mitt)

Für die Verfasser: *Dr. C. Unger,* Medizinische Universitätsklinik, Abt. Hämatologie/ Onkologie, Robert-Koch-Straße 40, D-3400 Göttingen

The Effect of Alkyllysophospholipids on Phosphatidylcholine Biosynthesis

W. R. Vogler and A. C. Olson
Leukemia Research Laboratory, Division of Hematology & Medical Oncology, Department of Medicine, Emory University, Atlanta, Georgia, USA

The observations of the selective cytotoxic effects of alkyllysophospholipids (ALP) by *Andreesen* et al. (1,2) and *Modollel* et al. (20) on neoplastic cells while sparing normal bone marrow cells prompted us to investigate the use of these compounds as in vitro purging agents for autologous transplantation in leukemic patients. We reported the effects of a 4- and 24-hr exposure of normal bone marrow and leukemic cells to racemic 1-octadecyl-2-methyl-sn-glycero-3-phosphocholine (ET-18-OCH_3) (27). Incorporation of tritiated thymidine and in vitro clonogenicity were inhibited in normal and leukemic cells to approximately the same degree. However, when testing the effect of ALP on the growth of two human leukemic cells lines, we found one line, the promyelocytic cell line HL60, was quite sensitive to the drug and the other, a blastic leukemia cell line derived from a patient with blastic crisis of chronic myelocytic leukemia, K562, was quite resistant (23). It had been postulated that the persistence of ether-linked phospholipids in tumor cells impaired intermediate phospholipid metabolism resulting in membrane disruption and cell death. This hypothesis was based on published evidence that phospholipids with an ether linkage in the sn-1 position were subject to degradation by O-alkyl cleavage enzyme present in normal tissues but lacking in neoplastic tissues (24,21,22). This hypothesis might agree with the results we saw with HL60, but could not explain the selective resistance of K562. To test the hypothesis, we determined the effect of ALP on the synthesis of phospholipids by HL60 and K562 cells. We directed our efforts toward phosphatidylcholine (PC) biosynthesis since this was the most abundant phospholipid comprising about 50 % of the phospholipids in cells (10). PC can be synthesized by 3 routes; 1) from lysophosphatidylcholine (LPC) and acyl-CoA by an acyltransferase (29,6); 2) from cytidyl diphosphocholine and 1,2, diacyl-sn-glycerol by the enzyme choline phosphotransferase (16,15); and 3) by sequential methylation of phosphatidylethanolamine (PE) from S-adenosyl-

Supported by grants from NIH (CA-29850) and the American Cancer Society (CH-308).

methionine by methyl transferase enzymes (7,13,12). We studied the incorporation of radiolabeled precursors into PC by intact cells. The radiolabeled precursors used were LPC, choline and methionine. A decrease in PC biosynthesis could result from an increase in lysophospholipase activity resulting in less LPC as a substrate for acyltransferase. Therefore, the effect of ALP on lysophospholipase activity was determined. In addition, the acyltransferase enzyme activity was measured using cell homogenates.

Material and methods

Cell lines

HL60 cells (9) obtained from *Dr. Robert Gallo* at the National Institutes of Health and K562 cells (18) obtained from *Dr. Bismarck Lozzio,* Knoxville, Tennessee were grown in liquid culture in RPMI medium containing 20 % fetal calf serum (FCS) and passaged twice weekly. The doubling time averaged 23.6 hours for HL60 and 36.2 hours for K562. All studies were carried out in log phase growth.

Isotopes

Lysopalmitoyl phosphatidylcholine (L-1-palmitoyl-1-^{14}C, specific activity 56 mCi/mmol), choline chloride (methyl ^{3}H-, specific activity 80 μCi/mmol), and methionine (L-methyl-^{3}H, specific activity 12 Ci/mmol) were obtained from New England Nuclear Corporation (Boston, Mass.).

Reagents

Phospholipids (PC, LPC, PE); 5,5-Dithiobis-(2-nitrobenzoic acid) (DTNB); cis-9-octadecyl coenzyme A (oleoyl CoA); fatty acid free human albumin and L α-LPC were obtained from Sigma Chemical Company (St. Louis, Mo.). ALP (ET-18-OCH_3) was a gift from *Dr. Paul Munder* of the Max-Planck Institute (Freiburg, FRG). RPMI culture medium was obtained from GIBCO Laboratories (Grand Island, NY) and fetal calf serum from Hazleton Dutchland Laboratories, Inc. (Denver, PA).

Chromatography plates

Thin-layer chromatography (TLC) plastic silica gel 60 precoated 20 x 20 cm sheets were from E. Merck (Darmstadt, FRG).

Assay for radionucleotide incorporation into phospholipids

Triplicate samples containing 2 x 10^6 cells were plated in 16 mm plastic wells (Costar, Cambridge, MA) in 1 ml RPMI 1640 medium with 10 % FCS. Either .04 μCi/ml of ^{14}C-LPC, .04 μCi/ml ^{3}H-choline or 5 μCi/ml ^{3}H-methionine was added. Cells were incubated with 0, 2.5, 5 or 10 μg/ml of ET-18-OCH_3 for 24 hours at 37°C, 5 % CO_2 in moist air. The assay was stopped by chilling to 4°C, the cells centrifuged at 450 x g for 5 minutes and washed twice with phosphate buffered saline. For the methionine experiments, the reaction was stopped with cold 10 % trichloroacetic acid as described by *Cassileth* et al. (8). The phospholipids were extracted with 2 ml methanol chloroform (2:1) as described by *Bligh* and *Dyer* (4). Phospholipids (50 μg PC, LPC, PE) were added as markers and all were extracted into chloroform as previously described (28), evaporated to dryness under nitrogen, redissolved in chloroform and chromatographed in chloroform-methanol-acetic acid-water (2:2:3:1). The phospholipids were visualized by iodine vapor, identified by comparison to standards, the spots marked, scraped off the plate into 5 ml scintillation fluid (NEN Econofluor) and counted at an efficiency of 63 % for ^{3}H and 98 % for ^{14}C. Cpm refers to the counts per minute incorporated by 2 x 10^6 cells.

Evaluation of lysophospholipase

To define whether or not ^{14}C-fatty acid had been cleaved by lysophospholipase from LPC and transferred to an sn-2 position of a phospholipid, the PC and PE were treated with exogenous phospholipase A_2. The cellular incubation and lipid extraction for this assay were similar to that described above for ^{14}C LPC incorporation, except that only 0 and 10 μg/ml of ALP were tested. The chromatograms were developed in chloroform : propionic acid : n-propanol : water (2:2:3:1). The PC and PE areas were identified by comparison to a standard and scraped into a dispo tube and extracted with chloroform, transferred to another tube and dried under nitrogen. The reaction was carried out by adding to each tube 125 μl sodium deoxycholate (1.4 mg/ml freshly prepared in 0.1 M glycine buffer, pH 9); 125 μl $CaCl_2$ (0.16 M in 0.1 M glycine buffer, pH 9); and after vortexing thoroughly, 250 μl of phospholipase A_2 (EC 3.1.1.4, Sigma) (4 units per ml in 0.1 M glycine buffer, pH 9). The tubes were incubated 1 hour in a 37°C shaking water bath. The phospholipids were extracted, chromatographed and identified as described under assays for radionucleotide incorporation into phospholipids. The phospholipid spots and the solvent front were scraped into scintillation vials and counted.

Assay for lysophosphatidyl acyltransferase (EC 2.3.1.23)

Lysophosphatidyl acyltransferase activity was measured by a modification of the methods of *Lands* and *Hart* (17). The enzyme was assayed from homogenates of HL60 or K562 cells grown in RPMI with 10 % FCS and exposed to 0 or 10 μg/ml of ALP for 0 to 8 hours. In additional experiments, ALP was added to cell homogenates of untreated cells in concentrations of 0, 10 and 15 μg/ml of incubation mixture. Cells were homogenized for 20 minutes in a Dounce homogenizer immersed in an ice bath followed by centrifugation at 2000 x g. Protein content of the supernatant was measured by the method of *Bradford* (5). The 2 ml incubation mixture contained 0.1 M phosphate buffer, pH 7.5; 1 μ mole DTNB, 55 nmoles oleoyl-CoA, 1 mg human albumin, 100 μg cell protein and, as appropriate, 100 nmoles LPC. Parallel assays were run with and without LPC present in the mixture. The optical density (OD) of each of the incubation mixtures was read in a 1 cm cuvette at 413 nm every minute for at least 10 minutes. The OD values were used to calculate the velocity of the 2 parallel assays as the linear

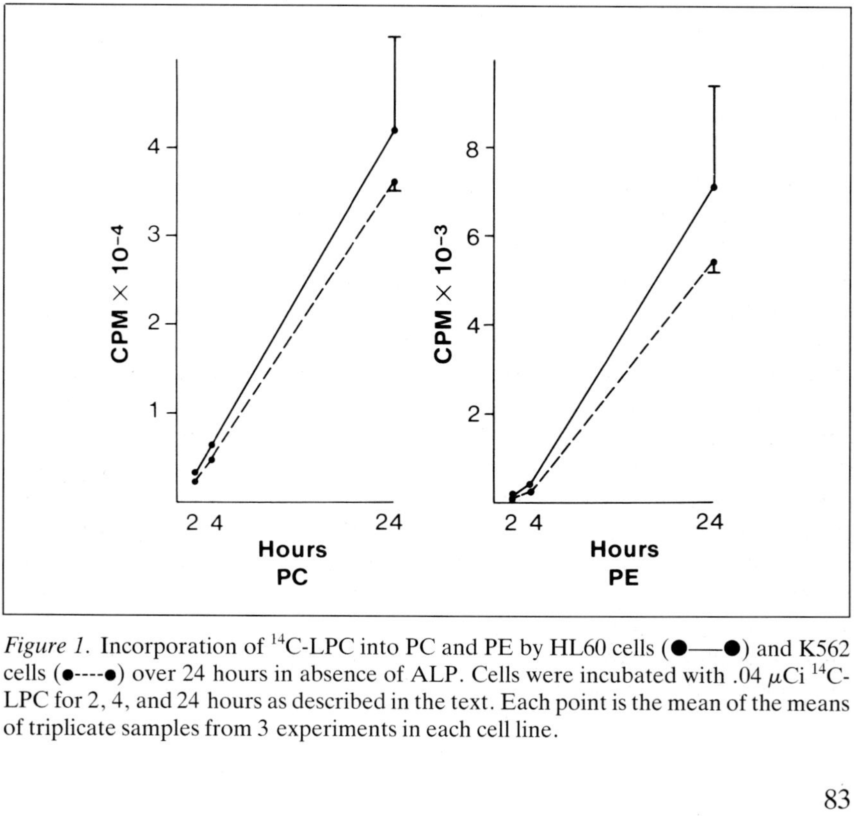

Figure 1. Incorporation of ^{14}C-LPC into PC and PE by HL60 cells (●—●) and K562 cells (●----●) over 24 hours in absence of ALP. Cells were incubated with .04 μCi ^{14}C-LPC for 2, 4, and 24 hours as described in the text. Each point is the mean of the means of triplicate samples from 3 experiments in each cell line.

change in OD per unit time. CoA released during the fatty acid transfer from oleoyl-CoA to LPC, to form PC, binds to DTNB. The complex formed has a molar absorptivity at 413 nm of 13,600 $M^{-1}Cm^{-1}$ which was used to calculate the reactivity of the enzyme. The value determined without LPC is due to nonacyl-transferase cleavage of oleoyl-CoA and is subtracted from the value with LPC present. The results are expressed as nanomoles of CoA released per mg protein per minute.

Statistical considerations

For comparisons of means the unpaired t test was used. A p value of $< .05$ was considered significant.

Results

The incorporation of ^{14}C-LPC into PC and PE by intact cells is shown in figure 1. For PC, the rate is linear and there was no significant difference between HL60 and K562 cells. There was a lag in the rate of incorporation into PE for the first 4 hours, but appeared to increase thereafter. Again, there was no significant

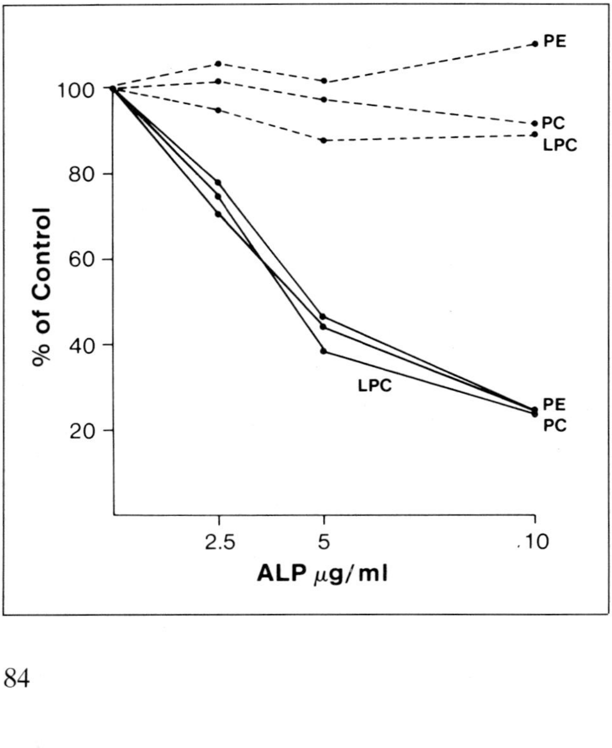

Figure 2. Summary of percent inhibition of ^{14}C-LPC incorporation into phosphatidylcholine (PC), lysophosphatidylcholine (LPC) and phosphatidylethanolamine (PE) by ALP in HL60 cells (●----●) and K562 cells (•----•). Each point is the mean of the means of triplicate samples from 3 experiments in each cell line.

difference between the 2 cell lines. The total counts incorporated into PC was 5 to 6 times the incorporation into PE.

The effect of ALP on ^{14}C-LPC incorporation into PC, PE and LPC is shown in figure 2 which presents the results of three experiments in each cell line. As can be seen in HL60, there is progressive inhibition of PC, PE and LPC synthesis from LPC with increasing doses of ALP. Since there was a reduction of ^{14}C-LPC incorporation into LPC, we examined the amount of the label in the neutral-lipid-fatty acid front from the chromatograms. As can be seen in figure 3, the reduction of incorporation into phospholipids in HL60 cells is associated with a dose-related increase in the amount of label in the neutral lipid fraction. This would suggest that the fatty acid has been split off of LPC by an increase in lysophospholipase activity or there was direct inhibiton of acylation due to decrease in lysophosphatidyl transferase activity.

To assess the role of lysophospholipase, we performed studies to follow the transfer of fatty acid from the sn-1 position of LPC, which would be cleaved by lysophospholipase, to the sn-2 position of another phospholipid. We isolated the PC and PE formed from the incorporation of ^{14}C-LPC in the intact cells, exposed these products to enzymatic digestion by exogenous phospholipase A_2, which specifically cleaves the fatty acid at the sn-2 position, rechromatographed the lipids as described above and determined the counts in the lysophospholipid

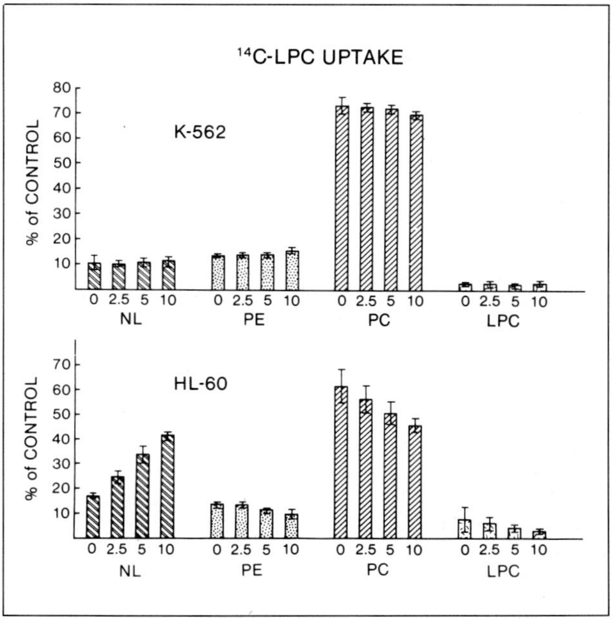

Figure 3. The effect of no treatment, 2.5, 5 and 10 μg ALP/ml on the distribution of radiolabeled phospholipids in HL60 and K562 cells after incubation with ^{14}C-LPC for 24 hours. Abbreviations are defined in the text. Bars are means ± SE of triplicate determinations from 3 experiments in each cell line. Reprinted by permission of the publisher, Springer-Verlag New York, Inc. (ref. 28).

product and the neutral lipid-fatty acid front. If none of the radiolabeled fatty acid had been transferred, all of the counts would be found in the lysophospholipid. If all of the fatty acid had been transferred, the label would be confined to the front. If a fraction of the label had been transferred, the label would appear in the lysophospholipid and the front. If ALP exposure had resulted in an increase in lysophospholipase activity, there would be a significant disproportionate increase in the label in the front. The ratios of counts per minute of the product (LPC or front) isolated after reaction of PC with phospholipase A_2 to counts in the rechromatographed PC are given in table I. As can be seen, ALP significantly reduced the ratio of both LPC and front to PC in HL60 cells. However, the proportional decrease was the same, 45 % and 48 % respectively. Comparing the ratios of LPC to front after exposure to 10 μg/ml of ALP gave some decrease in label in the front after exposure to ALP. This is consistent with less lysophospholipase activity rather than more.

Table I. Effect of ALP on metabolism of ^{14}C-LPC comparison of separated products of metabolism after treatment with phospholipase A_2[a].

	0 μg ALP	vs	10 μg ALP	p
HL 60				
LPC/PC	23.7 ± 5.2		13.1 ± 1.9	<0.01
FRONT/PC	21.0 ± 6.1		10.9 ± 1.8	<0.01
K 562				
LPC/PC	18.6 ± 4.7		23.0 ± 3.5	NS
FRONT/PC	18.8 ± 11.6		26.0 ± 3.6	NS

[a] Ratio of counts per minute and standard deviation, separated products of metabolism after treatment with phospholipase A_2

Table II. The effect of 10 μg of ALP on lysophosphatidyl acyltransferase activity.

Exposure time	Ratio of nanomols CoA released per mg protein per minute of treated to controls	
	HL60	K562
4 hours	.62 ± .10[a]	.822 ± .07
8 hours	.455 ± .03	1.229 ± .10

Intact cells were incubated with ALP for 4 or 8 hours.
Following incubation, homogenates were prepared and assayed for enzyme activity as described in methods.

[a]Standard error of the mean

Lysophosphatidyl acyltransferase activity was assayed as described above. Table II gives the ratio of treated to control values. HL60 cells demonstrated significant inhibition when incubated with 10 μg ALP/ml, whereas K562 cells appeared to show increased activity at 8 hours. In a series of experiments, viability at 4 hours averaged 95% in HL60 cells and 97 % in K562. At 8 hours, the averages were 88 % and 93 % respectively.

To test the effect of ALP on enzyme activity independent of cell growth, ALP was added to the incubation mixture in concentrations of 0, 10, and 15 μg/ml. As shown in figure 4 in which the results of triplicate samples in two experiments are presented, there is a dose-related inhibition by ALP. In contrast to the results with intact cells, enzyme activity is inhibited in K562 cells to the same extent as in HL60.

These studies indicate that inhibition of lysophosphatidyl acyltransferase is one mechanism by which ALP inhibits PC synthesis. ALP does not appear to disproportionately alter lysophospholipase activity.

Synthesis of PC from choline was studied using ^{3}H-choline. Cells were incubated with ^{3}H-choline in the absence or presence of varying concentrations of ALP as described under Methods. The lipids were extracted, chromatographed, iden-

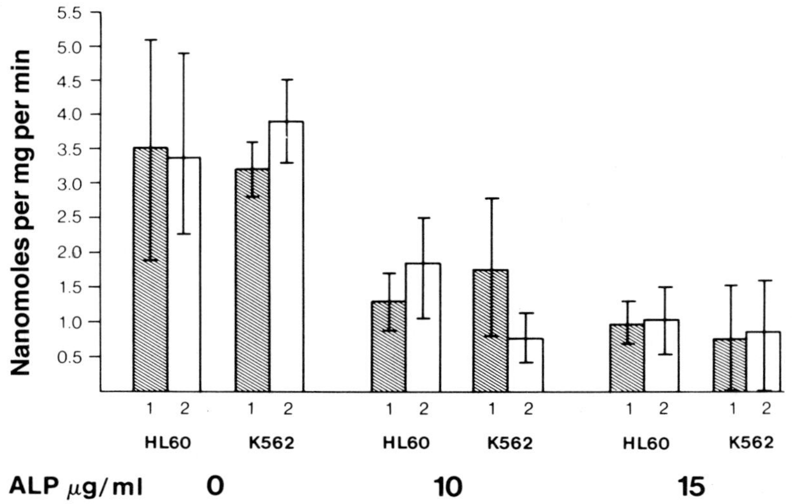

Figure 4. The effect of ALP on lysophosphatidyl acyltransferase activity. ALP was added to the homogenates from HL60 cells and K562 cells during the enzyme assay. The results of 2 experiments are given. The results are expressed as nanomoles of CoA released per mg protein per minute ± standard deviation of triplicate samples.

tified by comparison to known standards and cpm measured. As shown in figure 5, ALP causes significant dose-related inhibition of incorporation of ^{3}H-choline into PC, LPC and sphingomyelin in HL60 cells, but not K562 cells.
Synthesis of PC from methionine by stepwise methylation of PE was studied using ^{3}H-methionine. Incorporation by intact cells incubated 24 hours with varying concentrations of ALP were carried out as described above. In addition, the rate of incorporation of methionine was measured as shown in figure 6. HL60 cells did not incorporate methionine as readily as K562 cells, the computed slope was 149 cpm/hour versus 186 cpm/hour respectively. However, in both cases incorporation was linear. The effect of ALP on PC synthesis is demonstrated in figure 7. As can be seen, there was minor inhibition in HL60 cells compared to controls at 10 μg/ml concentration and no effect on K562. This could be accounted for by a reduction in viability in HL60 cells. Viability was reduced to approximately 50 % at 10 μg/ml in these experiments.

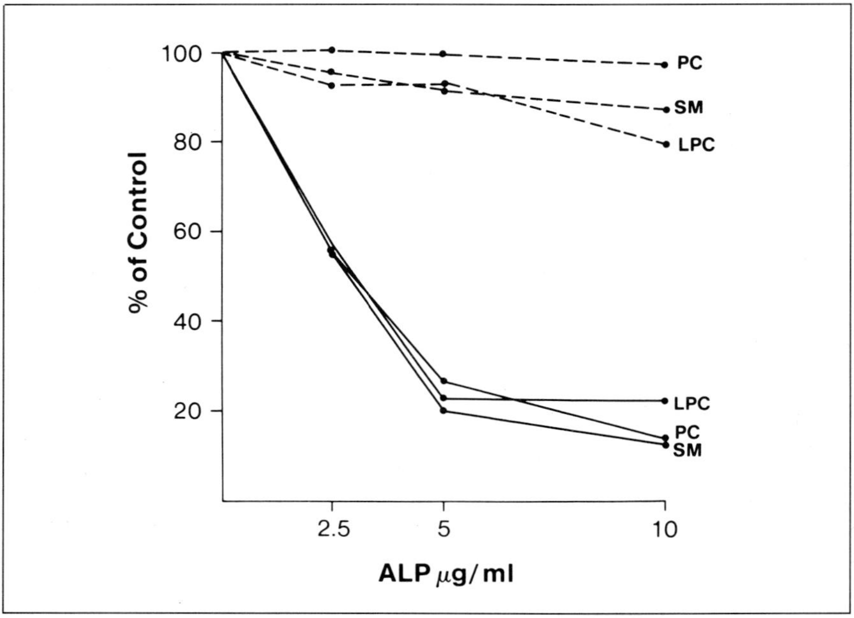

Figure 5. Summary of percent inhibition of ^{3}H-choline incorporation into phosphatidylcholine (PC), lysophosphatidylcholine (LPC) and sphingomyelin (SM) by ALP in HL60 cells (●—●) and K562 cells (●----●). Each point is the mean of the means of triplicate samples from 3 experiments in each cell line.

Figure 6. Incorporation of ^{3}H-methionine into phosphatidylcholine by HL60 cells (●——●) and K562 cells (•----•) incubated from 0 to 24 hours. Cpm are counts incorporated per 2 x 10^6 cells. Plotted are the means and SE of triplicate samples.

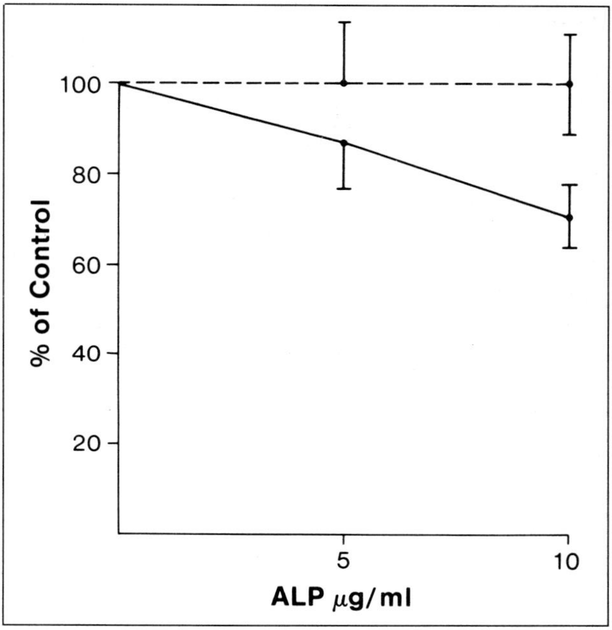

Figure 7. The effect of ALP on ^{3}H-methionine incorporation into phosphatidylcholine in HL60 cells (●——●) and K562 cells (•----•). Cells were incubated 24 hours with 0, 5, or 10 μg ALP/ml. Cpm are expressed per 2 x 10^6 cells. Each point is the mean of the means of triplicate samples from 3 experiments in each cell line. Bars are SE of the means.

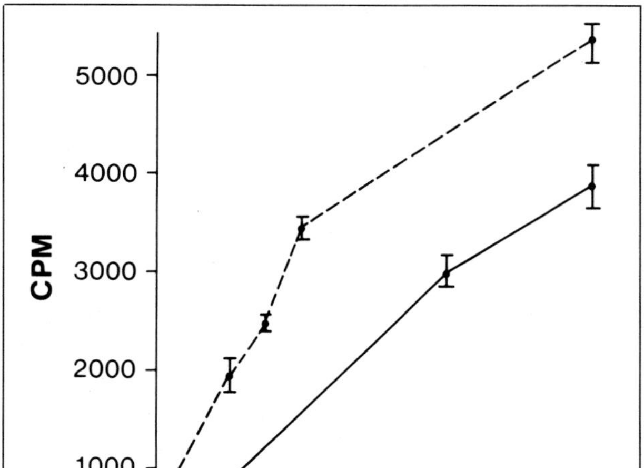

Discussion

These data clearly indicate that ALP impairs PC biosynthesis in HL60 cells. Synthesis of PC from LPC was inhibited and it would appear that ALP has an inhibitory effect on lysophosphatidyl acyltransferase. The kinetics of this inhibition remain to be determined. Enzyme activity appeared to be increased in K562 cells after 8 hours exposure to ALP. However, this observation needs confirmation. When ALP is added to cell homogenates, the enzyme activity is inhibited in both HL60 and K562 cells. This suggests that the differences observed in intact cells may be due to differences in uptake of ALP by the cell lines. We have observed differences in the rate of uptake of radiolabeled ALP (26). Incorporation of ^{14}C-LPC into LPC and PE was also inhibited by ALP in HL60 cells suggesting a more generalized effect. The appearance of label in the NL-fatty acid fraction would suggest that a broader pertubation is occurring in addition to lysophosphatidyl acyltransferase inhibition. Although we could not demonstrate increased activity of lysophospholipase, other phospholipases have not been studied.

The incorporation of ^{3}H-choline into PC, LPC and SM was also inhibited. This could be a direct effect on CTP:phosphocholine cytidylyltransferase which catalyzes the synthesis of CDP choline, necessary for biosynthesis of PC from choline (25). However, recent evidence suggests that the pathway through CDP choline may not be the principal route in SM biosynthesis (3,19).

Methionine serves as a methyl donor sequentially methylating PE to PC by means of the methyl transferase system (14,30). This is not a major pathway for PC biosynthesis, and thus, is less likely to be affected by ALP. Again, the effect of ALP on PC synthesis in HL60 cells is inhibited, but further work on isolated systems is needed to clarify the role.

In summary, we have demonstrated inhibition of PC synthesis by ALP in a sensitive human leukemic cell line. There would appear to be a direct effect on lysophosphatidyl acyltransferase, but the kinetics of the inhibition have not been established. Furthermore, choline incorporation is impaired; the effect of ALP on enzymes in the de novo PC synthesis pathway has not yet been studied. However, it is apparent that inhibition of PC biosynthesis leads to loss of cell membrane integrity and cell death. Other mechanisms such as the recently observed inhibition of protein kinase C activity by ALP may play an additional role leading to inhibition of cellular proliferation (11).

Acknowledgments: The autors are indebted to *Dr. A. H. Merrill* for reviewing the manuscript, to *Ed Whigham, Wayne Bennett* and *Penelope Bowden* for technical assistance, and *Barbara Adair* for typing the manuscript.

References

1 Andreesen R, Modolell M, Weltzien HU, Eibel H, Common HH, Lohr GW, Munder PG (1978) Selective destruction of human leukemic cells by alkyllysophospholipids. Cancer Res 38:3894

2 Andreesen R, Modolell M, Munder PG (1979) Selective sensitivity of chronic myelogenous leukemia cell populations to alkyllysophospholipids. Blood 54:519

3 Bernert J, Ullman MD (1981) Biosynthesis of sphingomyelin from erythroceramides and phosphatidylcholine by a microsomal cholinephosphotransferase. Biochim Biophys Acta 666:99

4 Bligh EG, Dyer WJ (1959) A rapid method of total lipid extraction and purification. Can J Biochem Physiol 37:911

5 Bradford MM (1976) A rapid and sensitive method for the quantitation of microgram quantities of protein utilizing the principle of protein-dye binding. Anal Biochem 72:248

6 Brandt AE, Lands WEM (1967) The effect of acyl-group composition on the rate of acyltransferase-catalyzed synthesis of lecithin. Biochim Biophys Acta 144:605

7 Bremer J, Greenberg DM (1961) Methyl transferring enzyme system of microsomes in the biosynthesis of lecithin (phosphatidylcholine). Biochim Biophys Acta 46:205

8 Cassileth PA, Suholet D, Cooper RA (1981) Early changes in phosphatidylcholine metabolism in human acute promyelocytic leukemia cells stimulated to differentiate by phorbol ester. Blood 58:237

9 Collins SJ, Gallo RC, Gallagher RE (1977) Continuous growth and differentiation of human myeloid leukaemic cells in suspension culture. Nature 270:347

10 Gottfried EL (1971) Lipid patterns in human leukocytes maintained in long-term culture. J Lipid Res 12:531

11 Helfman DM, Barnes KC, Kinkade JM Jr, Vogler WR, Shoji M, Kuo JF (1983) Phospholipid-sensitive Ca^{2+}-dependent protein phosphorylation system in various types of leukemic cells from human patients and in human leukemic cell lines HL60 and K562, and its inhibition by alkyllysophospholipid. Cancer Res 43:2955

12 Hirata F, Axelrod J (1978) Enzymatic synthesis and rapid translocation of phosphatidylcholine by two methyltransferases in erythrocyte membranes. Proc natn Acad Sci USA 75:2348

13 Hirata F, Viveros OH, Diliberto EJ Jr, Axelrod J (1978) Identification and properties of two methyltransferases in conversion of phosphatidylethanolamine to phosphatidylcholine. Proc natn Acad Sci USA 75: 1718

14 Hirata F, Axelrod J (1980) Phospholipid methylation and biological signal transmission. Science 209:1082

15 Kennedy EP, Weiss SB (1956) The function of cytidine coenzymes in the biosynthesis of phospholipides. J biol Chem 222:193

16 Kornberg A, Pricer WE (1952) Studies on the enzymatic synthesis of phospholipides. Fed Proc 11:242

17 Lands WEM, Hart P (1965) Metabolism of glycerolipids. VI. Specificities of acyl coenzyme-A:phospholipid acyltransferases. J biol Chem 240: 1905

18 Lozzio CB, Lozzio BB (1975) Human chronic myelogenous leukemia cell-line with positive philadelphia chromosome. Blood 45:321

19 Marggraf WD, Zertani R, Anderer FA, Kanfer JN (1982) The role of endogenous phosphatidylcholine and ceramide in the biosynthesis of sphingomyelin in mouse fibroblasts. Biochim Biophys Acta 710:314
20 Modolell M, Andreesen R, Pahlke W, Brugger U, Munder PG (1979) Disturbance of phospholipid metabolism during the selective destruction of tumor cells induced by alkyl-lysophospholipids. Cancer Res 39:4681
21 Soodsma JF, Piantadosi C, Snyder F (1970) The biocleavage of alkyl glyceryl ethers in Morris hepatomas and other transplantable neoplasms. Cancer Res 30: 309
22 Snyder F, Malone B, Piantadosi (1973) Tetrahydropteridine-dependent cleavage enzyme for O-alkyl lipids: Substrate specificity. Biochim Biophys Acta 316:259
23 Tidwell T, Guzman G, Vogler WR (1981) The effects of alkyllysophospholipids on leukemic cell lines. I. Differential action on two human leukemic cell lines. HL60 and K562. Blood 57:794
24 Tietz A, Lindberg M, Kennedy EP (1964) A new pteridine-requiring system for the oxidation of glyceryl esters. J biol Chem 239:4081
25 Vance DE, Pelech SD; Choy PC (1981) CTP:Phosphocholine cytidylyltransferase from rat liver. EC 2.7.7.15 CTP:Phosphocholine cytidylyltransferase. Meth Enzym 71:576
26 Vogler WR, Olson AC, Bowden P (1985) Uptake and metabolism of alkyllysophospholipid (ALP) by leukemic cell lines. Exp Hematol 13: 422
27 Vogler WR, Whigham E, Somberg L, Long RC Jr, Winton EF (1984) The effect of alkyllysophospholipids on tritiated thymidine incorporation and clonogenicity in vitro of normal and leukemic human cells. Exp Hematol 12:569
28 Vogler WR, Whigham E, Bennett WD, Olson AG (1985) The effect of alkyllysophospholipids on phosphatidylcholine biosynthesis in leukemic cell lines. Exp Hematol 13:629
29 Webster CR (1965) The acylation of lysophosphatides with long-chain fatty acids by rat brain and other tissues. Biochim Biophys Acta 98:512
30 Zelenka PS, Beebe DC, Feagans DE (1982) Transmethylation of phosphatidylethanolamine: An initial event in embryonic chicken lens fiber cell differentiation. Science 217:1265

Corresponding address: *W. R. Vogler, M. D.*, Leukemia Research Laboratory, 718 Woodruff Memorial Building, Emory University, Atlanta, Georgia 30322 USA

Therapeutic Monoclonal Antibodies: Effects of Tumor Cell Heterogeneity

R. K. Oldham
BiologicalTherapy Institute, Franklin, Tennessee

Introduction

The problem of tumor cell heterogeneity and the implications for therapy have been reviewed in multiple publications. Curiously, although it has been well known that tumor cell heterogeneity exists, there continues to be the simplicitic view that treatment does not have to reflect an approach to that heterogeneity. Thus, we still design treatment as if there are singular underlining keys useful in cancer therapy. We continue to use single modalities or combinations aimed at eradicating cancer without any strategy designed to approach the problem of tumor cell heterogeneity. Recently, a review of tumor cell heterogeneity and the implications for therapy were contained within a comprehensive publication on the subject (1).

Fidler and *Post* (2) have summarized the current data on tumor cell heterogeneity and the biological basis of that heterogeneity on many occasions. The basic tenant of their studies is that each primary tumor is composed of a smaller or larger number of clones each of which has its own genotypic and phenotypic characteristics. Metastasis tend to be from single cells or clumps of cells reflecting the different populations within the primary tumor. By virtue of a series of phenotypic analysis as well as certain kinds of genotypic inferences, these authors and others have demonstrated beyond a shadow of a doubt, that heterogeneity is characteristic of both animal und human tumors. From a therapeutic point of view, these studies have been rather sterile as they approach the problem from a descriptive point of view without suggesting therapeutic strategies to deal with the heterogeneity. On the other hand, there have been more recent references to the clinical implications of tumor cell heterogeneity and some suggestions how one might deal with it (2–5). Basically, the problem is twofold. First there is the problem of differences between patients and heterogeneity that is apparent among tumors of the same histological class. It has been well known that tumors such as breast cancer can be very similar by histological examination and yet one can be lethal in seven months where another might remain dormant for more than twenty years. These clinical observations have made it clear that what is seen under the microscope does not necessarily reflect the clinical behavior in the patient. This sort of »phenotypic analysis« has led to further investigations and it is now recognized by most cancer biologists that considerable differences exist among patients with respect to the characteristics of the cancer. On the other hand, there is the problem of heterogeneity within each tumor in each patient. Thus, the studies of *Fidler* et al. have classically demonstrated that multiple clones may exist within the primary and that these clones may have different metastatic capabilities giving rise to heterogeneity even among different metastatic deposits in a single patient.

Many still believe that even within the heterogeneity between individuals and certainly within heterogeneity of a single tumor within a single patient there exist underlying keys that will allow a general treatment to be developed that might be useful in all of cancer or all of a histological type of cancer. On the other hand, there is the possibility that we may need to individualize treatment for each patient and perhaps even make individual manipulations for a single patient over the clinical course of his disease based on these differences. This hypothesis certainly would change cancer treatment dramatically and would require a laboratory-clinical interface of a type never before developed for cancer therapeutics. I have suggested that such an interface does need to be developed and could represent a paradigm shift in cancer therapeutics. With the advent of the »new biology« and with genetically engineered biologicals and monoclonal antibodies, one has a diverse mechanism for the generation of biological responses which may match the diversity implicit in tumor cell populations. For the first time, there is hope that one can truly approach the heterogeneity of each patient and the heterogeneity within each patient in a rational manner.

Sufficient preclinical and clinical data are now available on the use of antibody preparations in the treatment of human solid tumors to indicate that this biological approach is likely to be of real value in the development of selective anticancer treatments (6). Most of the early trials have focused on the use of unconjugated single antibodies to determine toxicity, tolerance, the localization of antibody in solid tumor deposits and the distribution of antibody in normal and neoplastic tissues (7–13). There is now a considerable body of evidence that murine monoclonal antibodies are reasonably well tolerated when given to patients. Doses from one milligram to several grams have been administered, serum antibody levels have been monitored, antiglobulin effects have been assessed and the biodistribution of the antibody preparations has been characterized (6). Although the clinical responses to unconjugated antibody have not been striking, there is unequivocal evidence that antibody does find tumor deposits and can localize on individual cells after intravenous injection (14).

Biodistribution studies utilizing antibody conjugated to tracer quantities of isotope have demonstrated that a considerable amount of antibody will traffic to the liver and spleen and other organs of the reticuloendothelial system (15–17). A major finding in the studies with murine monoclonal antibody has been the evidence of selective retention of the antibody or the antibody isotope conjugate in the area of the tumor bed. Whereas the antibody may travel to and be localized in the reticuloendothelial system, there is now reasonable certainty that selected antibodies can localize rather strikingly in tumor cell deposits and be retained there for a much longer period of time than in normal tissues to which they may also have some affinity. These findings give a great deal of support to the possibility that antibody preparations may be useful in the selective targeting of biologicals, isotopes, drugs and toxins to solid tumors. There have now been several reviews on the use of monoclonal antibody in the treatment of human solid tumors along with the reviews of the historical data surrounding the use of heteroantisera and other antibody preparations in cancer treatment (6, 18–21). The purpose of this paper will be to critically assess the more recent data available on the use of unconjugated antibody and to provide some perspective on the potential uses of unconjugated antibody and of antibody conjugated to drugs, isotopes, biologicals and toxins in the treatment of heterogeneous human solid tumors.

Development of monoclonal antibodies for therapy

There are already in existence many different monoclonal antibodies which may be assessed in clinical trials in patients with solid tumors (6, 21,22). For certain tumors such as lymphomas, melanomas, lung, breast and colon cancers there are more than ten antibodies for each which have been described and characterized. Antibody preparations are available as IgM, IgA and various subclasses of IgG. A large variety of new monoclonal antibodies both murine and human, will be described in the future. However, it is already apparent that the limitation for the use of monoclonal antibody preparations as clinical reagents will not be due to a shortage of antibody preparations (1).

Although the »perfect« antibody for use as unconjugated antibody or as a targeting reagent has not been identified for any human solid tumor, there are a variety of testable reagents available. The next problem becomes – how does one prepare such reagents for the clinic and what strategy will be most successful in clinical trials? With respect to the availability of antibody preparations, methods exist for manufacturing high purity (>90 %) homogeneous preparations of monoclonal antibodies. Characterization as to antibody isotype, level of purity, degree of contamination by other substances, stability and other pertinent physical/chemical characteristic is possible. Thus, no absolute impediments exist with respect to the availability of antibodies, or the purification or characterization of clinical reagents.

Given a wide menu of antibody preparations and the ability to prepare them for the clinic, the next consideration is how does one select preparations and patients for clinical trials? Human solid tumors come in many shapes, sizes, and types. It seems unlikely that hard and fast rules can be made on the selection of antibody preparations for all solid tumors. Obviously, the distribution of the tumor, its vascularity, its sensitivity to drugs and radiation and the quantative expression of antigens on the tumor cell surfaces are all significant factors. In addition, the availability of other immunologically active cells within the tumor bed may be an important consideration with certain classes of antibody when activation and use of in situ immune mechanisms is anticipated. When one looks at antibody as a targeting agent for isotopes, drugs, biologics and toxins, the issue may be more one of biodistribution within the tumor bed and access of the toxic agent to the tumor cell within each tumor nodule. This may bring forth a whole different set of principles for immunoconjugates as opposed to using unconjugated antibody in the activation of in situ tumor immunity. Thus, it is apparent that while certain principles in the use of monoclonal antibody for human solid tumors may be important, each tumor type and, in fact, each individual patient may have to be individually evaluated for the optimal use of a monoclonal antibody preparation.

The antibody, whether conjugated or not, presumably must reach the tumor bed to be effective. One general principle has been that smaller antibodies or antibody fragments may be more likely to diffuse from the vascular compartment out into the tumor bed. Early data from our studies have indicated that the more antibody one infuses into the vascular compartment, the more antibody one delivers to the tumor cell bed (14). While access to the tumor bed is clearly quite important, retention within the tumor bed may be equally or more important. The preparations of antibody fragments may diffuse more quickly into the tumor nodule, but larger molecules may be retained for a longer period of time within that same nodule. Therefore, at the level of these elementary principles, there is much to be learned about the use of these antibody preparations in clinical trials. Given the availability of a large number of antibody preparations of various isotypes and various origins for use in the clinic, the important consideration becomes the method by which one studies these different preparations as they enter clinical trials. It does not seem reasonable, at this point in time, to presume that sufficient evidence is available to proceed with these clinical trials based on hard and fast rules as to which antibody preparation should be tested and which should not (23).

There are certain important principles in the design and execution of clinical trials using monoclonal antibodies for the treatment of patients with solid tumors (6). To conduct these early trials it is necessary to have an active and competent laboratory available to make certain assessments during clinical trials with monoclonal antibody. It is very important to demonstrate that the antibody reached the tumor nodule and the technique of immunohistology using biopsy specimens subsequent to infusion of antibody has been quite valuable (14,24,25). This has allowed investigators to characterize the distribution of antibody within the tumor nodule and to contrast the distribution within the tumor nodule with that in surrounding normal tissues. This technique also gives information on heterogeneity based on antigen expression. The use of tracer labeled antibody preparations using diagnostic isotopes has also been very valuable in characterizing the biodistribution of antibody in these early studies (16,17). It is well recognized that as one conjugates antibody to anything the biodistribution of the antibody may change and this requires some cross checking between studies using conjugated and unconjugated antibodies. Thus, these two techniques, immunohistology and immunoradiolocalization are complementary and sometimes synergistic in the performance of these early phase studies. In addition to these two techniques using »fixed« tissue, cytofluorometry is also very helpful, especially to investigate individual cells with respect to antigen distribution, antibody localization and saturation. When the tumor nodule is disaggregated after in vivo treatment, one can determine with great preciseness the level of antibody localization on individual cells and by adding exogenous antibody, the degree of saturation on these individual cells can be ascertained (14,26,27). Thus, these three techniques provide the tools to assess the delivery of antibody and antibody conjugates to the tumor as well as the degree of antigenic saturation. In addition, an appreciation of the degree of heterogeneity within individual tumor biopsies and between patients can be easily gained from these studies.

The ability to measure circulating antibody after injection is critical to an understanding of the pharmacokinetics in these antibody trials (14). In addition, one should be able to measure circulating antigen, if such exists, and the importance of being able to measure antigen antibody complexes and antibody complexes is equally obvious (14). Finally, it is now known that low levels of »natural« antimurine antibodies may exist in human serum prior to the infusion of murine monoclonal antibodies (14). The ability to measure antiglobulin responses is also very important in the development of these clinical trials as such antiglobulin responses may ultimately be important in the biodistribution of the infused antibody (14,28).

Finally, to learn more from these early phase studies, careful clinical observations need to be made so future trials can be designed based on these clinical and laboratory observations. A daily dialogue between the laboratory scientist and the clinical scientist is essential to maximize the information flow and to protect the patient during these early phase trials. Antibodies are biologic substances and require laboratory and clinical expertise in the use of biologicals. These preparations should not be considered as just another class of drugs to be given by individuals or groups expert in the use of chemotherapy. Biologic substances have clinical and biological activities very different when compared to chemicals. The immune system in particular and our cells in general may already have receptors and/or mechanisms for dealing with biologic substances when used as therapeutic medicinals very different from the responses seen after the injection of chemical compounds which are not normally part of human biology. Therefore, the use and development of monoclonal antibody for clinical trials requires specialized training and expertise in the areas of immunology and biological response modification on the part of clinicians and laboratory scientists involved in these studies (23,29,30).

Table I. Monoclonal antibody protocols at the BRMP-NCI.

Antibody	Disease	No. Patients	Dose, mg	Schedule	Length of infusion, hr	Dose escalation[a]
T101	CLL	7	1, 10, 50	biweekly	2	fixed
T101	CLL	6	50, 100	biweekly	50	fixed
T101	CTCL	8	1, 10, 50	biweekly	2,50	fixed
T101	CTCL	3	100, 200, 500	biweekly	2[b]	escalating
9.2.27	melanoma	13	1, 10, 50, 100, 200, 500	biweekly	2	escalating
9.2.27	melanoma	7	100 mg x 5, 500 mg[c]	daily	2	fixed
Anti-idiotype	CLL	1	10, 20, 50, 100, 200, 500	biweekly	4	escalating
^{111}In-T101	CTCL	10	1 mg T101 + 5 mCi ^{111}In[d]	once only	2 – 10	none
^{111}In-9.2.27	melanoma	8	1 mg 9.2.27 + 5 mCi ^{111}In[d]	once only	2	none

[a] Fixed: dose fixed for each patient with escalation between patients. Escalating: each patient receives multiple dose levels.

[b] Patients received 2 mg T101/hr for 4 hr to modulate the T65 antigen from circulating cells and then received a 6-hr infusion of high-dose T101 (100 mg, first week; 200 mg, second week; 500 mg, third week).

[c] Patients received 5 daily doses of 100 mg of antibody, 4 weeks of therapy followed by a single infusion of antibody.

[d] Some patients received 10–50 mg of unlabeled T101 or 9.2.27 in addition to immunoconjugate.

Clinical trials

Within the Biological Response Modifiers Program (BRMP), National Cancer Institute (NCI) (table I) we focused on several antibody preparations used in four different diseases, melanoma, chronic lymphocytic leukemia, cutaneous T-cell lymphomas and nodular poorly differentiated lymphoma.
A series of melanoma patients was treated with the 9.2.27 IgG2A murine mono-

Table II. In vitro[a] and in vivo[b] reactivity of 9.2.27 antibody with melanoma cells in cutaneous skin lesions.

Patient	Dose 9.2.27	Days posttreatment	9.2.27 Reactivity: Flow cytometry, % % positive cells, in vitro	in vivo	Immunoperoxidase[c] score, in vitro	in vivo
A.F.	Pretreatment		80	ND	++	—
	1 mg	1	92	0	++	—
D.F.	Pretreatment		83	ND	++	—
	1 mg	1	0	0	+	—
	50 mg	1	72	0	++	+
	200 mg	1	ND	ND	++	+
M.F.	Pretreatment		97	ND	++	—
	10 mg	1	98	2	+	—
	100 mg	1	72	50	+	+
	200 mg	4	98	91	+	+
B.C	Pretreatment		90	ND	++	—
	200 mg	1	73	71	+	+
C.S	Pretreatment		76	ND	++	—
	1 mg	1	91	0	++	—
	200 mg	1	41	35	++	+
A.T.	Pretreatment		0	ND	+	—
	50 mg	1	ND	ND	++	++
	200 mg	1	14	50	++	++
M.G.	Pretreatment		76	1	++	—
	50 mg	4	97	1	++	—
J.S.	Pretreatment		ND	ND	++	—
	50 mg	1	ND	ND	++	+
	100 mg	1	ND	ND	++	++

[a] In vitro reactivity refers to reactivity when excess 9.2.27 was added during the staining procedure.
[b] In vivo reactivity refers to endogenously bound 9.2.27 after IV antibody therapy.
[c] Staining of melanoma cells with 9.2.27 was graded on a + to ++ scale which represents a combination of both percent positive cells and intensity of staining.

clonalantibody. This antibody recognized a 250-kDa proteoglycan antigen on the surface of melanoma cells. It shows a high degree of specificity for melanoma and was considered an excellent candidate antibody for these kinds of early clinical trials. As is illustrated by table II, we investigated the delivery of antibody to the tumor bed with two techniques. After infusion of antibody intravenously, skin nodules were removed and stained for the presence of mouse antibody using the immunoperoxidase technique. Additionally, a portion of the tumor was disassociated into single cell suspensions and the tumor cells assessed by flow cytometry for the presence of antibody and antigen on the tumor cell surfaces. From these studies, it became clear that 200 to 500 milligrams of intravenous antibody was necessary to saturate the tumor cell surface antigen. Obviously, saturation has two phases. One can saturate all of the cells within the tumor nodule with at least some antibody and at a second level one can saturate all the antigen on all the cells in a particular nodule. Flow cytometry is very helpful at looking at saturation of individual viable cells in a disassociated cell preparation whereas immunoperoxidase is an excellent technique to give a better sense of saturation across a histological section from a tumor nodule (14).
Following the studies of antibody alone and the localization by tissue analysis, radioimmunolocalization using 9.2.27 conjugated to ^{111}Indium or ^{125}Iodine was done to provide further data on the biodistribution of the antibody. These studies and similar radioimmunolocalization studies with ^{111}Indium labeledT101 antibody (reacts with T-cells, normal and neoplastic) provided evidence of tumor localization and imaging in humans (figure 1). Labeled antibody does go the reticuloendothelial system but over time shows selective retention in tumor cell sites. This localization of antibody in the reticuloendothelial system may contribute to immunoconjugate toxicity but the ultimate retention of antibody in the tumor bed is an encouraging observation (17).
Phase I studies have also been performed with antibody to P97-kDa antigen on the surface of melanomas and other tumors. Confirmatory but less extensive studies were also done with antibody 48.7 directed at the same antigen recognized by 9.2.27 (24). Immunohistologic confirmation of antibody in the biopsy site with selective binding to the melanoma cells, but not to normal cells in the same section was seen. Pharmacokinetic parameters were measured which defined the peak antibody concentration and the half life of the antibody in these studies. Peak level and half life were affected by antiglobulin levels and trace labeled antibody preparations were very useful in making these measurements (24).
As an extension, *Larsen* et al. have labeled antibodies to P97 with therapeutic doses of ^{131}I in attempts to show therapeutic activity for isotope conjugates in patients with melanoma. Localization of the labeled antibody has been seen and evidence of minor tumor regression was noted (31).

Trials with monoclonal antibody in patients with melanoma are now ongoing at several centers. In an interesting phase I trial using antibody to G^3, a membrane ganglioside, *Houghton* et al. observed tumor regression in three of twelve patients with an unconjugated IgG3 murine monoclonal antibody (32). These clinical trials are moving very rapidly from antibody alone on to therapeutic attempts with antibody coupled to a variety of toxic agents. It is likely that within the next few months the therapeutic activity of these early preparations can be assessed and this will provide further leads to the design of future trials in patients with melanoma (33–35).

Gastrointestinal carcinoma has been the other major cancer type treated with monoclonal antibody. Studies by *Sears* et al. in over twenty patients with gastrointestinal malignancies treated with antibody 17-1A (IgG2A) have shown

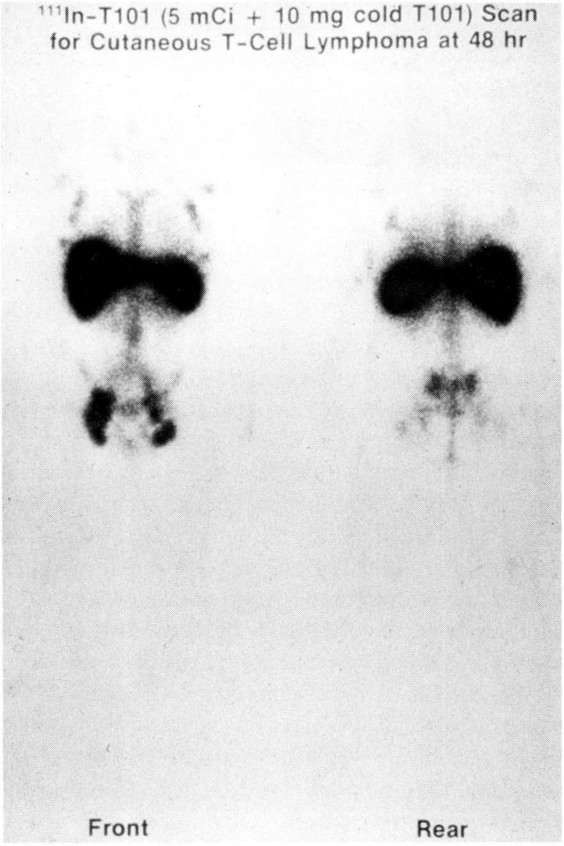

Figure 1. Anterior and posterior whole body images in a patient with cutaneous T-cell lymphoma obtained 48 hours after administration of 50 mg ^{111}In-T101 (5 mCi). Bilateral cervical, submental, axillary, inguinal, and femoral nodes and diffuse skin involvement are noted. Concentration in liver, spleen and uninvolved marrow are also noted.

definitive evidence of localization of the antibody in the tumor (25). Doses from 15 to 1000 milligrams per patient have been given without severe side effects. Circulating immunoglobulin has been seen for as long as fifty days and the antiglobulin response appeared to be dependent on the amount of antibody given. Those patients receiving doses above 366 milligrams showed little in the way of antimouse immunoglobulin responses whereas the patients treated with lower doses had definite evidence of antiglobulin responses. However, this observation was not confirmed in later studies. They reported evidence of clinical antitumor responses in at least three of twenty patients. They postulate these effects may be related to antibody macrophage interactions within the tumor bed although no biopsy evidence of this interaction in regressing nodules was given. They suggested that a combination of high doses of unconjugated antibody to reduce the antiglobulin response and the use of an IgG2A subclass might be reasonable in studying further patients with gastrointestinal carcinoma.

Dillman et al. have given infusions of anti CEA monoclonal antibody to several patients with evidence of clinical localization without antitumor response (36). Further studies are now underway with unconjugated antibody 17-1A in Philadelphia and with a variety of antibodies to gastrointestinal carcinoma by other workers using conjugated reagents. The use of monoclonal antibodies in the treatment of patients with other kinds of solid tumors are not very extensive at this point. A brief report on the use of an IgG3 monoclonal antibody which had in vitro cytotoxicity to human gastrointestinal carcinoma was reported by *Lemkin* et al. in abstract form (37). Eight patients were treated with infusion of this antibody preparation over several days. Complement consumption and fever were noted and murine antiglobulins appeared to give a syndrome consistent with mild serum sickness. Immunohistologic evidence of antibody localization was seen but no clinical responses were observed.

Melino et al. published an interesting report on the use of human antibody recently (38). Antibodies were produced by allogeneic immunization in twelve volunteers. These antibodies were used to target Daunorubicin and Chlorambucil in twelve neuroblastoma patients over the age of two. These preparations were well tolerated and no antiglobulin, allergic or toxic effects were noted. Marked antitumor responses were reported in nine of twelve patients and all complete responders are said to be disease free after more than three years. This unique and striking report is the first study where allogeneic immunization of normal volunteers was used to create a heteroantiserum with resultant therapeutic effects. Clearly, follow-up on these studies will be very important to confirm these results.

Many studies are in progress with the use of unconjugated antibody and with conjugated antibody in vitro and in Nu/Nu mouse xenograft models. Many of these preparations show excellent toxicity in vitro and in vivo for human tumor cells. These studies are proceeding very rapidly toward the clinic. It is anticipated that within the next year there will be a large number of studies initiated with antibody conjugates in man (33,39).

Future applications in man

It is very early in the application of unconjugated antibody and of antibody immunoconjugates as therapeutic anticancer agents in man. With these early studies there are some principles for the optimization of antibody therapy which may be important in the design of future studies (table III). The antibodies predominently used to date have been murine monoclonal antibodies which are foreign proteins on injection in man. Depending on the factors such as circulating cells bearing antigen or antigen in the serum, there may be seen a spectrum of clinical toxicities in association with antibody therapy. Some of these toxicities are listed in table IV. From the early trials of antibody it is apparent that there are some strategies that can be entertained to approach certain problems and enhance the potential therapeutic activities of these preparations. Some of the approaches are outlined in table V.

Table III. Optimization on monoclonal antibody therapy.

1. *Antibody specificity*
   a. immunoperoxidase
   b. immunofluorescence
   c. radiolocalization
2. *Antigen characterization*
   a. biochemical nature
   b. topography and density
   c. epitopes
   d. heterogeneity
3. *Antibody-antigen interaction*
   a. turnover of antibody bound to tumor cells
   b. degree of antibody internalization
   c. antibody affinity
   d. antigen levels in serum
4. *Antibody delivery*
   a. dose
   b. regimen
   c. route
   d. pharmacokinetics
   e. comparison of various cytotoxic agents conjugated to the same antibody

A summary of recent serotherapy trials using monoclonal antibody for solid tumors is shown in table VI. No attempt has been made to summarize the older data with heteroantisera as this has been recently reviewed (19). More recent reports with rabbit, goat and even human allogeneic serums are receiving some attention, but have not been summarized here. While these approaches may be of value and are of interest, they would seem to lack the essential features of

Table IV. Clinical toxicity in MoAb trials.

Fever	Bronchospasm[a]
Chills	Dyspnea
Flushing	Hypotension/tachycardia
Emesis	Anaphylactic/anaphylactoid reactions
Urticaria	Serum sickness
Rash	Increased creatinine
Nausea/Vomiting	Headache

[a] Pulmonary toxicity (dyspnea, bronchospasm, etc.) has been mainly observed with circulating antigen-bearing cells during MoAb infusion.

Table V. Problems with MoAb therapy.

Problem	Possible solutions
Antigenic modulation	Not all antibodies cause modulation; use 2 MoAb recognizing same antigen (different epitopes[a]) or different antigens; choose different antigen
Release of free antigen	Plasmapheresis; plasmapheresis over immunoabsorbent column; schedule MoAb treatments appropriately
Antibody to mouse cells	Human antibodies, low dose cyclophosphamide, plasmapheresis with immunospecific absorption, effect of antibody dose and schedule on antimurine response, induction of tolerance
Non-sustained reduction of leukemic cells	Repeated, intermittant MoAb infusions
Neoplastic cells outside blood less sensitive with few clinical responses	Infuse more than one MoAb directed toward different epitopes on the same antigen. Infuse more than one MoAb directed toward different antigens on the same cell. Infuse more than one MoAb using different subclasses (IgG1, IgG2, IgM, etc.). Conjugate MoAb to drugs, biologics, toxins or isotopes

[a] Epitopes are different parts of the antigen molecule. Each epitope can stimulate and react with antibody directed toward that part of the antigen molecule. Thus, different antibodies can be generated to different epitopes on the same antigen.

Table VI. MoAb serotherapy trials in patients with solid tumors.

Institution	Disease	MoAb[b]	References
U. of Penn. (Wistar)	GI[a] cancer	17–1A	(25)
U. of Calif. at Los Angeles	GI cancer	CCOLI	(37)
U. of Calif. at San Diego	colon cancer	065	(36)
Memorial Sloan-Kettering Inst.	melanoma	Ab to G_D3	(32)
U. of Calif. at San Diego	melanoma	Ab to p97 Ab to p240	(9)
Fred Hutchinson Cancer Center	melanoma	Ab to p97	(31)
Swedish Hosp. Med. Center Seattle	melanoma	48.7 and Ab to p97	(24, 31)
National Cancer Institute	melanoma	9.2.27	(6, 14)

[a] GI, gastrointestinal
[b] Ab or antigen designation

reproducibility, high titer, unlimited quantity and molecular purity needed to proceed with large scale clinical trials. Emerging evidence on the use of antibodies derived by in vitro or in vivo immunization of humans for the purpose of producing human monoclonal antibody are of interest, but no clinical or therapeutic trials have been carried out with human monoclonal antibodies. These preparations possess certain advantages but may also have certain inherent disadvantages as reviewed earlier (1). With respect to murine monoclonal antibody serotherapy trials, certain conclusions are summarized in table VII. Based on the information available at this time, the future does not look very bright for the use of unconjugated antibody. In the area of solid tumors, only the reports of *Sears* and *Houghton* on possible clinical effects of unconjugated antibody in gastrointestinal carcinoma and melanoma are encouraging (25,32). All of the other data available with unconjugated antibody would seem to indicate that these reagents will be of little use as anticancer agents. The major conclusion to be drawn from all of these studies is that antibody alone confirms the targeting capability of these biological substances. At a second level of consideration the in vitro activity and the in vivo preclinical activity of immunoconjugates are indeed encouraging (18,34). Very early studies with the use of immunoconjugates of antibody and isotopes in human solid tumors have shown encouraging localization and even some evidence of therapeutic effects (31).

Table VII. Summary – MoAb serotherapy trials.

1.	Murine derived MoAb can be given safely intravenously by prolonged infusion (>1 hour) without immediate side effects.
2.	Bronchospasm and hyptotension have followed rapid infusion (5 mg/hr) and higher doses of monoclonal antibody to T-cells at higher doses (>20 mg).
3.	Dosages from 1 mg to 3 gms have been given safely with careful monitoring.
4.	A sustained decline in leukemic cells requires multiple MoAb treatments over several weeks.
5.	Skin lesions and lymph nodes can regress following MoAb treatment.
6.	There has been no reduction in the bone-marrow leukemia cells.
7.	Antigenic modulation sometimes occurs following MoAb treatment.
8.	Free antigen may be detected in the serum following MoAb treatment.
9.	Clear evidence of selective localization of infused antibody in solid tumors is available.
10.	Antibodies to mouse cells may develop following MoAb therapy.
11.	There is considerable variation with respect to toxicity, bioavailability, and activity related to immunoglobulin class, antigen, and distribution to tumor.
12.	Unconjugated antibody appears to have limited anticancer therapeutic value.

These data allied with the historical data on the use of heteroantisera, drug and isotope conjugates have led to the encouraging conclusion that immunoconjugates are likely to be very useful in improving the selectivity of cancer treatment (33,40).

There are those who are searching for the perfect immunoconjugate. That is, a conjugate with complete specificity for the tumor and without problems of side effects with reference to localization of the antibody in organs not containing tumor. This search is being done in a manner similar to the drug development paradigm where antibodies and then conjugates are tested for a singular or rather limited combination of antibodies that might be mass produced either in conjugated or unconjugated form for injection in the clinic. These approaches presuppose a rather simplistic approach to cancer with the assumption that there is sufficient similarity between individuals and significant similarities among cancers within individuals that these »drug like« preparations will be useful clinical anticancer agents. The search for these broadly reactive yet specific antibody preparations presupposes the hypothesis that common tumor associated antigens will exist for broad categories of tumors. Most of these searches are being done within the classes defined by histological types of cancer. A different approach would involve the assumption that cancer heterogeneity may define similarities among much more restricted groups of patients. The antiidiotypic antibody story is very instructive in this regard with a single antibody being prepared for a single patient or when multiple clones are seen a singular, multiple antibody preparation being used for a single patient. Beyond that, one can envision cocktails of antibodies being specifically tailored for each patient in recognition of the phenotypic heterogeneity implicit in that patient's cancer. This »paradigm shift« for developmental therapeutics has not been accepted broadly within the scientific community nor has it been accepted as a method of biopharmaceutical development by the pharmaceutical industry. However, considerable evidence exists in the laboratory to indicate that such heterogeneity does exist and that such approaches may be feasible and even prerequisite to the development of effective and selective cancer therapeutics (33,34,35).

All of the early data would indicate that antibody conjugates are going to go to the reticuloendothelial system and that tumor antigens are not absolutely specific. Therefore, it is important to judge immunoconjugates as one would judge any other systemic therapy. Is the toxicity worth the therapeutic effect? At the bottom line, one is looking for therapeutic approaches with selectivity and activity over and above the currently available approaches. Given the lack of selectivity for the available modalities of treatment and in particular given the very poor selectivity of systemic chemotherapy, any improvement in the selectivity delivery of toxic substances to tumor cells through monoclonal antibody technology will be a step in the right direction (40,41).

In spite of these encouraging data for the use of antibody as a targeting agent, the heterogeneity of cancer is an important consideration. If one uses a single antibody or a combination of a few antibodies that cover only a portion of the tumor cells and, if that preparation does not eliminate the true replicating cell population (stem cell) from the patient's tumor population, eventual outgrowth of viable cells and perhaps resistant cells will be inevitable. Therefore, it seems logical to proceed with attempts to type human tumors and to deliver toxic substances to them utilizing »cocktails« of antibodies sufficient to cover all the tumor cells known to exist in each patient. This type of approach may require a considerable amount of testing for each patient and a »typing« of one or more tumors from each patient. Such approaches may be much more custom-tailored than is easily approachable through the product development paradigm which has been used with some success in the development of new cancer drugs (3). If indeed, the spectrum of human tumor heterogeneity is great, the goal of the ideal antibody conjugated to the ideal toxic agent for broad histological types of cancer may not be achievable. Investigators in this area should not dispair because the heterogeneity of the immune system is also great and can theoretically still be used to provide adequate coverage for the heterogeneity of cancer cell population. Thus, we should proceed to human trials of immunoconjugates in ways to learn more of their clinical effects. These trials are underway and investigators and patients alike, based on preclinical data (18,42-46) and preliminary clinical trials (6,13,14,24,25,31–33,37–40), can anticipate an improvement in the selective delivery of toxic agents to the cancer cell in the near future.

Abstract

In spite of encouraging data on the use of monoclonal antibodies as targeting agents for immunoconjugates, the heterogeneity of cancer is an important consideration in designing therapeutic immunoconjugates. If one uses a single antibody or a combination of a few antibodies that cover only a portion of the tumor cells and if that preparation does not eliminate the true replicating cell population (stem cell), eventual outgrowth of viable cells and perhaps resistant cells will be inevitable. Therefore, it seems logical to proceed with attempts to generate antibodies and/or type human tumors on an individual basis and to deliver toxic substances to them utilizing »cocktails« of antibodies sufficient to cover all the tumor cells known to exist in each patient. This type of approach may require a considerable amount of testing for each patient and a »typing« of one or more tumors from each patient. Such approaches may be much more custom-tailored and patient centered than is easily approachable through the product development paradigm which has been used with some success in the development of cancer chemotherapy. If indeed the spectrum of human tumor heterogeneity is great, the possibility of the ideal antibody conjugated to the ideal toxic agent as a cancer therapeutic product may not be achievable. Investigators in this area should not dispair because the heterogeneity of the immune system is also great and can theoretically be used to provide adequate coverage for the heterogeneity of a cancer cell population. However, the difficulties in preparing custom-tailored antibodies and immunoconjugates for clinical use are obvious as these approaches are complex and time consuming. Initially, it will be important to deliver unconjugated antibody preparations to better understand their biodistribution, pharmacokinetics and clinical effects. Then, we should proceed to therapeutic immunoconjugates to begin to understand their clinical effects. This testing is now underway and investigators and patients alike can anticipate an improvement in the selective delivery of toxic agents to the cancer cell in the near future.

References

1 Yarbro JW (1985) Introduction: Tumor heterogeneity and the new biology. Semin Oncol 12: 201–202
2 Fidler IJ, Poste G (1985) The cellular heterogeneity of malignant neoplasms: Implications for adjuvant chemotherapy. Semin Oncol 12: 207–221
3 Oldham RK (1983) Biologicals: New horizons in pharmaceutical development. J biol Resp Modif 2: 199–206
4 Schilsky RL (1985) Tumor cell heterogeneity: Implications for clinical practice. Semin Oncol 12: 203–206

5 Von Hoff DD (1985) Implications of tumor cell heterogeneity for in vitro drug sensitivity testing. Semin Oncol 12: 327–331
6 Oldham RK (1983) Monoclonal antibodies in cancer therapy. J clin Oncol 1: 582–590
7 Larson SM, Brown JP, Wright PW et al (1983) Imaging of melanoma with I-labeled monoclonal antibodies. J Nucl Med 24: 123–129
8 Ritz J, Schlossman SF (1982) Utilization of monoclonal antibodies in treatment of leukemia and lymphoma. Blood 59: 1–11
9 Sobol RE, Dillman RO, Smith JD (1981) Phase I evaluation of murine monoclonal anti-melanoma antibody in man: Preliminary observations. In: Mitchell MS, Oettgen HF (eds) Hybridomas in Cancer Diagnosis and Treatment. Raven Press, New York, pp 199–206
10 Sears HF, Mattis J, Herlyn D et al (1982) Phase-1 clinical trial of monoclonal antibody in treatment of gastrointestinal tumors. Lancet i: 762–765
11 Miller RA, Levy R (1981) Response of cutaneous T-cell lymphoma to therapy with hybridoma monoclonal antibody. Lancet ii: 226–230
12 Miller RA, Maloney DG, Warnke R et al (1982) Treatment of B-cell lymphoma with monoclonal anti-idiotype antibody. N Engl J Med 306: 517–522
13 Foon KA, Bunn PA, Schroff RW et al (1983) Monoclonal antibody therapy of chronic lymphocytic leukemia and cutaneous T-cell lymphoma: Preliminary observations. In: Langman RE, Trowbridge IS, Dudlbecco R (eds) Monoclonal Antibody and Cancer. Academic Press, New York, pp 39–52
14 Oldham RK, Foon KA, Morgan AC et al (1984) Monoclonal antibody therapy of malignant melanoma: In vivo localization in cutaneous metastasis after intravenous adminstration. J clin Oncol 2: 1235–1242
15 Goldenberg DM, DeLand FH (1982) History and status of tumor imaging with radiolabeled antibodies. J biol Resp Modif 1: 121–136
16 Carrasquillo JA, Bunn PA Jr, Kennan AM et al (1986) Radioimmunodetection of cutaneous T-cell lymphoma with 111In-T101 monoclonal antibody. New Engl J Med 315: 673–680
17 Carrasquillo JA, Abrams PG, Schroff R et al (1986) Effect of ^{111}In - 9.2.27 monoclonal antibody dose on the imaging of metastatic melanoma. J nucl Med
18 Foon KA, Bernhard MI, Oldham RK (1983) Monoclonal antibody therapy: Assessment by animal tumor models. J biol Resp Modif 1: 277–304
19 Rosenberg SA, Terry WD (1977) Passive immunotherapy of cancer in animals and man. Adv Cancer Res 25: 323–388
20 Dillman R (1984) Monoclonal antibodies in the treatment of cancer. CRC/Press. Crit Rev Oncol/Hematol 4:357–358
21 Levy R (1985) Biologicals for cancer treatment: Monoclonal antibodies. Hosp Pract November 15: 67–92
22 Boss BD, Longman R, Trowbridge I, Dulbecco R (1983) Monoclonal Antibodies and Cancer. Academic Press
23 Oldham RK (1986) Biotherapy: The fourth modality of cancer treatment. Cancer: Perspective for Control Symposium. J cell Physical (suppl) 4: 91–99
24 Goodman GE, Beauimer P, Hellstrom I, Fernyhough B, Hellstrom KE (1984) Phase I trial of murine monoclonal antibodies in patients with advanced melanoma. J clin Oncol 3: 340–352

25 Sears HF, Herlym D, Steplewski Z, Koprowski H (1984) Effects of monoclonal antibody immunotherapy in patients with gastrointestinal adenocarcinoma. J biol Resp Modif 3: 138–150
26 Schroff RW, Woodhouse CS, Foon KA et al (1985) Intratumor localization of monoclonal antibody in patients with melanoma treated with antibody to a 250Kd melanoma associated antigen. J natn Cancer Inst 74: 299–306
27 Schroff RW, Farrell MM, Klein RA et al (1984) T65 antigen modulation in a phase I monoclonal antibody trial with chronic lymphocytic leukemia patients. J Immunol 133:1641–1648
28 Schroff RW Jr, Foon KA, Beatty SM et al (1985) Human anti-murine immunoglobin responses in patients receiving monoclonal antibody therapy. Cancer Res 45: 879–885
29 Oldham RK (1985) Biologicals and biological response modifiers: New strategies for clinical trials. In: Finter NB, Oldham RK (eds) Interferons, IV. Elsevier Science Publishers B.V., pp 235–249
30 Oldham RK (1985) Interferon: A model for future biologicals. In: Burke D, Cantell K, Gresser I, De Maeyer E, Landy M, Revel M, Vilcek J (eds) Interferon VI. Academic Press, pp 127–143
31 Larson SM, Carrasquillo JA, Krohn KA (1982) Radiotherapy with »anti-p97« iodinated monoclonal antibodies in melanoma. In: Raynaud C (ed) Proc 3rd World Congr Nuclear Medicine and Biology, vol 4. Pergamon Press, New York, pp 3666–3669
32 Houghton AN, Mintzer D, Cordon-Cardo C et al (1985) Mouse monoclonal IgG3 antibody detecting GD3 ganglioside: A phase I trial in patients with malignant melanoma. Proc natn Acad Sci USA 82: 1242–1246
33 Oldham RK (1985) Antibody-drug and antibody toxin conjugates. In: Rief AE, Mitchell MS (eds) Immunity to Cancer. Academic Press, New York, pp 575–586
34 Morgan AC Jr, Pavanasasivam G, Hwang KM et al (1985) Preclinical and clinical evaluation of a monoclonal antibody to a human melanoma-associated antigen. In: Peeters H (ed) Protides of the Biological Fluids 32. Pergamon Press, London, pp 773–777
35 Oldham RK (1986) Monoclonal antibodies. In: Nathanson L (ed) Management of Advanced Melanoma. Churchill Livingstone, Inc., New York, pp 195–208
36 Dillman RO, Beauregard JC, Shawler DL et al (1983) Results of early trials using murine monoclonal antibodies as anti-cancer therapy. In: Peeters H (ed) Protides of the Biological Fluids. Pergamon Press, New York, pp 353–358
37 Lemkin S, Tokita K, Sherman G et al (1984) Phase I–II study of monoclonal antibodies (MCA) in gastrointestinal cancer. ASCO Abstr p 47
38 Melino G, Elliott P, Cooke KB et al (1984) Allogeneic antibodies (Abs) for drug targeting to human neuroblastoma (Nb). ASCO Abstr p 47
39 Oldham RK (1984) Biologicals and biological response modifiers: Fourth modality of cancer treatment. Can Treat Rep 68: 221–232
40 Oldham RK (1987) Perspectives on the use of immunotoxins in clinical medicine. In: Vogel CW (ed) Immunotoxins: Current Methods and Approaches for the Targeting of Toxins and Other Substances. Oxford Univ Press
41 Key ME, Bernhard MI, Hoyer LC et al (1983) Guinea pig line 10 hepatocarcinoma model for monoclonal antibody serotherapy: in vivo localization of a monoclonal anti-body in normal and malignant tissues. J Immunol 139 (3): 1451–1457

42 Bernhard MI, Foon KA, Oeltmann TN et al (1983) Guinea pig line to hepatocarcinoma model: Characterization of monoclonal antibody and in vivo effect of unconjugated antibody and antibody conjugated to diphtheria toxin A chain. Cancer Res 43: 4420–4428
43 Bernhard MI, Hwang KM, Foon KA et al (1983) Localization of 111In and 125I-labeled monoclonal antibodies in guinea pigs bearing line 10 hepatocarcinoma tumors. Cancer Res 43: 4429–4443
44 Hwang KM, Foon, KA, Cheung PH et al (1984) Selective antitumor effect on L–10 hepatocarcinoma cells of a potent immunoconjugate composed of the A chain of abrin and monoclonal antibody to a hepatoma-associated antigen. Cancer Res 44: 4578–4586
45 Talmadge JE, Lenz BF, Klabansky R et al (1986) Therapy of autochthonous skin cancers in mice with intravenously injected liposomes containing muramyltripeptide. Cancer Res 46: 1160–1163
46 Morgan AC, Oldham RK (1986) In vivo models for preclinical evaluation of immunotoxins. In: Vogel C–W (ed) Immunotoxins: Current Methods and Approaches for the Targeting of Toxins and Other Substances. Oxford Univ Press
47 Fer MF, Stevenson HC, Morgan AC et al (1986) Serum sickness-like syndrome during monoclonal antibody therapy. J biol Resp Modif, in press

Corresponding address: *R.K. Oldham, M.D.*, Biological Therapy Institute, Riverside Drive, Franklin, Tennessee 37064, USA

Kohlenhydratbindende Proteine (Lektine) und ihre mögliche Bedeutung bei Zelldifferenzierung und Metastasierung

F. Cramer und H. J. Gabius
Max-Planck-Institut für experimentelle Medizin,
Abteilung Chemie, Göttingen

Einleitung: Glykokonjugate und Lektine

In den letzten Jahren hat man sich wieder verstärkt der alten Frage zugewandt: Was ist die Funktion der Kohlenhydratreste in Glykokonjugaten (Glykoproteinen und Glykolipiden) (1)? Untersuchungen der dreidimensionalen Struktur zeigen, daß die betreffenden Oligosaccharide eine relativ starre Struktur haben und als Erkennungsstellen für eventuelle Rezeptormoleküle dienen können. Deswegen erschien es möglich, daß die Anordnung und Struktur dieser Kohlenhydratkomponenten eine Information für intrazelluläre oder interzelluläre Kommunikation enthalten könnte, die dann dadurch weitergegeben würde, daß komplementäre kohlenhydratbindende Proteine existierten (2–4). Lektine, ursprünglich als rein pflanzliche Inhaltsstoffe bekannt und deshalb auch Phytohämagglutinine genannt, gehören zu einer solchen Gruppe von kohlenhydratbindenden Proteinen, ebenso wie manche Antikörper, Komplementkomponenten, Toxine oder Enzyme, wie Glykosidasen und Glykosyltransferasen. Lektine sind jedoch Proteine ohne enzymatische Aktivität, die nicht im Immunsystem erzeugt werden. Sie haben die Fähigkeit, Zellen zu agglutinieren oder komplexierte Kohlenhydrate zu präzipitieren. Seit der Entdeckung des Rizins aus den Rizinussamen vor fast 100 Jahren ist eine große Zahl von pflanzlichen Lektinen charakterisiert worden; allerdings hatte man keine Vorstellung über ihre physiologische Rolle. Außer dem längst bekannten Vorkommen von endogenen Lektinen in Pflanzen hat man in letzter Zeit eine ständig wachsende Anzahl von Lektinen in verschiedenen Organismen und Zelltypen entdeckt, neuerdings auch in Vertebraten (3,5). Möglicherweise sind sie in einer Vielzahl von physiologisch wichtigen Erkennungsreaktionen involviert (5–7). Rezeptoren für Galaktose, Mannose, Fukose und Mannose-6-Phosphat, die in Säugetierleber vorkommen, sind beteiligt an der endozytotischen Aufnahme von Proteinen in die Zelle und an der intrazellulären Verteilung lysosomaler Enzyme (8). Es wird vermutet, daß Kohlenhydrate der Glykokonjugate an den Zelloberflächen eine wichtige Rolle spielen bei interzellulären Erkennungsprozessen (9,10). Dazu wären sie

im Prinzip befähigt, da einige wenige Zucker durch strukturelle Verschiedenheit eine vergleichsweise große Menge an biologischer Information enthalten könnte. Die Oligosaccharide können nicht nur in der Zuckerzusammensetzung variieren, sondern auch in der Verknüpfung zwischen den Zuckern, in der anomeren Konfiguration usw.
Es ist bekannt, daß das Glykoproteinmuster auf Zellen sich bei der malignen Transformation ändert (11,12). Bis zu Beginn unserer Arbeiten war jedoch wenig bekannt darüber, ob auf höheren Zellen überhaupt Lektine existieren und schon gar nicht, ob ihre Zusammensetzung sich bei der malignen Transformation ändert. Es gab wenige indirekte Hinweise darauf, daß endogene Lektine in malignen Zellen vorkommen (13).

Endogene Lektine in Tumorzellen

Aufgrund der eingangs geschilderten Überlegungen haben wir zunächst ein Verfahren zur Isolierung von Lektinen aus beliebigen Geweben oder Zellen ausgearbeitet, das routinemäßig angewendet werden kann. Zu diesem Zwecke wurde eine Batterie von Affinitätssäulen mit zwölf verschiedenen Zuckern hergestellt, die kovalent an Sepharose gebunden sind, z. B. Laktose, Fukose, Melibiose usw. Über diese Säulen werden dann die Proben gegeben, wobei die für den jeweiligen Zucker spezifischen Lektine auf der Säule hängen bleiben. Mit den entsprechenden Zuckern wird dann das betreffende Lektin isoliert und elektrophoretisch charakterisiert. Die Lektine werden auf diese Weise durch wiederholte Affinitätschromatographie aufgereinigt (14).
Mit Hilfe dieser Methodik konnten wir zeigen, daß in verschiedenen Tumoren der Maus sehr verschiedene Lektinmuster auftreten (15). Auch menschliche Tumoren, z. B. ein Tumor des menschlichen Epithels, zeigen ein typisches, von Normalgewebe abweichendes Lektinmuster (16). Wenn Tumorzellklone nach viraler Transformation eines Zelltyps selektiert werden, was zu Klonen mit unterschiedlichem Phänotyp, Wachstumseigenschaften und metastatischem Potential führt, so läuft diesen Verschiedenheiten auch eine Variation des Lektinmusters parallel (17). Gerade in bezug auf metastatische Varianten zeigt sich die mögliche Relevanz, die diese Untersuchungen für das Verständnis der Metastasierung haben können. In Zusammenarbeit mit der Abteilung Hämatologie/Onkologie der Universität Göttingen (*Prof. G. A. Nagel*) wird dieser Aspekt im Moment vertiefend untersucht. Um die mögliche klinische Bedeutung der endogenen Tumorlektine zu diesem frühen Stand der Untersuchungen zu untermauern, wurden Lektinmuster innerhalb einer Tumorklasse, der menschlichen Hodentumoren, erhoben. Verschiedene menschliche Embryonalkarzinome zeigen ein gemeinsames typisches Grundmuster an Lektinen, das auf gemeinsames Ursprungsgewebe hinweist, unterscheiden sich jedoch quantitativ und zu ande-

ren Hodentumortypen wie Seminom (18,19). Ähnliche Studien an Rattenmammatumoren führen zu ähnlichem Schluß und erlauben sogar die Aussage, daß Lektinmuster Hinweise auf den Differenzierungsgrad geben (*Gabius* et al., in Vorbereitung).
Diese deskriptiven Studien wurden in letzter Zeit durch erste funktionelle Arbeiten bereichert. Funktionelle Studien für Lektine wurden in Zusammenarbeit mit *Dr. Barondes,* San Diego, an einem Modellorganismus initiiert. Diese belegen, daß das Lektin des Schleimpilzes Dictyostelium discoideum an der geordneten Zellwanderung beteiligt ist (20). Hiermit wurden gleichzeitig Methoden optimiert, die für funktionelle Studien mit Tumorlektinen bedeutsam sein werden. Vermittlung der Zelladhäsion von Fibroblasten wurden für ein β-Galaktosid-spezifisches Lektin gezeigt, so daß eine Erweiterung der Studien erfolgversprechend ist (21).

Zellaggregation und Metastasierung

Aufgrund unserer bisherigen Untersuchungen war anzunehmen, daß die homotypische und heterotypische Zellaggregation von Tumorzellen über eine Kohlenhydrat-Lektin-Wechselwirkung verlaufen kann. Zum Verständnis der Aggregation von Tumorzellen mit sich selbst und mit verschiedenen Zelltypen, z. B. während des Transportes in der Blutbahn oder dem lymphatischen System, insbesondere aber zum Verständnis der Metastasierung von Tumorzellen in spezifischen Geweben, haben wir deshalb die entsprechenden Rezeptoren der Tumorzellen untersucht und charakterisiert mit dem Ziel, lektinartige Rezeptoren eventuell blockieren zu können und damit die Metastasierung zu erschweren. In Vorversuchen zeigt sich, daß die heterotypische Aggregation von verschiedenen Tumorzellinien mit Kaninchenerythrozyten durch die entsprechenden Zucker bzw. Neoglykoproteine gehemmt wird. Erythrozyten eignen sich hier als Modell, weil sie zwar über eine Vielfalt von Glykokonjugaten verfügen, jedoch nicht über eigene Lektine, die die Interpretation der Meßdaten erschweren würden. Damit ist gezeigt, daß die Lektine an der Oberfläche der Tumorzelle an der Zelladhäsion beteiligt sind. Wir möchten diese Kohlenhydratrezeptoren daher Zelladhäsionslektine nennen (cell adhesion lectins = CAL's).

Lektingerichtete Chemotherapie und Histochemie

Bei genauer Kenntnis der Lektine auf Tumorzellen sollte es möglich sein, diese als Targets für die zielgerichtete Chemotherapie zu verwenden. Nach unseren bisherigen Kenntnissen sind die Lektinmuster der einzelnen Tumorzellen so spezifisch, daß dies aussichtsreich erscheint. Bei Makrophagen und möglicherweise auch bei zytotoxischen Lymphozyten und Killerzellen, wo jedoch die Datenbasis sehr begrenzt ist, ist gezeigt bzw. wahrscheinlich gemacht worden, daß die Endozytose oder Erkennungsprozesse über Lektine oder analoge Rezeptoren erfolgen können, die jedoch noch weitgehend uncharakterisiert sind. Auf diese Weise könnte man die entsprechenden Lektine unmittelbar dazu benützen, entsprechende Zytostatika in die Tumorzellen einzuschleusen bzw. Biomodulatoren den Effektorzellen zuzuführen. Entsprechende Vorversuche sind mit ermutigendem Resultat durchgeführt worden. Neben Drug-targeting ist natürlich ein Tumorimaging ebenfalls denkbar. Es ist bereits gelungen, Embryonalkarzinom(EC)-Zellen über ihr mannanspezifisches Lektin mit Hilfe von eigens synthetisierten histochemischen Markern spezifisch anzufärben (5). Zur Zeit wird eine spezifische Histochemie von Tumorzellen aufgebaut, die auf den tumoreigenen Lektinen beruht. Ein weiterer Ansatz würde von der Charakterisierung der Lektine zu Antikörpern als Hilfsmittel der Histochemie führen. Wenn sich die funktionelle Bedeutung der Lektine durch unsere Arbeiten erhärten läßt, wären sie nicht nur potentielle Tumormarker, sondern funktionelle Tumormarker, deren Fehlen oder Expressionsreduktion (Shedding, Antigenmodulation) die Leistungsfähigkeit der Tumorzellen reduzieren würde.

Unsere Arbeiten wurden in Zusammenarbeit mit den im folgenden genannten Wissenschaftlern durchgeführt, denen wir danken.

Prof. Nagel und *Dr. Vehmeyer,* Abteilung Hämatologie/Onkologie der Medizinischen Klinik der Universität Göttingen.

Prof. Schmoll, Abt. Hämatologie/Onkologie der Medizinischen Hochschule Hannover.

Dr. Deerberg und *Dr. Rehm,* Zentralinstitut für Versuchstierzucht, National Cancer Institute, USA.

Dr. Barondes und *Dr. Springer,* University of California, San Diego, Dept. of Psychiatry and Veteran's Administration Hospital, San Diego, USA.

Literatur

1 Sharon N, Lis H (1981) Glycoproteins: research booming on long-ignored ubiquitous compounds. Chem Engl News 59: 21–44

2 Berger EG, Buddecke E, Kamerling JP, Kobata A, Paulson JC, Vliegenthart JFG (1982) Structure, biosynthesis and functions of glycoprotein glycans. Experientia 38: 1129–1162

3 Olden K, Parent JB, White SL (1982) Carbohydrate moieties of glycoproteins. A re-evaluation of their function. Biochim Biophys Acta 650: 209–232

4 Schachter H (1984) Glycoproteins: Their structure, biosynthesis and possible clinical implications. Clin Biochem 17: 3–14

5 Barondes SH (1981) Lectins: Their multiple endogenous cellular functions. Ann Rev Biochem 50: 207–231
6 Barondes SH (1984) Soluble lectins: A new class of extracellular proteins. Science 223: 1259–1264
7 Sharon N (1984) Carbohydrates as recognition determinants in phagocytosis and lectin-mediated killing of target cells. Biol Cell 51: 239–246
8 Ashwell G, Harford J (1982) Carbohydrate-specific receptors of the liver. Ann Rev Biochem 51: 531–554
9 Hynes RO, Fox CF (1980) Tumor cell surfaces and malignancy. Progr clin Biol Res 41:1–944
10 Harrison FL, Chesterton CJ (1980) Factors mediating cell-cell recognition and adhesion. FEBS Lett 122: 157–165
11 Smets LA, Van Beek WP (1984) Carbohydrates of the tumor cell surface. Biochim Biophys Acta 738: 237–249
12 Hakomori S-I (1985) Aberrant glycosylation in cancer cell membranes as focused on glycolipids: Overview and perspectives. Cancer Res 45: 2405–2414
13 Monsigny M, Kieda C, Roche AC (1983) Membrane glycoproteins, glycolipids and membrane lectins as recognition signals in normal and malignant cells. Biol Cell 47: 95–110
14 Gabius H-J, Engelhardt R, Cramer F (1984) Endogenous lectins of bovine pancreas. Hoppe-Seyler's Z physiol Chem 365: 633–638
15 Gabius H-J, Engelhardt R, Rehm S, Cramer F (1984) Biochemical characterization of endogenous carbohydrate-binding proteins from spantaneous murine rhabdomyosarcoma, mammary adenocarcinoma and ovarian teratoma. J natn Cancer Inst 73: 1349–1357
16 Gabius H-J, Engelhardt R, Cramer F, Bätge R, Nagel GA (1985) Pattern of endogenous lectins in a human epithelial tumor. Cancer Res 45: 253–257
17 Gabius H-J, Vehmeyer K, Engelhardt R, Nagel GA, Cramer F (1985) Carbohydrate-binding proteins of tumor lines with different growth properties. I. Differences in their pattern for three clones of rat fibroblasts transformed with a myeloproliferative sarcoma virus. Cell Tiss Res 241: 9–15
18 Gabius H-J, Engelhardt R, Casper J, Reile D, Schumacher S, Schmoll H-J, Graupner G, Cramer F (1985) Cell surface lectins of transplantable human teratocarcinoma cells: Purification of a new mannan-specific endogenous lectin. Tumour Biol 6: 145–156
19 Gabius H-J, Engelhardt R, Casper J, Schmoll H-J, Nagel GA, Cramer F (1985) Comparison of endogenous lectins in human embryonic carcinoma and yolk sac carcinoma. Tumour Biol 6: 471–482
20 Gabius H-J, Springer WR, Barondes SH (1985) Receptor for the cell binding site of discoidin I. Cell 42: 449–456
21 Gabius H-J, Engelhardt R, Graupner G, Cramer F (1986) Lectin in carcinoma cells: Level reduction as possible regulatory event in tumor growth and colonization. In: Bog-Hansen TC, Van Driessche E (eds) Lectins-Biology, Biochemistry, Clinical Biochemistry, vol 5. W. De Gruyter, Berlin, pp 237–242

Für die Verfasser: *Dr. F. Cramer,* Max-Planck-Institut für experimentelle Medizin, Abteilung Chemie, Hermann-Rein-Straße 3, D-3400 Göttingen

On the Relationship Between Membrane Interaction, Uptake and Cytotoxicity for Adriamycin

Th. R. Tritton, P. E. Lane and Th. G. Burke[a]
Department of Pharmacology and Vermont Regional Cancer Center, Burlington, University of Vermont
[a]Biomolecular Engineering Branch, Naval Research Laboratory, Washington, DC

Introduction

Several proposals have been offered to explain the cytotoxic and anticancer activity of adriamycin and other members of the anthracycline family. These include: a) intercalation of the drug into the DNA double helix and subsequent interference with DNA function; b) generation of reactive oxygen through one-electron reduction; c) generation of alkylating species through two-electron reduction; d) stabilization of topoisomerase II/DNA cleavage complexes and e) damage to the plasma membrane. The experimental evidence for each of these proposals is discussed, respectively, in references (1–5).

Our laboratories have been particularly interested in the plasma membrane as the target for adriamycin action. We have approached this problem using direct and indirect experimental strategies. The direct, and conceptually the most straight-forward approach, is to show that adriamycin can be actively cytotoxic under conditions where it interacts only with the cell surface, and not with DNA or any other intracellular site. This has been accomplished by two independent research groups by attaching the drug to large polymers and thus effectively separating surface from internal actions (6–10). In addition, we and others have also used more indirect lines of reasoning to provide evidence for the notion that the plasma membrane might be involved in adriamycin action. Two types of criteria can be put forth to test the hypothesis that membrane targets are intimately related to the pharmacologic activity of this drug. First, adriamycin would have to interact with the components of membranes and second, the drug should have demonstrable activity towards the biological functions mediated by cell membranes. It is readily demonstrated that adriamycin does interact effectively with phospholipids and that acidic phospholipids, particularly cardiolipin, may even provide specificity for the binding of adriamycin when these lipids are present in a membrane bilayer (11,12). Adriamycin also meets the second criterion of the membrane target hypothesis; namely it is capable of affecting numerous biological activities carried out by membranes. In fact, the anthracyclines are extraordinarily membrane active, affecting a wide range of membrane functions including transport, hormone expression, fusion, fluidity and morphology (reviewed in 5).

Although the list of membrane activities do not prove that the membrane is the critical target for drug action, the extensive membrane activity observed does serve to sustain interest in this possibility. In considering the list, it also becomes evident that each of the proposals put forth to explain the mechanism of adriamycin action except the surface membrane one (see first paragraph) requires that the drug gain access to the interior of the target cell in order to provoke its biologic action. Thus, for any proposal requiring entry of the drug into the cell, there should be a direct relationship between cellular uptake and biologic action, i.e. cytotoxicity. In this paper we will discuss two different kinds of evidence suggesting that this is not the case and then summarize data showing an important relationship between membrane affinity and cytotoxicity.

Anthracycline uptake in resistant cells

Resistance to anthracyclines has been observed and/or selected in many cell lines (reviewed in 13,14). Most workers have ascribed this resistance to reduced uptake of the drug or the counterpart, increased efflux. In either case the net result is a lower steady-state accumulation of active drug inside the cells. This explanation presupposes that the objective of drug treatment is to get drug inside the cells, and that the amount successfully obtained inside will be proportional to cytotoxicity. We have investigated this hypothesis by selecting a series of sarcoma 180 sublines of progressively decreasing sensitivity to anthracyclines (15). Uptake experiments are done with the congener daunomycin, because this member of the anthracycline family is more readily available in radiolabeled form. The cell lines are completely cross-resistant to daunomycin and adriamycin. Table I shows that although the resistant lines do in fact have a lower steady-state drug accumulation, each resistant cell line, no matter what level of resistance it exhibits, takes up proportionally the same amount less than wild type sensitive cells. Efflux experiments (not shown) yield the same result i.e. the resistant cell lines have a higher efflux amount than sensitive cells, but the efflux amount is the same in each resistant subline. Thus the amount of drug inside the cells, whether it is governed by uptake or efflux, is not correlated with the degree of sensitivity.

The above experiments used the same concentration of drug to study uptake in the various S180 sublines. We have also examined the uptake of daunomycin at concentrations of equal potency for each cell line. Table II shows that at equivalent concentrations (approximately the ED_{50} for each case) different cellular levels were obtained in each cell line. Furthermore, the amount taken up was directly proportional to the concentration of drug in the medium, regardless of the degree of resistance. Thus there is no one internal level of drug which corresponds to a 50 % inhibition of growth in sensitive and resistant cells. Stated differently, uptake is not the critical parameter which governs cytotoxicity for daunomycin.

Temperature dependence of drug uptake and cytotoxicity

No matter what mechanism cells use to accumulate small molecules in the interior, the uptake process should be temperature dependent, with less drug accumulating at lower temperatures than at higher ones. We decided to take advantage of this phenomenon by asking whether the temperature dependence of drug uptake was coupled to the temperature dependence of cytotoxicity in

Table I. Steady-state level of ^{3}H-daunomycin in sensitive and resistant sarcoma 180 cell lines.

Cell line	Relative resistance	% of control drug level
S180	1	100
S180A1	7	70
S180A3	11	63
S180A5	40	69
S180A10	122	72

0.1μM labeled daunomycin was added to 10^6 cells/ml at time zero and the uptake followed for 40 minutes. The steady-state level is reached in about 10 minutes and remains constant thereafter.

Table II. Steady-state level of ^{3}H-daunomycin in S180 cell lines at equipotent concentrations.

Cell line	Drug concentration in medium, μM	Steady-state level, pmole/10^5 cells
S180	0.1	4.3
S180A1	0.5	14.7
S180A3	1.0	29.8
S180A5	5.0	142.0

The cells were incubated for 2 hr at the indicated extracellular drug concentration and the steady-state level determined as described (15). The error in the determination of the steady-state values is <5 %.

L1210 cells. The rationale is that if intracellular accumulation is necessary and sufficient for the drug to induce cell death, then the cytotoxicity vs. temperature profile should parallel the uptake vs. temperature profile. Table III shows data at three different temperatures and the results suggest that uptake and cytotoxicity are not functionally linked. At 37° the ED_{50} for adriamycin is about 10^{-7}M; this condition is also accompanied by substantial uptake of the drug. At 0° the amount of drug taken up under otherwise identical conditions is only about half of that observed at 37°, but at the lower temperature adriamycin is completely ineffective as a cytotoxic agent. In fact, we have found that adriamycin is not cytotoxic to L1210 cells at any temperature below about 20°. For example, at 15° (table III) 10^{-7}M adriamycin exhibits measurable accumulation inside the cells but is essentially inactive. More importantly, higher concentrations of adriamycin do result in increased uptake, but no concentration tested causes significant cytotoxicity even though very high intracellular concentrations of drug can be achieved. Compare, for example, the results using 1 x 10^{-7}M drug at 37° with the results at 15° using 30 x 10^{-7}M drug. In the former case 50 % cytotoxicity is achieved, yet in the latter case no cytotoxicity is obtained, even though about five times as much drug accumulates inside the cells.

Table III. Uptake and cytotoxicity as a function of temperature in L1210 cells exposed to adriamycin.

Temperature	Exposure concentration, μM	Relative uptake	% survival
37	0	0	100
37	0.1	49	51
37	1.0	—	0
15	0.1	30	103
15	1.0	110	103
15	3.0	248	90
0	0.1	24	89
0	1.0	—	94
0	3.0	—	108

Uptake in these experiments was measured by extracting the exposed cells and determining the intracellular concentration by fluorescence emission. We have shown that this procedure yields identical results to the radioisotope procedure used in tables I and II (16). Survival was measured by exposing the cells to the indicated concentration of drug and temperature for two hours, followed by cloning in soft agar. Surviving colonies are scored ten days later to determine the cytotoxicity index (% survival) compared to control (no drug) cells.

Membrane affinity and cytotoxicity of anthracyclines

The preceding sections show clearly that there is no identifiable relationship between intracellular uptake of an anthracycline and the quantitative amount of cell kill that occurs. It is equally clear, however, that since these drugs do kill cells, something must govern cytotoxicity, even if that something is not drug uptake. Since we have provided evidence (see Introduction) that the surface membrane represents a realistic alternative target for adriamycin action, it seems reasonable that the details of the nature of the interaction of the drug with membranes might provide a clue as to the factors involved in cytotoxicity. To this end, we have investigated the equilibrium binding affinity for a series of anthracyclines with neutral phospholipid bilayers and have compared the results with cytotoxicity and cellular uptake. Table IV summarizes the results for a selected set of anthracycline congeners. Although we have investigated a much

Table IV. Rank order (highest to lowest) of membrane affinity for neutral bilayers, cytotoxicity and uptake for selected anthracyclines.

Measurement	Drug rank
Membrane affinity towards dimyristoyl phosphatidyl choline	CAR > DNR > ADR CNA > ADR > NND
Cytotoxicity towards HL-60 cells	CAR > DNR > ADR CNA > ADR > NND
Uptake into HL-60 cells	CAR > DNR > ADR NND > ADR > CNA

In each set, the drugs are listed in order of decreasing affinity, cytotoxicity or uptake. The first row includes drugs which have single changes in the aglycone ring (CAR, DNR, ADR); the second row for each case includes congeners with modified amino sugars (CNA, ADR, NND). The affinity for neutral bilayers was determined by equilibrium binding techniques using fluorescence polarization (17). The membrane bilayers in these experiments are dimyristoyl phosphatidyl choline liposomes at 27°, i.e. a temperature at which the membranes are in the fluid phase. Cytotoxicity against HL-60 cells was measured by cloning in soft agar and uptake in HL-60 by determining the time dependent accumulation of fluorescent drug inside the cells (16).

Abbreviations: CAR carminomycin
DNR daunomycin
ADR adriamycin
CNA cyanomorpholinoadriamycin
NND N,N-dimethyladriamycin

larger number of derivatives, for purposes of clarity the ones shown here were chosen to illustrate the overall trends.

The first set of compounds shown vary in structure by single substitutions in the aglycone ring (carminomycin, daunomycin and adriamycin). The data shows that cytotoxicity towards HL-60 cells is directly correlated with the equilibrium binding affinity for neutral phosphatidyl choline bilayers (17). This correlation does not, however, lead to a unique conclusion because one cannot infer from the data whether high cytotoxicity is due to intrinsic membrane binding or to high intracellular accumulation, since the more toxic compounds also show the highest degree of uptake in this series.

The second set of drug congeners shown in table IV vary in structure by modifications in the amino sugar. As in the previous set, cytotoxicity directly mirrors membrane affinity i.e. high cytotoxic potency is linked to high membrane affinity for neutral bilayers. In this series, however, the most cytotoxic compound (cyanomorpholinoadriamycin) is transported the least into HL-60 cells. Once again, then, there appears to be no direct relationship between cytotoxicity and uptake. The importance of this observation becomes even more apparent when one considers that the cyanomorpholinoadriamycin analog is »intensely potent« (18), possessing two or three orders of magnitude more cytotoxic potential than adriamycin itself. Thus it appears that optimal anthracycline structures have both high affinity for neutral membranes and a reduced ability to be taken inside cells. Either of these attributes alone may confer intermediate activity to an anthracycline congener, but the most active drugs will possess both properties in common.

Conclusion

A large variety of explanations have been put forth to explain the pharmacologic mechanism of action of the anthracyclines. One of the problems in this field is that many of the biologic activities seen for these drugs occur simultaneously. Thus it becomes difficult to separate the critical lesion(s) that lead to cell death from the side reactions that occur when cells are exposed to drug, but which contribute little or nothing to the cytotoxic action. One approach to this poblem is to attempt to rule out certain mechanisms, rather than to accumulate evidence in support of a mechanism. In a sense this negative approach is very powerful since a single experiment can in principle definitively exclude a proposed mechanism, but a single experiment cannot generally prove a mechanism since it may always be possible to find an exception. Our hypothesis in the experiments described in this paper is that most of the suggested mechanisms for anthracycline action require drug entry to the interior of exposed cells. Thus, for these mechanisms to be operative, it is necessary that there exist a direct correspondence between uptake and pharmacologic action, i.e. cytotoxicity. We have described evidence here that, by several criteria, show that this expected relationship between drug accumulation and cytotoxicity does not generally hold true. Consequently these findings provide fertile argument against the notion that intracellular mechanisms are the primary contributor to anthracycline action. Extending the reasoning, one realizes that the only cellular target that is not intracellular is the cell surface, and thus this target must be considered as a prime candidate for the locus of action of the anthracycline class of antineoplastic agents.

Acknowledgements: We thank the NIH (CA-28852) and the American Cancer Society (CH-212) for supporting this work. TRT is the recipient of a Research Career Development Award (CA-01088).

References

1 Neidle S (1979) Prog Med Chem 16: 151
2 Bachur NR, Gordon SL, Gee MV, Kon H (1979) Proc natn Acad Sci 76: 954
3 Moore WH (1977) Science 197: 527
4 Tewey KM, Rowe TC, Yang L, Halligan BD, Liu LF (1984) Science 226: 466
5 Tritton TR, Hickman JA (1985) In: Muggia FM (ed) Experimental and Clinical Progress in Cancer Chemotherapy. Martinus Nijoff, Boston, p 81
6 Tritton TR, Yee G (1982) Science 217: 248
7 Wingard L, Tritton TR (1984) In: Chaiken ZM (ed) Affinity Chromatography and Biological Recognition. Academic Press, NY, p 583
8 Wingard L, Eggler KA, Tritton TR (1985) Cancer Res 45: 3529
9 Tokes ZA, Rogers KA, Rembaum A (1982) Proc natn Acad Sci 79: 2026
10 Rogers KE, Carr BJ, Tokes ZA (1983) Cancer Res 43: 2741
11 Tritton TR, Murphree SA, Sartorelli AC (1978) Biochem Biophys Res Commun 84: 802
12 Duarte-Karim M, Ruysschaert JM, Hildebrand J (1976) Biochem Biophys Res Commun 71: 658
13 Skovsgaard T, Nissen NJ (1982) Pharm Ther 18: 293
14 Siegfried JM, Burke TG, Tritton TR (1985) Biochem Pharmacol 34: 593
15 Siegfried JM, Tritton TR, Sartorelli AC (1983) Eur J Cancer clin Oncol 19: 1133
16 Burke TGH, Morin MJ, Sartorelli AC, Lane PE, Tritton TR (1985) Cancer Res, submitted
17 Burke TG, Tritton TR (1985) Biochemistry 24: 1768
18 Acton EM, Tong GL, Mosher CW, Wolgemuth RL (1984) J Med Chem 27: 638

Corresponding address: *Dr. Th. R. Tritton,* Dept. of Pharmacology, Given Building University of Vermont, Burlington, Vermont 05405, USA

Xanthogenate, eine Verbindungsklasse mit gezielter Wirkung auf transformierte Zellen

G. Sauer, E. Amtmann und G. Schalasta
Institut für Virusforschung, Deutsches Krebsforschungszentrum, Heidelberg

Summary

Certain antiviral xanthates display in combination with simultaneously applied bipolar compounds of a particular size and charge a pronounced antitumoral activity in vitro. Tricyclodecan-9-yl-xanthogenate (D 609), for example, exerts in combination with undecanoic acid toxic effects on transformed cells. When applied at the same concentration on normal cells from which the transformed cells originated such effects were either not apparent or, less severe. The level of survival of treated mouse embryo fibroblasts and of bovine papillomavirus transformed descendants thereof differed by a factor of 10^5–10^6 (as determined by the development of cell colonies). Approximately 40 % of mouse epidermal cells withstood the treatment with the combination D 609/undecanoic acid while the level of survival of cultered mouse carcinoma cells was as low as 3×10^{-6}. As a rule, the cytotoxic effect of this combination were inversely proportional to the cell density. The level of survival of human T-cell lymphoma cells was 8 to 10-fold lower than that of mitogen-stimulated human peripheral lymphocytes following a treatment for 2 days (as determined by ^{3}H-thymidine incorporation). The mechanism of action of the xanthates is still obscure, although it is known that they bind preferentially to the cell surface.

Die Entwicklung der wirksamen Xanthogenatverbindungen

Xanthogenate zeigen strukturelle Ähnlichkeiten mit Amidinen, von denen eine gewisse antivirale Wirkung bekannt ist (1). Basierend auf der Überlegung, daß isosterische Verbindungen wie die Xanthogenate möglicherweise auch antivirale Wirkung entfalten könnten, wurden die verschiedensten Xanthogenatverbindungen auf ihre Wirkung gegen Herpesviren in vitro untersucht. Es stellte sich im Rahmen einer Kooperation mit der Firma Merz & Co., Frankfurt, heraus, daß eine Reihe von Xanthogenaten bei geringer zytotoxischer Wirkung ein

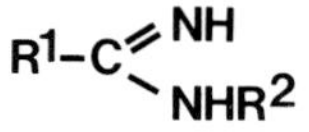

Amidinstruktur

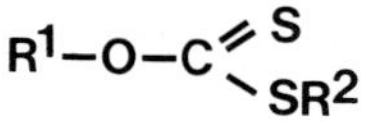

Xanthogenatstruktur

breites antivirales Wirkungsspektrum gegen DNA- und RNA-Viren verschiedenster taxonomischer Zugehörigkeit aufweisen (2). Im allgemeinen wurde eine Hemmung der Virusvermehrung (Herpes, Vesicular-stomatitis-Virus) um etwa drei Zehnerpotenzen bei Konzentrationen erzielt, die eine zytotoxische Wirkung auf uninfizierte Kontrollzellkulturen nicht erkennen ließen (2). Eine Grundvoraussetzung für die antivirale Wirkung war jedoch die Anwendung dieser Substanzen in saurem Milieu. Im neutralen bis alkalischen pH-Bereich, also unter physiologischen Bedingungen, verloren die Xanthogenate sehr rasch ihre antivirale Wirksamkeit; womit eine therapeutische Anwendung auf topische Behandlungen bei Verwendung sauer gepufferter Salbengrundlagen limitiert bleiben mußte. Eine Heilung ausgebreiteter Herpesläsionen in der Haut von Meerschweinchen und Mäusen konnte auf diese Weise gezeigt werden (3).
Bei einer Anwendung der antiviral wirksamen Xanthogenatverbindungen unter saurem pH (pH 6,8) auf transformierte Zellen in vitro wurde ein unmittelbarer Effekt auf den transformierten Phänotyp bereits innerhalb eines Tages beobachtet. Rinderpapillomavirus(BPV-1)-transformierte Hamsterembryofibroblasten (HEF) änderten bereits nach einer eintägigen Behandlung ihr Wachstumsverhalten und ihre Morphologie, indem sie die Wachstumseigenschaften untransformierter Hamsterembryofibroblasten annahmen und den »normalen« epithelialen Phänotyp wieder erlangten. Untransformierte Hamsterembryofibroblasten zeigten, wenn sie mit der gleichen Konzentration des Xanthogenats behandelt wurden, wenig Änderungen bezüglich ihrer Morphologie und ihre Wachstumscharakteristika. Darüber hinaus verloren die transformierten Zellen die Fähigkeit, bei geringen Serumkonzentrationen Kolonien zu bilden. Die molekularbiologische Analyse dieses Effektes ergab eine unmittelbare Hemmung der Transkription der BPV-1-Genome und auch eine Inhibierung ihrer Replikation. Gleichzeitig konnte nachgewiesen werden, daß die Transkription zellulärer Gene, wie zum Beispiel c-myc, nicht inhibiert wurde (unveröffentlicht). Dadurch war es möglich, nach Passagen von transformierten Zellen unter geringen Xanthogenatkonzentrationen über einige Wochen hinweg, aus diesen Zellen »geheilte« Zellklone zu isolieren, die stabil einen normalen Phänotyp in Abwesenheit der Xanthogenate beibehielten. Solche Zellen hatten unter dem Einfluß der Behandlung die episomal vorhandenen Papillomavirusgenome verloren (4).

Auch andere transformierte Zellen, die in vitro mit antiviral wirksamen Xanthogenaten inkubiert wurden, wiesen prinzipiell das gleiche Verhaltensmuster auf: sie änderten innerhalb kürzester Zeit ihre Morphologie, nahmen einen normalen Phänotyp wieder an und verloren die Eigenschaft, unter geringen Serumkonzentrationen Kolonien zu bilden, darüberhinaus auch in bestimmten Fällen die Fähigkeit, in Softagar zu wachsen. Interessanterweise galt dies auch für SV40-transformierte Mauszellen, bei denen das virale Genom in integriertem Zustand vorliegt. Trotz der Xanthogenatbehandlung behielten die Zellen das SV40-spezifische Tumorantigen bei, die Transkription dieses viruskodierten Proteins wurde zwar nicht inhibiert, aber dennoch verloren die Zellen während der Behandlungszeit den transformierten Phänotyp, wahrscheinlich weil die Behandlung auch einen Effekt auf die Expression der biologischen Eigenschaften des viral kodierten Tumorantigens hat. Selbst wenn eine zweiwöchige Behandlung mit dem Xanthogenat abgesetzt wurde, nahmen die Zellen sehr bald (etwa nach zwei Passagen) wieder den transformierten Zustand an. Das gleiche wurde bei Hela-Zellen und bei menschlichen malignen Melanomazellinien (HTB72) beobachtet. Auch hier war die Reversion zum normalen Phänotyp nur transient während der Behandlung und auch nur unter sauren pH-Bedingungen zu beobachten.
Demnach sind die Rinderpapillomavirus-transformierten Zellen als ein Sonderfall anzusehen, bei dem es zu einer dauerhaften Reversion kommen kann, weil die für den transformierten Zustand verantwortlichen viralen Genome in episomalem Zustand vorliegen und deshalb selektiv durch die Xanthogenate eliminiert werden können.
Da sowohl die antivirale wie auch die revertierende Eigenschaft der Xanthogenate unkonditioniert an ein saures Milieu gekoppelt waren, gingen wir von der Annahme aus, daß möglicherweise Veränderungen der Zellmembranladung für den Wirkmechanismus der Xanthogenate eine bedeutende Rolle spielen. Diese Annahme ließ sich auch durch die Verwendung radioaktiv markierter Xanthogenate untermauern, deren Bindungsort autoradiographisch an der Zellmembran lokalisiert wurde. Bei Kern-Plasma-Trennungen fand sich die Radioaktivität nahezu ausschließlich in der Zytoplasmafraktion, die Kernfraktion enthielt lediglich Background-Werte. Auch hatten wir gezeigt, daß die Xanthogenate nicht als Vorläufer bei der viralen Makromolekülsynthese dienen (2).
Wir haben deshalb versucht, die pH-Limitierung durch eine Beeinflussung des Ladungszustandes der Zellmembran zu umgehen. Dazu wurden die verschiedensten, bipolaren Substanzen gleichzeitig mit den Xanthogenaten in vitro appliziert, um zu prüfen, ob auch bei physiologischen pH-Werten (pH 7,2–7,4) eine antivirale Wirkung in vitro zu erzielen wäre. Unter diesen Substanzen erwiesen sich bestimmte Detergentien, wie Natriumdodekylsulfat oder auch Fettsäuren und deren Salze, als synergistisch wirksame Komponenten, die bei maßvoller

Konzentration von den Zellen noch gut toleriert wurden, aber das gewünschte Ziel ermöglichten: eine breite antivirale Wirkung gegen DNA- wie auch RNA-Viren in vitro bei physiologischen pH-Werten.
Die Anwendung solcher Kombinationen auf transformierte Zellen in vitro führte überraschenderweise nicht etwa zu einer transienten Reversion des transformierten Phänotyps, sondern in nahezu allen Fällen zu einer Schädigung oder zum selektiven Abtöten der transformierten Zellen bereits nach kurzer Einwirkungszeit. Diese Beobachtung wurde wegen ihrer möglichen Relevanz für die Krebsforschung im einzelnen weiter analysiert.

Die synergistische Wirkung von Fettsäuren und Xanthogenaten

Die notwendigen Substitutionen in den Positionen R1 und R2 bei den Xanthogenaten und die sich daraus ergebenden Struktur-Wirkungs-Beziehungen in bezug auf eine antivirale Wirkung (Herpesvirus) wurden jüngst veröffentlicht (2). Aus diesen Untersuchungen ergab sich, daß die Position R1 möglichst mit einer lipophilen Struktur, insbesondere mit zyklischen Resten, weniger jedoch mit aliphatischen Ketten besetzt sein sollte. Die Position R2 sollte ein Alkalimetall enthalten. Einige Beispiele sind in Abbildung 1 zusammengefaßt. So ist das Xanthogenat mit der Laborbezeichnung D600 (Natriumpropylxanthogenat) wirkungslos, dagegen übt das Kaliumzyklododekylxanthogenat D435 eine starke antivirale Wirkung aus. Bei den meisten Versuchen wurde das Kalium-8-(9)-trizyklodekanoylxanthogenat (D609) wegen seiner geringen zytotoxischen Wirkung, gepaart mit einer starken antiviralen Aktivität, verwendet.

D600	$C_4H_7NaOS_2$ MW 158,21	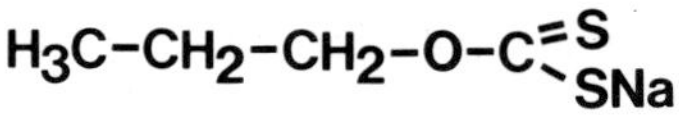
D435	$C_{13}H_{23}KOS_2$ MW 298,54	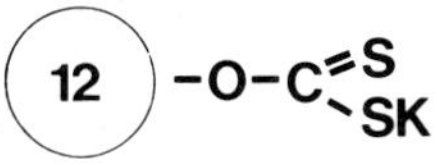
D609	$C_{11}H_{15}KOS_2$ MW 266,46	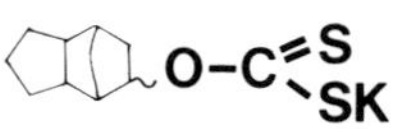

Abbildung 1. Xanthogenatverbindungen. D435 und D609 sind wirksame Verbindungen, D600 verfügt über keine antitransformierenden oder antiviralen Eigenschaften.

Zur Untersuchung der antitransformierenden Wirkung dieser Xanthogenatverbindungen dienten uns Mausembryofibroblasten (MEF) und BPV-1-transformierte MEF-Zellen. Dieses System bietet den Vorteil des unmittelbaren Vergleichs zwischen normaler und transformierter Zelle. Darüberhinaus ist das transformierende Agens, das BPV-1 sehr genau bekannt und eine Reihe von Grundlagenarbeiten liegt vor, in denen das Virus, wie auch seine transformierenden Effekte beschrieben sind (vgl. Übersichtsartikel von *Pfister* (5)). Wir beschreiben hier die Wirkung der Substanz D435 auf dieses Zellsystem in vitro (Abbildung 2). Für den Test wurden sowohl normale wie auch BPV-1-transformierte MEF-Zellen mit der gleichen Dichte in 24-Loch-Linbroplatten ausgesät und fünf Stunden nach der Aussaat mit einer in Vorversuchen als geeignet befundenen Konzentration des Xanthogenats D435 wie auch mit einer um das Vierfache höheren Konzentration der zu testenden Fettsäuren, die sich durch steigende Kettenlängen unterscheiden, unter präzise kontrollierten pH-Bedingun-

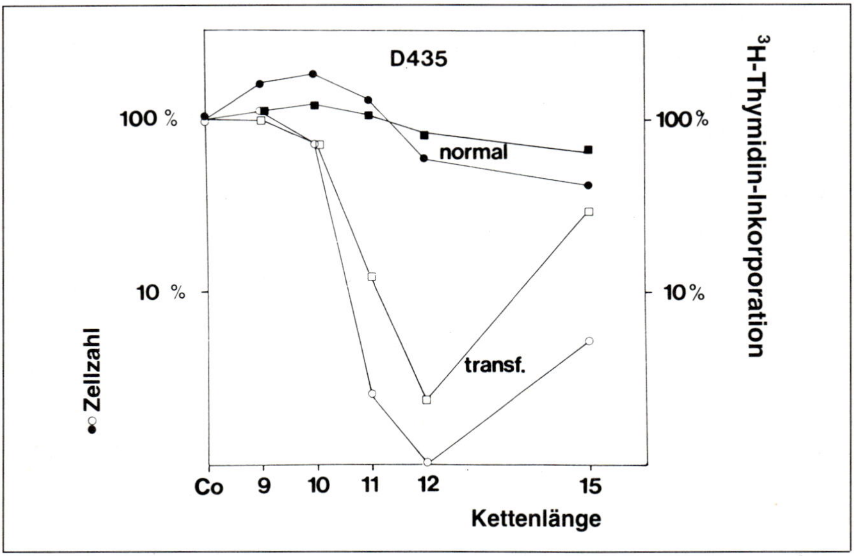

Abbildung 2. Ermittlung der wirksamen Kettenlänge von Monokarbonsäuren bei der synergistischen Wirkung mit D609 auf transformierte und normale Zellen.
In 24 Lochplatten wurden 2 x 10^5 Zellen/Loch ausgesät. Sechs Stunden später wurde frisches, inhibitorhaltiges Medium zugegeben (10 μg/ml D435 + 40 μg/ml Fettsäure). Nach 24 h wurde in einem inhibitorfreien Medium mit 1 μCi/ml ^{3}H-Thymidin für 23 h markiert. Die inkorporierte Radioaktivität wurde nach Lyse der Zellen mit 0,5 % SDS durch Fällung mit 5 % Trichloressigsäure im Liquid-Scintillationscounter bestimmt. Die Kurven geben die Mittelwerte aus je drei Parallelversuchen wieder. Die relative Zelldichte wurde nach Anfärbung mit Kristallviolett und Messung der eluierten Farbe (OD_{550}) bestimmt (2).

gen (pH 7,4, Bikarbonatpuffer, 24 h lang vorinkubiertes Medium, 5 % CO_2, 95 % Luft, 37°C) inkubiert. Nach einer eintägigen Einwirkung wurde dieses Medium gegen ein Medium ohne Xanthogenat und Fettsäure ausgetauscht und die Kulturen nach einer weiteren eintägigen Inkubation entweder für eine Zellzählung verwendet, oder aber sie dienten nach ^{3}H-Thymidin-Markierung dazu, ihre Fähigkeit, noch DNA zu synthetisieren, als zuverlässigen Meßparameter zu ermitteln. Das Ergebnis ist in der Abbildung dargestellt. Ein deutlicher Unterschied ist zwischen den normalen und den transformierten MEF-Zellen erzielbar, sofern die zu dem Xanthogenat D435 zugefügte Fettsäure eine bestimmte optimale Kettenlänge von 12 C-Atomen besitzt. Kürzere, wie auch langkettigere Fettsäuren zeigen eine deutlich geringere und ab einer Länge von 9 C-Atomen keine erkennbare Wirkung mehr auf das Wachstumsverhalten und die Fähigkeit, zelluläre DNA zu synthetisieren. Es kann aus der Abbildung entnommen werden, daß die mit D435 und Dodekansäure inkubierten durch BPV-1 transformierten MEF-Zellen abgetötet wurden. Bei der Kettenlänge von 12 C-Atomen war nur noch eine residuale Zellmenge mit einer geringen Rest-DNA-Synthese feststellbar. Versuche wurden gemacht, diese Zellen weiter ohne Inhibitor zu inkubieren, um eine Überlebensfähigkeit der residualen Zellen besser quantifizieren zu können. Sie erbrachten, daß selbst nach zweiwöchiger Inkubation überlebensfähige Zellen in Form von wiederaufgewachsenen Kolonien nicht mehr nachweisbar waren.
Ein sehr ähnlicher Effekt war auch bei der Kombination D609 (Kalium-8-(9)-trizyklodekylxanthogenat) sowohl mit der Undekansäure (11 C-Atome) wie auch mit Dodekansäure zu beobachten. Es ist darüber hinaus von Bedeutung, daß im Fall von D609 und Undekansäure ein nahezu kongruentes Profil bei der antiviralen Wirkung der Substanzkombination D609 – Undekansäure im Hinblick auf die Hemmung von Herpesvirus-Vermehrung in Gewebekultur erhalten wurde. Dieses Phänomen läßt den Schluß zu, daß bei der antiviralen Wirkung wie auch bei der spezifischen toxischen Wirkung auf transformierte Zellen entweder der gleiche oder aber ein sehr ähnlicher Wirkmechanismus zugrunde liegen muß.

Die Wirkung von D609 und Undekansäure auf verschiedene normale und daraus abgeleitete transformierte Gewebekulturzellen

Ein geeignetes Vergleichssystem bilden die von Primaten (Cercopitecus aethiops) abgeleiteten Affennierenzellen (CV-1) und die aus CV-1-Zellen hervorgegangenen durch das DNA-Tumorvirus SV40 transformierten COS-7-Zellen (6). Während die CV-1-Zellen mit normalem Phänotyp eine starke Serumabhängigkeit und auch eine gute Wachstumsregulation aufweisen (> 5 % Serum), sind die COS-7-Zellen in der Lage, auch bei geringen Serumkonzentrationen, die unter dem Bedürfnis der normalen Ausgangslinie liegen, noch Kolonien zu bilden (2 %).

Der Effekt einer eintägigen Behandlung der oben genannten Zellen mit 10 μg/ml D609 und 40 μg/ml Undekansäure ist in Abbildung 3 dargestellt. Mit D609 + C11 behandelte CV-1-Zellen lassen zwar eine gewisse Schädigung erkennen, doch ist diese gering im Vergleich zu den mit D609 und Undekansäure behandelten COS-7-Zellen (rechter Teil der Abbildung, unteres Bild). Die nicht antiviral wirkende Xanthogenatverbindung D600 (rechter Teil der Abbildung, mittleres Bild) bewirkt keinen sichtbaren zytotoxischen Effekt auf die COS-7-Zellen. Dies zeigt, wie eingangs bereits erwähnt, daß offenbar eine Kopplung zwischen dem antiviralen und dem auf transformierte Zellen toxisch wirkenden Effekt der Xanthogenatverbindungen besteht.

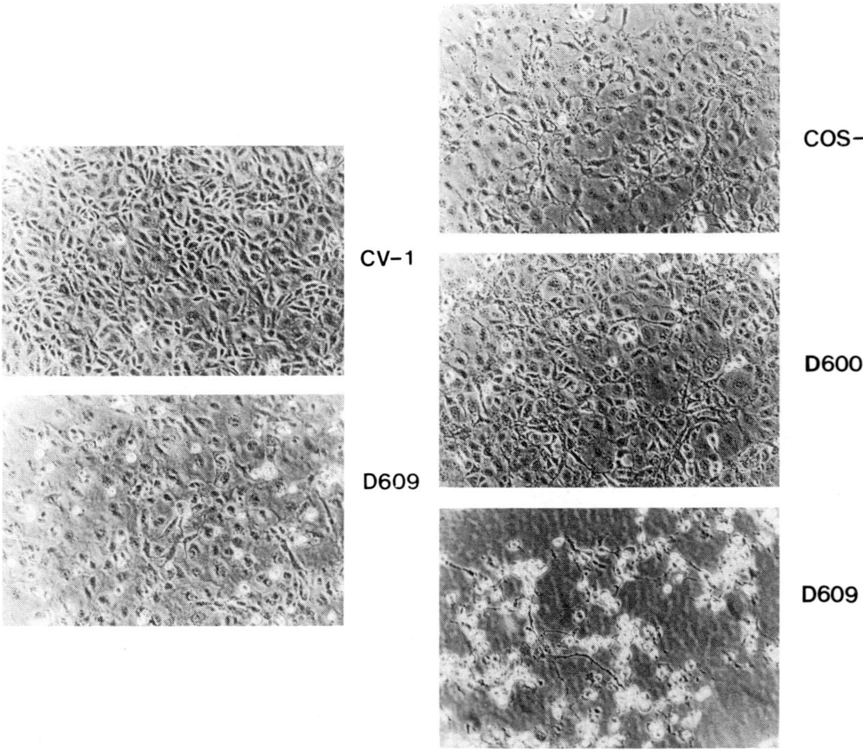

Abbildung 3. Behandelte und unbehandelte Primatenzellen. In 260 ml Falcon-Flaschen wurden 3 x 10^6 Affennierenzellen ausgesät. Sechs Stunden später wurde frisches, inhibitorhaltiges Medium zugegeben (10 μg/ml D609 bzw. D600 + 40 μg/ml Undekansäure). Nach 20 h Behandlung wurden die Zellen fotografiert. CV-1: normale Kontrolle; COS-7: SV40-transformierte CV-1-Zellen.

Eine quantitative Auswertung der Behandlung von normalen (CV-1) und transformierten (COS-7) Zellen ist in Abbildung 4 gezeigt. Dazu wurden die Zellen (vergl. Abbildung 3) nach eintägiger Behandlung, die durch den Pfeil auf der Abszisse symbolisiert wird, mit neuem, inhibitorfreiem Medium für einen Tag

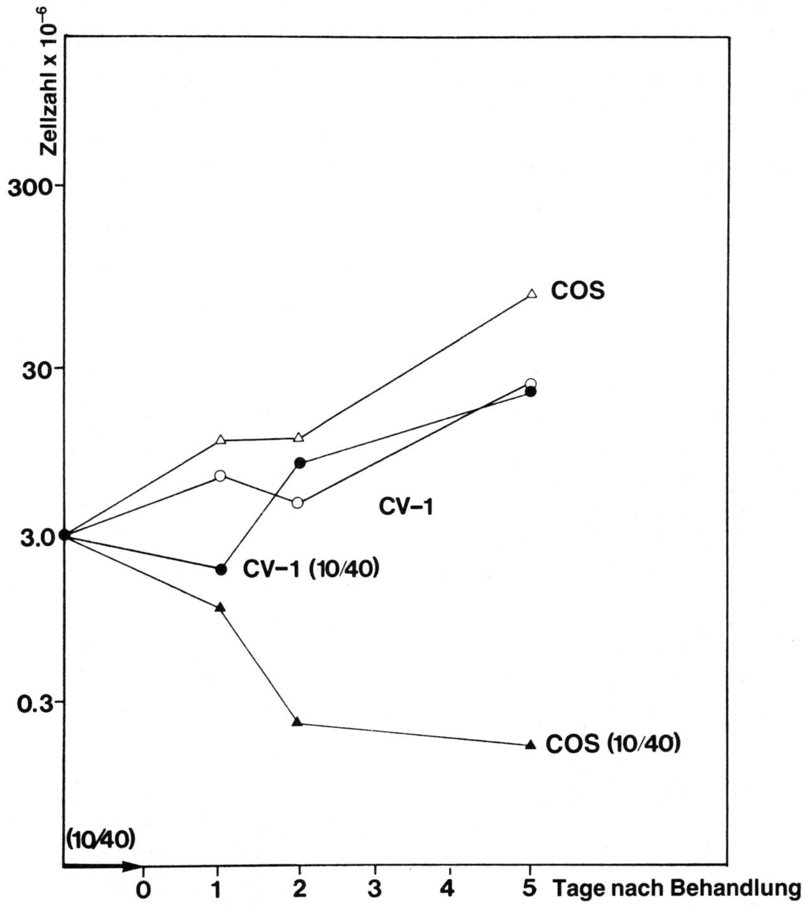

Abbildung 4. Wachstum behandelter normaler und transformierter Primatenzellen. In 260 ml Plastikflaschen wurden 3 x 10^6 Zellen ausgesät. Sechs Stunden später wurde frisches, inhibitorhaltiges Medium zugegeben (10 μg/ml D609 + 40 μg/ml Undekansäure). Nach 24 h Behandlung wurde das inhibitorhaltige Medium gegen inhibitorfreies Medium ausgetauscht. Die Zellen wurden nach einem weiteren Tag trypsiniert und gezählt. Ein Teil der Zellen wurde weiter passagiert. Am Ende jeder Passage wurde die Zellzahl ermittelt.

weiterinkubiert und sodann gezählt. Zu diesem Zeitpunkt waren, wie durch die Abbildung bestätigt wird, die CV-1-Zellen offenbar gegenüber den unbehandelten Kulturen geschädigt, jedoch ungleich weniger als dies bei den behandelten COS-7-Zellen der Fall war. Die Kulturen wurden sodann für zwei Passagen in inhibitorfreiem Medium weiterinkubiert und jeweils gezählt. Die resultierende Zellzahl (fünf Tage nach der Behandlung) zeigte eine Zunahme sowohl der behandelten wie auch der unbehandelten CV-1- und der unbehandelten COS-Zellen. Dagegen war die Zahl der behandelten COS-Zellen auf unter 0,3 x 10^6 Zellen abgesunken. Die behandelten CV-1-Zellen zeigten sich trotz der Behandlung vollständig erholt und wiesen ein normales Wachstumsmuster auf.
Die Reaktion von Hela-Zellen auf die gleiche Art der Behandlung (10 μg D609/ 40 μg Undekansäure/ml für einen Tag) ist nach einem Aufenthalt für einen weiteren Tag in inhibitorfreiem Medium in Abbildung 4 zu ersehen. Während dieser Zeit hatten sich praktisch alle behandelten Hela-Zellen bis auf einige abgerundete, jedoch nicht mehr teilungsfähige und vermutlich auch abgetötete Zellen vom Boden des Kulturgefäßes abgelöst (während einer Weiterinkubation dieser restlichen Zellen für zehn Tage in inhibitorfreiem Medium ließ sich kein Zellwachstum mehr feststellen).
Im Vergleich dazu tolerierten menschliche embryonale Lungenzellen (HEL) die gleiche Behandlung so gut, daß 54 % der behandelten Zellen überlebten.
Ein experimentelles System, bei dem besonders vorteilhaft der Unterschied zwischen Normalzellen und daraus durch Methylcholanthrentransformation abgeleiteten Linien verglichen werden kann, bieten Mäusekeratinozyten

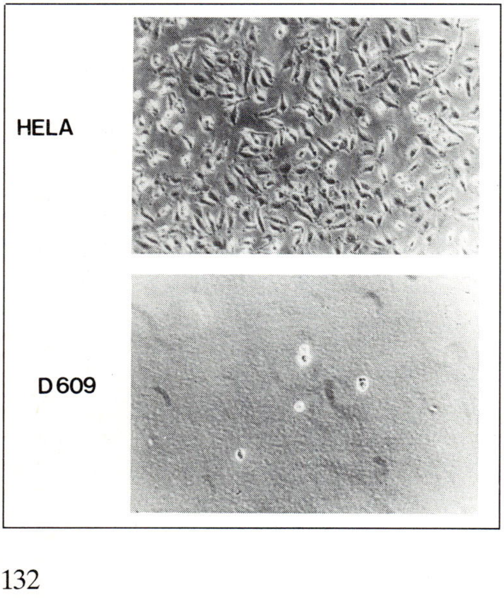

Abbildung 5. Behandlung von Hela-Zellen mit D609/Undekansäure. Details siehe Legende zu Abbildung 3.

(MCA-3D) (7), die in Low-Serum nicht wachsen können; demgegenüber mit tumorogenen Eigenschaften ausgestattete APDV-Mäusekarzinomzellen (8). Während von Letzteren die Überlebensrate < 2 x 10^{-5} betrug, widerstanden 40 % der normalen Keratinozyten der 24stündigen Behandlung und ließen sich ohne Schwierigkeit weiter kultivieren.

Wirkung der Substanzkombination auf normale menschliche periphere Lymphozyten und auf T- und B-Lymphome

Um die Wirkung der Xanthogenat/Undekansäurekombination auf menschliche Lymphozyten zu untersuchen, wurden periphere Lymphozyten isoliert, mit PHA stimuliert und in Interleukin-2-haltigem Medium mit steigenden Konzentrationen der Substanzen inkubiert. Parallel dazu wurden T-Zell(Jurkat)-Lymphome und B-Lymphome mit den gleichen steigenden Konzentrationen inkubiert. Nach eintägiger und viertägiger Behandlungsdauer wurde der Effekt der Behandlung anhand von Zellzählungen (nach Vitalfärbungen) und ^{3}H-Thymidin-Einbauraten in die zelluläre DNA ermittelt. Die Auswertung nach einer eintägigen Behandlungsdauer brachte einen Unterschied zwischen den normalen stimulierten menschlichen Lymphozyten und den verschiedenen Lymphomlinien von etwa 50 % Reduktion in bezug auf überlebende Zellen und auf deren ^{3}H-Thymidin-Einbaurate. Die Normalzellen zeigten keine erkennbare Änderung hinsichtlich ihres Wachstumsverhaltens. Nach viertägiger Inkubation wiesen die normalen menschlichen Lymphozyten noch das Verhalten von unbehandelten Kontrollkulturen auf. Dagegen waren die Lymphomlinien nahezu vollständig bei einer Dosis, die zwischen 5 μg D609 und 50 bis 60 μg Undekansäure/ml liegt, abgetötet. Auch eine Weiterinkubation über mehrere Tage brachte keine Zunahme ihres Zellwachstums. Dieses Ergebnis wurde durch Versuche mit ^{3}H-Uridin bestätigt, bei denen die Fähigkeit der Zellen, unter steigender Konzentration der Substanzen noch RNA zu synthetisieren, gemessen wurde (unveröffentlicht).

Anwendung und Wirkungsweise

Wir haben gezeigt, daß es möglich ist, mittels der Kombination von Xanthogenatverbindungen und Monokarbonsäuren bestimmter Kettenlänge eine »Schere« zwischen der zytotoxischen Reaktion auf normale und daraus abgeleitete transformierte Zellen nutzbar zu machen.

Diese Unterschiede bezüglich der gesteigerten Toxizität der Kombination auf transformierte Zellen wechseln von Fall zu Fall, je nach Herkunft der Zellen und der jeweiligen Spezies, von der sie abstammen. Um einen maximalen

Unterschied zu erzielen, bedarf es stets neuer Eichungen des jeweiligen Testsystems in vitro. Dazu ist es notwendig, die pH-Bedingungen präzise über die Versuchsdauer hinweg zu stabilisieren, was je nach Wachstumsgeschwindigkeit der Zellen oft mit Schwierigkeiten verbunden sein kann. Die hier beschriebenen Versuche wurden ausschließlich in automatisch geregelten CO_2-Brutschränken bei 5 % CO_2/95 % Luftatmosphäre vorgenommen. Die pH-Bedingungen waren stets so gewählt, daß sie zwischen pH 7,2 und 7,4 lagen. Ein Absinken des pH-Wertes in saure Bereiche führt zu einer schnellen Hydrolyse der Xanthogenate, verbunden mit ihrem Wirkungsverlust, eine Steigerung auf > pH 7,4 führt andererseits zu einer erhöhten Sensibilität auch bei normalen Zellen. Auch haben wir festgestellt, daß Bikarbonatpuffer notwendig sind. HEPES-Puffer führt auch bei normalen Zellen zu starken toxischen Effekten.

Die Halbwertzeit der Xanthogenate beträgt bei 37°C in vitro etwa eineinhalb Tage, nach intravenöser Applikation in vivo jedoch nur eineinhalb Stunden. Die Toxizität der Substanz D609 ist relativ niedrig mit einer oralen LD_{50} von 1,3 g/kg in Ratten, einer intraperitonealen LD_{50} von 175 mg/kg, und, bei einer vierwöchentlichen täglichen intraperitonealen Gabe von zwischen 2 und 20 mg/kg wurden subchronische Effekte in Ratten nicht festgestellt. Bisher liegen in Tierversuchen nur präliminäre Ergebnisse vor. Sie zeigen jedoch, daß BDIX-Ratten eine permanente intravenöse Applikation von je 80 mg/kg täglich über die Zeitdauer von drei Tagen tolerierten (D609/Undekansäure 1:1). Aus diesem Ergebnis läßt sich der vorsichtige Schluß ziehen, daß eine zeitweilige Dosis in vivo erreichbar scheint, die der in vitro für die toxische Wirkung auf Lymphomzellen ermittelten Dosis entsprechen könnte. Es sind dies nur vorläufige Werte, die einer ausführlichen Stützung bedürfen.

Über den Wirkmechanismus lassen sich zur Zeit nur Vermutungen anstellen, doch ist bekannt, daß radioaktiv markiertes D609 nur an der Zelloberfläche autoradiographisch wie auch nach Kern-Plasma-Trennung nur in der Zytoplasmafraktion nachweisbar war. Erste Hinweise ergaben sich durch Untersuchungen an D609-behandeltem Vesicular-stomatitis-Virus (VSV). Die Vermehrung von VSV wird durch D609 inhibiert, obwohl die primären Transkripte in unvermindertem Ausmaß synthetisiert werden. Auch lassen sich alle vom Virus kodierten Proteine in den inhibierten Zellen nachweisen. Jedoch ist das nicht strukturelle NS-Protein, dem regulatorische Eigenschaften im viralen Polymerasekomplex zugeschrieben werden, unter D609-Wirkung nicht phosphoryliert (zelluläre Proteine waren phosphoryliert) (9). So erscheint der Verdacht nicht unbegründet, daß die Wirkung der Xanthogenate selektiv eine oder wenige zelluläre Proteinkinasen betrifft. Proteinkinasen spielen eine zentrale Rolle bei der Regulation des Zellwachstums und bei der Transformation. Damit ließe sich die breite Wirkung der Xanthogenate sowohl auf verschiedenartige Viren, wie auch auf transformierte Zellen erklären.

Wir bedanken uns bei *K. Müller-Decker, A. Hoss, C. Doppler* und *B. Bernhardt* für die Mithilfe. Bei Merz & Co für die Projektförderung, wie auch für die Bereitstellung der Xanthogenatverbindungen.

Zusammenfassung

Bestimmte antiviral wirksame Xanthogenate zeigen in Verbindung mit gleichzeitig applizierten bipolaren Substanzen bestimmter Größe und Ladung eine ausgeprägte antitumorale Wirkung in vitro. Kalium-8-(9)-trizyklodekylxanthat (D609) zum Beispiel führt in Kombination mit Undekansäure zu einer bevorzugten Schädigung von transformierten Zellen, die bei derselben Konzentration beider Komponenten bei nicht transformierten Zellen der gleichen Herkunft entweder nicht beobachtet wird oder weniger stark ausgeprägt ist. Die Überlebensrate von behandelten Mausembryofibroblasten und daraus abgeleiteten, durch Rinderpapillomavirus transformierten Zellen differierte um einen Faktor von 10^5 bis 10^6 (gemessen an der Bildung von Zellkolonien). Von einer Mausepidermiszellinie überlebten etwa 40 % der Zellen eine 24stündige Behandlung mit der Kombination, während die Überlebensrate eines Mauskarzinoms bei nur 3×10^{-6} lag. Die Substanzkombination wirkt generell umso toxischer, je niedriger die Zelldichte der behandelten Kultur ist. Mitogenstimulierte periphere menschliche Lymphozyten tolerierten eine 2tägige Behandlung 8- bis 10fach besser als eine menschliche T-Zell-Lymphomlinie (gemessen am ^{3}H-Thymidin-Einbau). Der Wirkmechanismus der Xanthogenate ist noch unbekannt, doch bindet die Substanz bevorzugt an die Zelloberfläche.

Literatur

1 May G, Petri D, Hummel K (1978) Arzneim Forsch/Drug Res 28: 732–735
2 Sauer G, Amtmann E, Melber K, Knapp A, Müller K, Hummel K, Scherm A (1984) Proc natn Acad Sci USA 81: 3263–3267
3 Amtmann E, Hummel K, Sauer G (1985) J gen Virol 66: 1953–1960
4 Amtmann E et al (im Druck) Exp Cell Res
5 Pfister H (1984) Rev physiol biochem Pharmacol 99: 112–181
6 Gluzmann Y (1981) Cell 23: 175–182
7 Rulesz-Martin M et al (1983) Carcinogenesis 4: 1367–1379
8 Fusenig NE et al (1973) INSERM 19: 219–228
9 Müller-Decker K, Amtmann E, Sauer G (im Druck)

Für die Verfasser: *Prof. Dr. G. Sauer,* Institut für Virusforschung am Deutschen Krebsforschungsinstitut, Im Neuenheimer Feld 280, D-6900 Heidelberg

Der Interleukin-2-Rezeptor als Angriffspunkt für Immuntoxine bei der adulten T-Zell-Leukämie

M. Krönke, T.A. Waldmann, E.S. Vitetta und W.C. Greene
Metabolism Branch, National Cancer Institute, Bethesda, Maryland, und Texas Health Science Center, Dallas, Texas, USA

Einleitung

Die adulte T-Zell-Leukämie (ATL) ist als Entität einer akut verlaufenden T-Zell-Neoplasie des Menschen mit gesicherter Virusätiologie anzusehen (1,2). Einige klinische Parameter dieser Leukämie sind in Tabelle I aufgeführt. Die Transformation von T-Lymphozyten zu ATL-Zellen wird durch Infektion mit dem »human T lymphotropic virus, type I« (HTLV-I) verursacht (1,2). Charakteristischerweise exprimieren HTLV-I-infizierte T-Zellen stets in großer Dichte zelluläre Rezeptoren für Interleukin-2 (IL-2) (3-6) (siehe auch Tabelle II), ein T-Zell-spezifisches Wachstumshormon (7). Der IL-2-Rezeptor kann als sehr spezifischer Tumormarker verstanden werden, da dieser Wachstumshormonrezeptor im wesentlichen nur auf aktivierten T- und B-Lymphozyten zu finden ist, nicht aber auf ruhenden T-Zellen oder auf anderem menschlichen Gewebe (3,8,9). Konzeptionell würde daher eine selektive Elimination von IL-2-rezeptorpositi-

Tabelle I. Adulte T-Zell-Leukämie.

Ätiologie	human T lymphotropic virus, type I (HTLV-I)
Klinik	Leukozytose
	Hautinfiltrationen
	Hepatosplenomegalie
	Lymphadenopathie
	Lytische Knochenläsionen mit Hyperkalzämie
	Opportunistische Infektionen
Verlauf	Akut, mittlere Überlebensdauer nach Diagnosestellung: 11 Monate
Epidemiologie	Japan (endemisch)
	Karibik
	Südosten der USA
	Süditalien

ven Zellen in ATL-Patienten als spezifische Therapie dieser Leukämie imponieren. Um möglichst selektiv IL-2-rezeptorpositive Zellen zu attackieren, konstruierten wir ein sogenanntes Immuntoxin, bestehend aus einem monoklonalen anti-IL-2-Rezeptorantikörper (anti-Tac) (8) und der Rizin-A-Kette, einem sehr potenten Inhibitor der Proteinsynthese (Tabelle III). Wie wir an anderer Stelle berichteten, binden diese anti-Tac-Rizin-A-Konjugate (anti-Tac-A) spezifisch an IL-2-rezeptorpositiven Zielzellen und lysieren diese selektiv (10).
Die vorliegende Studie zielt nun auf eine Ex-vivo-Anwendung von anti-Tac-A ab, z. B. im Rahmen einer autologen Knochenmarkstransplantation (AKMT), mit der in letzter Zeit bei den verschiedensten Arten von Leukämien Langzeiterfolge erzielt werden konnten (11). So wurden Patienten nach supraletaler Chemotherapie mit dem syngenen Knochenmark ihres eineiigen Zwillings erfolgreich rekonstituiert (12). In der vorliegenden Studie definieren wir In-vitro-Konditionen, wo mit dem Immuntoxin anti-Tac-A bei minimaler Schädigung hämatopoietischer Knochenmarkszellen maximale Effekte auf ATL-Zellen erreicht werden können. Es wird gezeigt, daß die spezifische Zytotoxizität von anti-Tac-A durch lysosomotrope Substanzen wie Ammoniumchlorid und

Tabelle II. IL-2-Rezeptoren auf verschiedenen Zellpopulationen.

Zelltyp	Rezeptoren/Zelle[a]
Periphere T-Lymphozyten	
unstimuliert	0
stimuliert (PHA)	30000 – 60000
ATL-Tumorzellinien	
HUT102	304000
MJ	301000
CF	476000
P6/P1	381000

[a] Die IL-2-Rezeptorzahl wurde durch Scatchard-Analysen mit ^{3}H-anti-Tac ermittelt

Tabelle III. Eigenschaften von Rizin und seinen isolierten Peptidketten.

	Rizin	Rizin-A-Kette	Rizin-B-Kette
Molekulargewicht	65000	32000	34000
LD_{50} (Maus)	~ 65 ng	> 1 mg	> 1 mg
Bindung an Zellen	+	—	+
Inhibition der Proteinsynthese	+	+	—

Monension erheblich potenziert werden kann. In der Anwesenheit von Monensin kann eine HTLV-I-positive Leukämiezellpopulation um einen Faktor $>10^5$ mit anti-Tac-A reduziert werden, ohne daß hämatopoietische Knochenmarkszellen geschädigt würden. Die vorgelegten Experimentalbefunde lassen vermuten, daß mit anti-Tac-A möglicherweise erfolgreich ATL-Zellen aus dem Knochenmark von ATL-Patienten eliminiert werden können, so daß eine kurative, autologe Knochenmarkstransplantation in Aussicht steht.

Ergebnisse

Spezifität von anti-Tac-A

Die Wirkung von anti-Tac-A wurde zunächst an HUT102 untersucht. Diese klonierte, HTLV-I-positive T-Zell-Linie wurde aus einer Lymphknotenbiopsie eines ATL-Patienten etabliert (4). Die direkten Effekte von Rizin-A-Immuntoxinen, nämlich die Beeinflussung der Proteinsynthese, wurden durch ^{3}H-Leuzin-Inkorporationstests gemessen. Wie Abbildung 1 zeigt, beeinflußt der unmo-

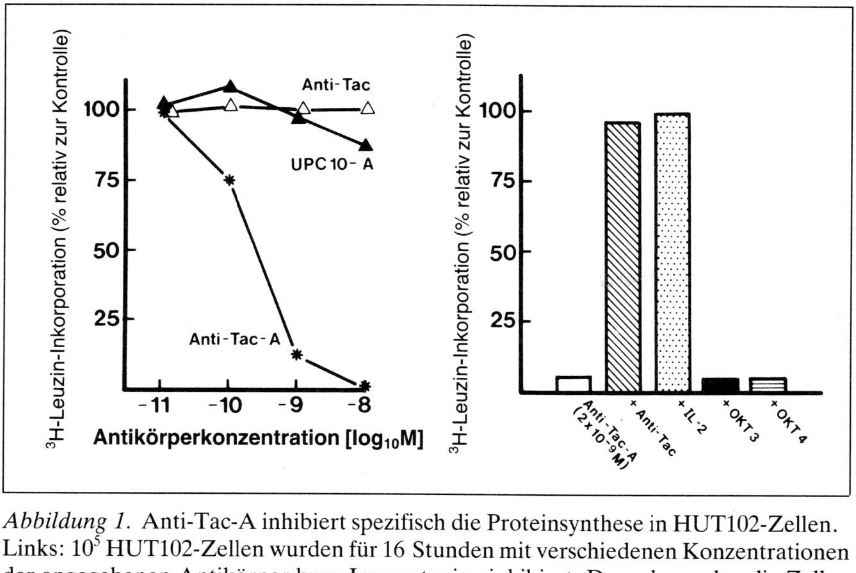

Abbildung 1. Anti-Tac-A inhibiert spezifisch die Proteinsynthese in HUT102-Zellen. Links: 10^5 HUT102-Zellen wurden für 16 Stunden mit verschiedenen Konzentrationen der angegebenen Antikörper bzw. Immuntoxine inhibiert. Danach wurden die Zellen für 2 Stunden mit ^{3}H-Leuzin inkubiert. Die zelluläre ^{3}H-Leuzin-Inkorporation wurde dann in einem β-Szintillationszähler bestimmt.
Rechts: HUT102-Zellen wurden simultan mit 2 x 10^{-9} M anti-Tac-A und jeweils einer der indizierten Substanzen (in 200 nM Exzeß) für 16 Stunden inkubiert.

difizierte Antikörper anti-Tac diese Zellen nicht. Dagegen inhibiert anti-Tac-A die Proteinsynthese bei Dosen $>10^{-10}$ M. Die Dosis-Wirkungs-Kurve demonstriert, daß anti-Tac-A die Proteinsynthese bei einer Konzentration von 2,1 x 10^{-10} M um 50% reduzieren kann (= IC_{50}). Im Vergleich zu anti-Tac-A zeigte ein Kontrollimmuntoxin, welches keine spezifische Bindungsaffinität für HUT102-Zellen besitzt (UPC-10-A), keine Zytotoxizität in diesen Konzentrationen.

Die Antigenspezifität des anti-Tac-A-Immuntoxins wurde durch Inhibitionstests mit unmodifiziertem anti-Tac und IL-2 bestätigt (Abbildung 1, rechts). Hier wurden HUT102-Zellen mit 5 x 10^{-9} M anti-Tac-A inkubiert, eine Dosis, die die Proteinsynthese um 95 % reduzierte. Durch simultane Zugabe von unmodifiziertem anti-Tac oder IL-2 in jeweils 200fachem nM Überschuß ließ sich dieser toxische Effekt fast komplett blockieren. Andere Antikörper wie OKT3 und OKT4, welche auch an HUT102-Zellen binden, hatten dagegen keinen Einfluß. Für die zytotoxischen Effekte von anti-Tac-A scheint daher eine spezifische Interaktion mit dem IL-2-Rezeptor eine notwendige Voraussetzung zu sein.

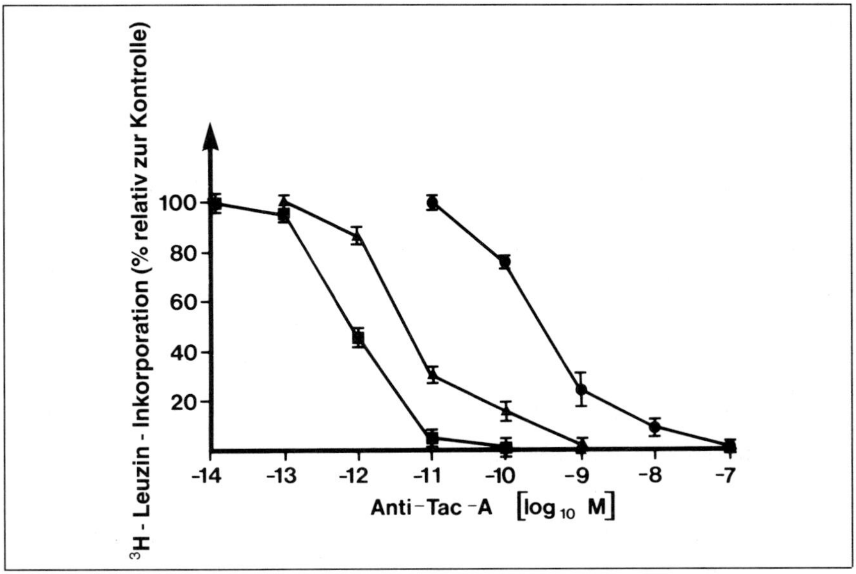

Abbildung 2. Monensin und Ammoniumchlorid potenzieren die Zytotoxizität von anti-Tac-A. HUT102-Zellen wurden in der An- und Abwesenheit (●) von 25 nM Monensin (■) oder 10 nM Ammoniumchlorid (▲) mit anti-Tac-A für 16 Stunden behandelt. Die Standardabweichungen der Proteinsynthesemessung sind für jeden Meßpunkt angegeben.

Potenzierung von anti-Tac-A durch Ammoniumchlorid und Monensin

Wie Abbildung 2 zeigt, wird die Dosis-Wirkungs-Kurve von anti-Tac-A in der Anwesenheit von 10 nM Ammoniumchlorid oder 25 nM Monensin zu wesentlich niedrigeren Konzentrationen verschoben, so daß 100- bzw. 400fach erniedrigte IC_{50} resultieren. Beide Substanzen waren in den angegebenen Konzentrationen per se nicht toxisch. Die zytotoxische Wirkung kann wiederum durch unmodifizierten anti-Tac aufgehoben werden, so daß auch in der Gegenwart dieser Substanzen die Funktion des IL-2-Rezeptors als selektives Zielantigen gewahrt bleibt. Auf der anderen Seite nimmt auch die unspezifische Toxizität von Immuntoxinen bei der Kombination mit Ammoniumchlorid oder Monensin zu. Wie aus Abbildung 3 hervorgeht, verringerte sich die IC_{50} des Kontrollimmuntoxins UPC-10-A von 8×10^{-7} M auf 9×10^{-8} M und 3×10^{-9} M in der Gegenwart von Ammoniumchlorid bzw. Monensin. Zieht man das Verhältnis von unspezifischer Toxizität zu spezifischer Toxizität als Kriterium der Selektivität von anti-Tac-A für ATL-Zellen heran, so liegt dieser Wert bei 3800 für anti-Tac-A alleine oder in Kombination mit Monensin. In der Anwesenheit von Ammoniumchlorid steigt dieser Spezifitätsfaktor auf 36000 an.

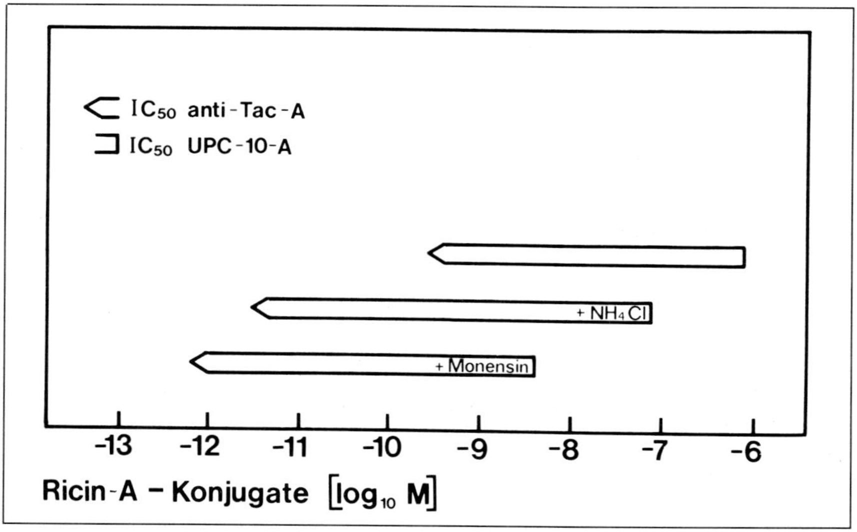

Abbildung 3. Effekte von Monensin und Ammoniumchlorid auf die Spezifität von anti-Tac-A. HUT102-Zellen wurden zusätzlich mit dem Kontrollimmuntoxin UPC-10-A behandelt. Die Konzentration, bei der die Proteinsynthese um 50 % reduziert wurde (IC_{50}), wurde mit Dosis-Wirkungs-Analysen (siehe Abbildung 2) ermittelt. Der Spezifitätsfaktor resultiert aus dem Verhältnis IC_{50}(UPC-10-A) : IC_{50}(anti-Tac-A).

Effekte von anti-Tac-A im Kolonieinhibitionstest

Für eine erfolgreiche autologe Transplantation müßte das Knochenmark eines ATL-Patienten idealerweise von möglichst allen infiltrierenden Tumorzellen befreit werden. Der oben beschriebene ^{3}H-Leuzin-Inkorporationstest ist jedoch nicht ausreichend sensitiv, um einige wenige (< 300) Tumorzellen nachzuweisen, die eine anti-Tac-A-Behandlung überlebt haben könnten. Um die zytotoxische Wirkung von anti-Tac-A empfindlicher ermitteln zu können, wurde daher der Anteil an überlebenden HUT102-Zellen mit einem Kolonieinhibitionstest bestimmt. HUT102-Zellen (10^{7}/ml) wurden mit verschiedenen Dosen

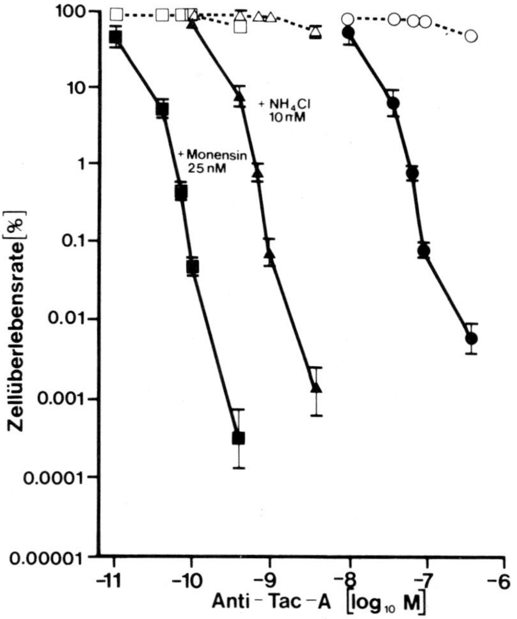

Abbildung 4. Bestimmung der Überlebensrate von HUT102 und Jurkat nach Behandlung mit anti-Tac-A. Nach vierstündiger Inkubation mit den indizierten Konzentrationen von anti-Tac-A wurden jeweils 60 Parallelkulturen mit fallenden Zellzahlen für 20 Tage kultiviert (Grenzverdünnungsmethode – limiting dilution). Danach wurde die Zahl der Kulturen mit Zellwachstum (Kolonien) mikroskopisch bestimmt. Die Frequenz der überlebenden Zellen wurde dann nach Poisson berechnet (13) und in % angegeben. Dosis-Wirkungs-Kurven werden gezeigt für anti-Tac-A (●), anti-Tac-A in der Anwesenheit von 10 nM Ammoniumchlorid (▲) oder 25 nM Monensin (■). Die entsprechenden Experimentalbefunde für Jurkat-Zellen sind in offenen Symbolen angegeben.

anti-Tac-A für vier Stunden inkubiert. Danach wurden die Zellen gewaschen, Reihenverdünnungen der Zellsuspension hergestellt und Kulturen mit unterschiedlicher Zellzahl (Grenzverdünnung) angesetzt. Nach 20 Tagen wurden die Kulturen mikroskopisch überprüft. Anhand der Zahl wachstumsnegativer Kulturen kann nun nach Poisson bei einer gegebenen eingesetzten Zellzahl die Frequenz überlebender HUT102-Zellen bestimmt werden (13). Eine entsprechende Dosis-Wirkungs-Beziehung ist in Abbildung 3 gezeigt. Bei einer Konzentration von anti-Tac-A, die für eine IL-2-rezeptornegative Kontrollzellinie (Jurkat) noch nicht signifikant toxisch ist, überlebte nur eine von 20300 HUT102-Zellen. In der Gegenwart von Ammoniumchlorid oder Monensin wird diese Dosis-Wirkungs-Beziehung zu 200- bzw. 1000fach niedrigeren Konzentrationen verschoben. Es fällt dabei auf, daß eine Kombination mit Monensin bei gleicher unspezifischer Toxizität für Jurkatzellen eine 20fach größere Reduktion von HUT102-Zellen induzierte.
Im Hinblick auf die potentielle Anwendung von anti-Tac-A in der autologen Knochenmarkstransplantation war es von Bedeutung, mögliche unspezifische, toxische Effekte des Immuntoxins auf hämatopoetische Knochenmarkszellen auszuschließen. Um die maximalen, knochenmarksunschädlichen Konzentrationen zu definieren, wurden Knochenmarkszellen mit anti-Tac-A entweder alleine oder in Kombination mit Ammoniumchlorid oder Monensin behandelt und anschließend in Softagar kultiviert (14). Nach sieben Tagen wurde die Zahl der Kolonie-bildenden Einheiten (KBE) als Kriterium für die verbleibende Integrität und Funktion des hämatopoietischen Systems bestimmt. In Tabelle IV sind diese Daten zusammengefaßt. Es wird ersichtlich, daß keine der untersuchten hämatopoietischen Vorläuferzellen besonders empfindlich auf anti-Tac-A reagiert und die generelle Resistenz von Knochenmarkszellen mit der von anderen IL-2-rezeptornegativen Zellen (z. B. Jurkat) vergleichbar ist.
Es interessierte nun die Frage, wieviele HTLV-I-infizierte Leukämiezellen bei einer noch tolerablen Beeinträchtigung des Knochenmarks eliminiert werden können. In Tabelle V sind die entsprechenden Daten gegenübergestellt. Im Vergleich zu anti-Tac-A alleine erscheint die Kombination von anti-Tac-A mit Monensin wesentlich günstiger, da bei geringerer Knochenmarksschädigung (< 20 %) eine größere Reduktion von HUT102-Zellen erreicht wird (Faktor $> 10^5$).

Schlußfolgerungen und weiterer Ausblick

Die Ergebnisse dieser Studie belegen, daß anti-Tac-A äußerst wirkungsvoll und selektiv menschliche, HTLV-I-infizierte Leukämiezellen lysieren kann. Ein wichtiger Gesichtspunkt für die Effektivität von anti-Tac-A scheint die große Dichte an IL-2-Rezeptoren zu sein, die HTLV-I-infizierte Zellen auf ihrer Zellmembran aufweisen. Da in diesem Falle der IL-2-Rezeptor ein operationell selektives tumorassoziiertes Zielantigen darstellt, käme grundsätzlich eine In-vivo-Applikation in Frage. Neben allgemeinen toxischen Erscheinungen von Immuntoxinen (z. B. Schädigung des retikuloendothelialen Systems) treten im Falle der ATL noch spezifische Probleme auf: Es ist gezeigt worden, daß im

Tabelle IV. Softagarklonierung von hämatopoetischen Knochenmarkszellen nach Behandlung mit anti-Tac-A.

Behandlung[a]			Zahl der Kolonien[b]				
Konz. anti-Tac-A, M	NH_4Cl 10^{-2}M	Monensin, $2{,}5 \times 10^{-8}$M	Total	CFU-GEMMe[c]	CFU-G/M	CFU-G	CFU-M
—	—	—	92 ± 3	9	31	33	19
4×10^{-7}	—	—	69 ± 2	7	21	22	18
10^{-7}	—	—	76 ± 2	9	19	34	14
—	+	—	83 ± 4	6	27	24	26
4×10^{-9}	+	—	71 ± 7	6	26	25	14
10^{-9}	+	—	79 ± 3	6	21	31	20
—	—	+	86 ± 5	8	32	29	17
4×10^{-10}	—	+	76 ± 3	5	24	28	19
10^{-10}	—	+	79 ± 4	7	26	27	22

[a] Knochenmarkszellen wurden mit den jeweiligen Substanzen für 4 h bei 37° C inkubiert.
[b] Agarkulturen von 10^5 Zellen wurden für 7 bis 10 Tage inkubiert. Die Kolonien wurden dann gezählt und morphologisch klassifiziert.
[c] G: Granulozyt; E: Erythrozyt; M: Monozyt; Me: Megakaryozyt.

Tabelle V. Effekte von anti-Tac-A auf HUT102- und Knochenmarkszellen.

Behandlung			HUT102-Überlebensrate[a]		Kolonien-bildende Zellen[b], %
Konzentration, M			Frequenz	%	
anti-Tac-A	NH_4Cl	Monensin	1/n		
—	—	—	1,4	100	100
4×10^{-7}	—	—	28420	0,0049	75,0
4×10^{-9}	10^{-2}	—	100380	0,0014	77,2
4×10^{-10}	—	$2{,}5 \times 10^{-8}$	550200	0,00026	82,6

[a] Siehe Legende zu Abbildung 4
[b] Siehe Legende zu Tabelle IV

Serum von ATL-Zellen lösliche IL-2-Rezeptormoleküle in hoher Konzentration vorhanden sind, welche anti-Tac binden (15). Diese löslichen Rezeptoren würden daher mit zellmembranständigen Rezeptoren um Bindung mit anti-Tac-A konkurrieren, so daß höhere Dosen notwendig wären, um die gleiche Zahl an gebundenen anti-Tac-A-Molekülen/Zelle zu erreichen. Die entstehenden Serumkomplexe mit dem Immuntoxin stellen darüber hinaus außerdem eine zusätzliche Belastung für das RES-System und das Nierengewebe dar.

Wie andere Arbeitsgruppen bereits berichteten, können tumorspezifische Antikörper oder Immuntoxine aber auch ex vivo, nämlich im Rahmen einer autologen Knochenmarkstransplantation, eingesetzt werden (11). Im Falle der Adulten T-Zell-Leukämie würde das Knochenmark von ATL-Patienten mit anti-Tac-A behandelt werden, um infiltrierende Tumorzellen zu eliminieren. Der Patient würde dann supraletal chemotherapeutisch behandelt und danach mit seinem eigenen, jetzt tumorfreien bzw. tumorreduzierten Knochenmark rekonstituiert werden. Wenn es tatsächlich gelänge, alle ATL-Zellen in vivo chemotherapeutisch zu eliminieren, könnte die bislang nicht erfolgreiche konventionelle Therapie vielleicht einen entscheidenden Schritt vorangebracht werden.

Die Aufbereitung des Knochenmarks, d. h. Elimination von Tumorzellen bei Erhaltung der rekonstitutiven Kapazität, scheint – wie diese Studie zeigt – prinzipiell lösbar zu sein. Anti-Tac-Rizin-A-Konjugate erwiesen sich im Hinblick auf die selektive Elimination von ATL-Zellen in vitro als adäquates Reagenz. Anti-Tac-A eignet sich u. a. auch deshalb für die AKMT, weil Rizin-A-Immuntoxine im allgemeinen gut standardisierbar sind, sich längere Zeit ohne Aktivitätsverlust lagern lassen und eine geringe In-vivo-Toxizität besitzen (LD_{50} in der Maus > 1 mg).

Die In-vitro-Anwendung von Rizin-A-Immuntoxinen hat gegenüber einer In-vivo-Applikation den zusätzlichen Vorteil, daß lysosomotrope Substanzen wie Ammoniumchlorid oder Monensin hinzugezogen werden können. Diese Substanzen scheinen ihre verstärkende Wirkung z. T. über eine Blockierung der lysosomalen Degradation von Rizin-A-Molekülen auszuüben (16,17). Dadurch könnte eine zweite Eigenschaft der im Konjugat fehlenden Rizin-B-Kette substituiert werden. Dieser wird neben der Membranbindungseigenschaft eine zusätzliche Helferfunktion für die intrazelluläre toxische Aktivität der A-Kette zugesprochen (18). Wie aus der Dosis-Wirkungs-Kurve in Abbildung 2 deutlich wird, zeigt anti-Tac-A in der Anwesenheit von Monensin vergleichbare Effekte bei ca. 400fach niedrigeren Konzentrationen. So reduziert sich bei der IC_{50} die Zahl von anti-Tac-A-Molekülen, die pro Zelle angeboten werden müssen, von 170000 auf 600. Dadurch werden wahrscheinlich auch Tumorzellvarianten erreicht, die weniger IL-2-Rezeptoren auf der Zellmembran exprimieren und gegenüber einer Behandlung mit anti-Tac-A alleine resistent wären. Da im Knochenmark von ATL-Patienten möglichst alle Tumorzellen eliminiert werden soll-

ten, erscheint eine Kombinationsbehandlung mit anti-Tac-A und Monensin sicherer und deshalb generell angezeigt.
Bei der ATL sind offenbar die Voraussetzungen für einen erfolgreichen Einsatz von anti-Tac-A als äußerst günstig einzuschätzen. Neben der nahezu unbegrenzten quantitativen Verfügbarkeit dieses monoklonalen Antikörpers und hochgereinigter Rizin-A-Ketten kommt hier vor allem die hohe Dichte von einem selektiven, tumorassoziierten Antigens als maßgeblicher Faktor zum Tragen. Aufgrund der vorliegenden Befunde ist anti-Tac-A zu einem vielversprechenden Kandidaten für eine spezifische Therapie der Adulten T-Zell-Leukämie avanciert.

Literatur

1 Poiesz BJ, Ruscetti FW, Gazdar AF, Bunn PA, Minna JD, Gallo RC (1980) Detection and isolation of type C retrovirus particles from fresh and cultured lymphocytes of a patient with cutaneous T-cell lymphoma. Proc natn Acad Sci USA 77:7451
2 Popovic M, Reitz MS, Sarngadharan M, Robert-Guroff M, Kalyanaraman VS, Nakao Y, Miyoshi I, Minowada J, Yoshida M, Ito Y, Galo RC (1982) The virus of Japanese adult T-cell leukemia is a member of the human t-cell leukemia virus group. Nature 300:63
3 Robb RJ, Munck A, Smith KA (1981) T cell growth factor receptors. J exp Med 154:1455
4 Popovic M, Sarin PS, Robert-Guroff M, Kalyanaraman VS, Mann D, Minowada JM, Gallo RC (1983) Isolation and transmission of human retrovirus (human T-cell leukemia virus). Science 219:856
5 Depper JM, Leonard WJ, Krönke M, Waldmann TA, Greene WC (1984) Augmented T cell growth factor receptor expression in HTLV infected human leukemic T cells. J Immunol 133:1691
6 Krönke M, Leonard WJ, Depper JM, Greene WC (1985) Deregulation of interleukin-2 receptor gene expression in HTLV-I-induced adult T-cell leukemia. Science 228:1215
7 Smith KA (1980) T cell growth factor. Immunol Rev 51:337
8 Uchiyama T, Broder S, Waldmann TA (1981) A monoclonal antibody (anti-Tac) reactive with activated and functionally mature human T cells. I. Production of anti-Tac monoclonal antibody and distribution of Tac(+)-cells. J Immunol 126:1393
9 Uchiyama T, Nelson DL, Fleisher TA, Waldmann TA (1981) A monoclonal antibody (anti-Tac) reactive with activated and functionally mature human T cells. II. Expression of Tac antigen on activated cytotoxic T cells, suppressor cells and one of two types of helper T cells. J Immunol 126:1398
10 Krönke M, Depper JM, Leonard WJ, Vitetta ES, Waldmann TA, Greene WC (1985) Adult T cell leukemia: A potential target for ricin A chain immunotoxins. Blood 65:1416

11 Ritz J, Bast Jr RC, Clavell LA, Hercent T, Sallan SE, Lipton JM, Freeney M, Nathan DF, Schlossman SF (1982) Autologous bone marrow transplantation in CALLA-positive acute lymphoblastic leukaemia after in vitro treatment with J5 monoclonal antibody and complement. Lancet 60:1266
12 Fefer A, Cheever MA, Thomas ED, Appelbaum RF, Buckner CD, Clift RA, Glucksberg H, Greenberg PC, Johnson FL, Kaplan HG, Sanders JE, Storb R, Weiden PL (1983) Bone marrow transplantation for refractory acute leukemia in 34 patients with identical twins. Blood 57:421
13 Taswell (1981) Limiting dilution assays for the determination of immunocompetent cell frequencies. I. Data analysis. J Immunol 126:1614
14 Schlick E, Hartung K, Stevenson HC, Chirigos MA (1985) Secretion of colony-stimulating factors by human monocytes and bone marrow cells after in vitro treatment with biological response modifiers. J Leuc Biol 37:615
15 Rubin LA, Karman CC, Fritz ME, Biddison WE, Boutin B, Yarchoan R, Nelson DL (1985) Soluble Interleukin 2 receptors are released from activated human lymphoid cells in vitro. J Immunol 135:3172
16 Casellas P, Bourrie BJP, Gros P, Jansen FK (1984) Kinetics of cytotoxicity induced by immunotoxins. Enhancement by lysosomotropic amines and carboxylic ionophores. J biol Chem 259:9359
17 Raso V, Lawrence J (1984) Carboxylic ionophores enhance the cytotoxic potency of ligand- and antibody-delivered ricin A chain. J exp Med 160:1234
18 Vitetta ES, Cushley W, Uhr JW (1983) Synergy of ricin A chain-containing immunotoxins and ricin B chain-containing immunotoxins in the in vitro killing of neoplastic human B cells. Proc natn Acad Sci USA 80:6332

Für die Verfasser: *Dr. M. Krönke,* Klinische Arbeitsgruppe »BRWTI« Max-Planck-Gesellschaft, Goßlerstraße 10 d, D-3400 Göttingen

Biological Activity and Intracellular Fate of a Prolactin-Daunomycin Ligand

H.C. Blossey[a], B. Gaier, Y. Zaltsman and F. Kohen
Department of Hormone Research,
The Weizmann Institute of Science, Rehovot, Israel
[a]Present Address: Arbeitsgruppe Endokrinologie,
Medizinische Klinik der Universität Göttingen

Introduction

Prolactin receptors consist of integral membrane proteins which form complexes within the cell membrane with molecular weights of about 300 kDa (15). The binding subunit is much smaller and has a molecular weight of 3.7 kDa (10). Recognition and binding of the hormone on the cell surface gives the signal for the initiation of the receptor related program. Prolactin exerts a large number of biological actions in various organs (8, 13) but no second messenger has been identified unequivocally (8). After transduction of the biological signal prolactin receptor complexes form clusters on the cell surface by lateral mobility and are internalized in endosomes (12). These vesicles fuse with Golgi vesicles (8, 12) and also with lysosomes where the hormone and probably the receptor are processed (5, 8, 12). Although internalization is not related to the biological action of the prolactin molecule the cellular uptake of the hormone is a highly specific process which is strictly dependent on the presence of the prolactin receptor on the cell surface.

The mammary gland is a target organ for prolactin (11). Cancers arising in the mammary gland may retain the ability to express the prolactin receptor in rodents (17) and humans (6). As internalization of prolactin is a specific, receptor related process a prolactin-daunomycin conjugate has been tested as a probe for receptor mediated drug targeting (2). We have recently demonstrated that the prolactin-daunomycin ligand bound specifically to prolactin receptors on plasma membranes derived from rat livers and viable rat granulosa cells (1). Furthermore the prolactin-daunomycin ligand was toxic for cells carrying the prolactin receptor (2). We now give evidence that the prolactin-daunomycin ligand is biologically active in vitro and is intracellularly transported like prolactin itself.

Biological acitivity of a prolactin-daunomycin ligand in vitro

One of the biological actions of prolactin consists of the induction of progesterone synthesis in cultured granulosa cells derived from estrogen and FSH primed immature female rats (19). We have used this experimental system with slight modifications. Immature female Wistar rats from the departmental stock, 23 to 25 days old, were treated with estradiol (Sigma), 25 μg/day subcutaneously (sc.), day 1 to 7. Day 6 and 7 pregnant mare serum gonadotropin (PMSG, Intervet, NL) 25 U/day, was added to the injection. Twelve to 14 hours after the last injection the animals were killed by cervical dislocation and the granulosa cells prepared as described (19) with slight modifications. The cells were suspended in Leibowitz L 15 (Gibco, MA) medium containing fetal calf serum 10 %, glutamine (Sigma) 0.2 mM, streptomycin (Sigma) 100 μg/ml, and penicilline (Sigma) 100 U/ml at a concentration of 10^6 cells/ml. 5 x 10^5 cells/well were cultured in humidified air at 37°C. Ovine prolactin (oPRL, NIH-P-5-11, 14 U/mg) was added immediately with a final concentration of 1 μg/ml (= 5 x 10^{-8} M). The ovine prolactin-daunomycin conjugate (oPRL-DAU), stoichiometrically 1:4, was added at 1 μg/ml with respect to the prolactin moiety. The final concentration of daunomycin present in the culture was 2 x 10^{-7} M. After two days in culture the medium of every well was individually collected and 0,5 ml of new medium/well was added containing prolactin and the ligand as described. After another two days in culture medium was collected again from every well and individually unified with the firstly collected medium. Progesterone determinations were carried out with a RIA as described recently (9).
Figure 1 shows basal and prolactin stimulated progesterone synthesis of cultured granulosa cells described above. The prolactin-daunomycin ligand was more active in stimulating progesterone synthesis than prolactin itself. No cytotoxicity was observed in these cultures (see also figure 2).

Inhibition of lysosomal function and cytotoxicity of a prolactin-daunomycin ligand

Immature female rats were treated with estradiol and PMSG and granulosa cells were cultured as described above. After two days in culture medium was changed and prolactin-daunomycin (stoichiometrically 1:1 or 1:4) added with final concentrations between 0.25 and 1 μM with respect to the daunomycin moiety. In parallel experiments prolactin or NH_4Cl were given additionally in concentrations of 10^{-5} M and 10 mM (5) respectively. After four days in culture the cytotoxic index (CI) was determined as described (18, see legend to figure 2).

Figure 2 shows that the prolactin-daunomycin ligand was not toxic with respect to the daunomycin moiety in concentrations below 0.5 μM. With increasing concentrations of the ligand the toxicity increased in an almost linear fashion. At a concentration of 10^{-6} M of daunomycin present in the culture, irrespective which of the stoichiometrically different ligands were used, the toxicity of the ligands could be abolished either by free prolactin or by NH_4Cl.

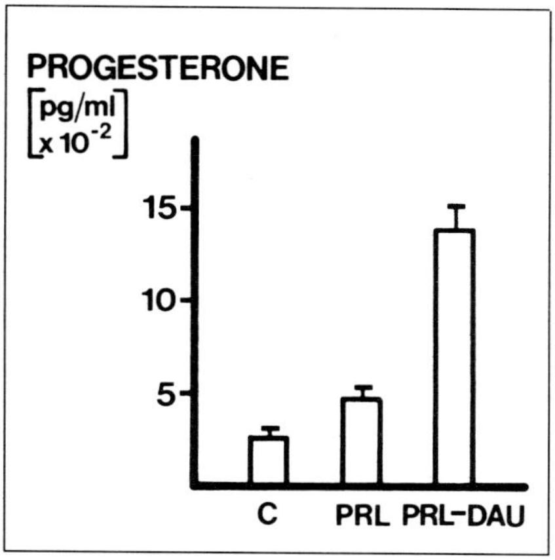

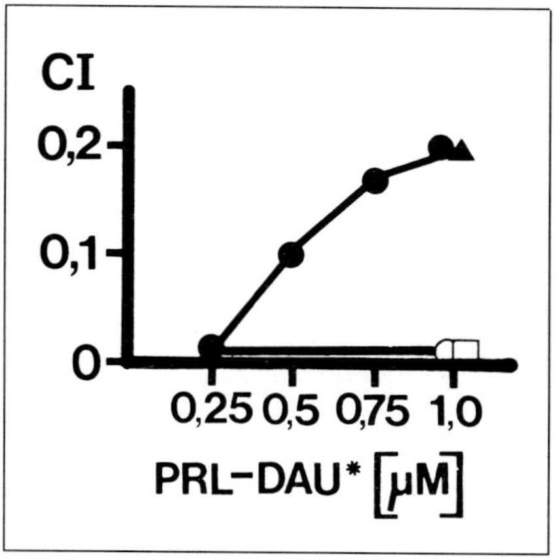

Figure 1. Progesterone production by cultured rat granulosa cells.
C...... = control,
PRL..... = in the presence of prolactin 1 μg/ml,
PRL-DAU = in the presence of prolactin-daunomycin 1 μg/ml with respect to the prolactin moiety.
The bars represent mean ± SEM of 12 wells. Statistical significance was evaluated with Student's t-test. C vs. PRL: $p < 0.01$; PRL vs. PRL-DAU: $p < 0.001$.

Figure 2. Cytotoxic index (CI) of prolactin-daunomycin (PRL-DAU) for rat granulosa cells in culture.
*Concentrations of the ligand are given with respect to the daunomycin concentration present in the culture.

$$CI = \frac{\text{no. of cells control} - \text{no. of cells experiment}}{\text{no. of cells control}}$$

●--● : prolactin-daunomycin 1:1;
▲ : prolactin-daunomycin 1:4;
o--o : prolactin-daunomycin + prolactin 10^{-5} M;
□ : prolactin-daunomycin + NH_4Cl 10 mM.

Cellular uptake of a prolactin-daunomycin ligand in vivo

^{125}I-oPRL and ^{125}I-oPRL-DAU were prepared as described (14); the specific activity (SPA) for ^{125}I-PRL was about 1 Ci/μmol and for the ligand about 0.2 Ci/μmol.

Immature female rats were treated with estradiol and PMSG as described above. The animals were anesthetized with ether, abdominally opened with scissors as described (7). 50 μCi of ^{125}I-oPRL or 5 μCi of ^{125}I-oPRL-DAU were injected into the vena cava. After 15 min the animals were killed by cervical dislocation. The livers were homogenized in a Potter Elvjenham homogenizer and Golgi fractions prepared with a discontinuous sucrose gradient as described (7). After centrifugation 3 hrs, 100.000 g, 4°C, the tubes were punctured at the bottom, 1.2 ml fractions collected and counted in a gamma counter (Beckmann Autogamma Spectrometer) with a counting efficiency of 50 %. Protein determinations were carried out according to *Bradford* (3) on a microtiter plate in an automatic spectrophotometer (Titertek) using BSA as a standard.

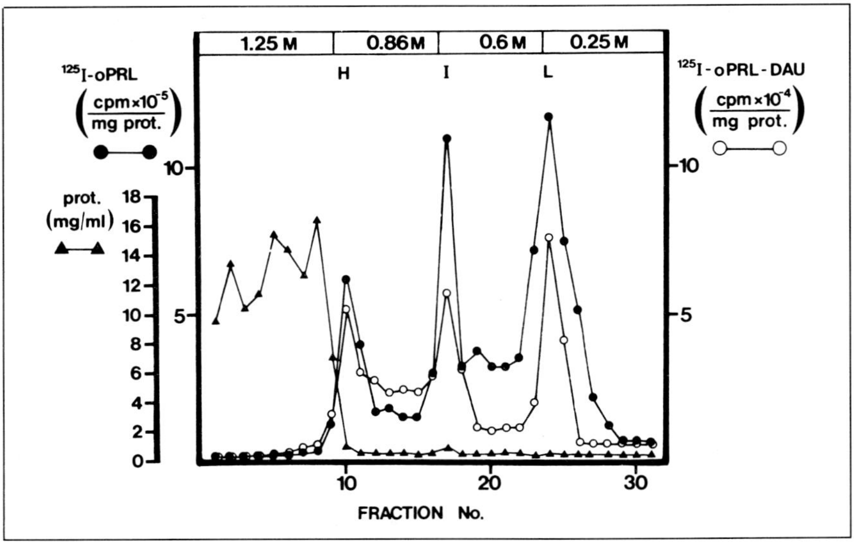

Figure 3. Distribution of radiolabelled prolactin (^{125}I-oPRL) and prolactin-daunomycin (^{125}I-oPRL-DAU) in the discontinuous sucrose gradient of rat liver membranes. prot. = protein; the molarities at the top of the figure reflect the sucrose concentrations. H, I and L represent the high, intermediate und low density Golgi fractions. For further explanations see text.

In a parallel experiment 0,8 ml unlabelled prolactin-daunomycin (stoichiometrically 1:1) with a protein concentration of 1 mg/ml was injected as described above. Sucrose gradient centrifugation was carried out and the Golgi fractions collected. The suspensions were diluted to 0.2 M sucrose and the fractions pelleted 90 min, 100.000 g, 4°C. An aliquot of the pellets were mounted on a slide, squeezed, and fluorescence determined semiquantitatively in a Leitz fluorescence microscope.

Figure 3 shows the distribution of protein concentration and of radioactivity related to labelled prolactin and prolactin-daunomycin respectively. The heavy, intermediate and light Golgi fractions accumulated visibly at the interphases of the different sucrose concentrations and the radioactivity of prolactin and the ligand is clearly associated with these fractions. Microscopically the Golgi fractions showed a daunomycin related fluorescence.

Discussion

Recently we have demonstrated that prolactin-daunomycin bound to prolactin receptors in plasma membranes from rat livers and to viable rat granulosa cells in vitro with high affinity (1). Furthermore we have demonstrated that the ligand was toxic in vitro for cells carrying the prolactin receptor (2). These experiments entail the first and the last step in the spectrum of actions of prolactin-daunomycin. Now we give evidence that prolactin-daunomycin does not only bind to prolactin receptors of viable rat granulosa cells but also stimulates progesterone synthesis of these cells in vitro. The high biological activity of the ligand is difficult to explain. Daunomycin at 2 x 10^{-7} M is not cytotoxic for cultured granulosa cells but the drug may interfere with the expression of enzymes or other gene products related to progesterone synthesis or may interfere with progesterone metabolism.

Anthracyclines may be toxic without entering cells in vitro and membrane related mechanisms have been discussed for this form of toxicity (16). On the other hand cytotoxicity of prolactin-daunomycin could be reduced by the competition of free prolactin and this shows that at least part of the cytotoxicity in these experiments was receptor related. Cytotoxicity is also dependent upon the stoichiometrical relation of prolactin and daunomycin in the ligand, i.e. the more daunomycin molecules are coupled to one prolactin molecule the more toxic is the ligand.

NH_4Cl like other primary amines is known to interfere with lysosomal functions (5). Cytotoxicity of prolactin-daunomycin may be reduced by NH_4Cl and we conclude from this experiment that unimpaired lysosomal functions are necessary for the full cytotoxic action of the prolactin-daunomycin ligand. Lysosomes have essentially catabolic functions and thus degradation of the ligand seems to be important for its toxicity. Daunomycin exerts its cytotoxic action on cells essentially through intercalation with DNA and thus interfering with replication and transcription (4). Recently it has been reported that the chemical linkage of periodate oxidized daunomycin to lysine residues of MSH abolished the ability of daunomycin to bind specifically to DNA (20). Apparently peptide-daunomycin conjugates prepared with this technique are not primarily toxic but may be toxified within the cell by lysosomal degradation mechanisms (20). Thus daunomycin may be liberated from prolactin by lysosomal action and free daunomycin or a metabolite may exert cytotoxic effects on the cell.

If displacement of prolactin-daunomycin from the prolactin receptor and inhibition of lysosomal action reduce cytotoxicity the ligand is obviously internalized through the prolactin receptor. This hypothesis was clearly confirmed by the demonstration of prolactin-daunomycin in Golgi vesicles in vivo. From this observation we conclude that liver cells in vivo did not discriminate between prolactin and the prolactin moiety of the ligand. As the Golgi fractions showed daunomycin related fluorescence we may assume that up to this point of the intracellular pathway the ligand has not been cleaved.

The experiments shown here imply further evidence that generally cytotoxic drugs may be specifically introduced into cells through prolactin receptor mediated internalization mechanism and that physiological mechanisms on the cellular level may be used for cytotoxic drug targeting.

References

1 Blossey HC, Gaier B, Kohen F (1984) Properties of a prolactin-daunomycin conjugate with intact hormone specificity. Proc 7th Int Congr Endocrinol. Excerpta Medica, Amsterdam, p 423

2 Blossey HC, Gaier B, Zaltsman Y, Kohen F (1985) Prolactin-daunomycin conjugate inhibits in vitro growth and DNA synthesis in cells carrying the prolactin receptor. In: MacLeod, Thorner and Scapagnini (eds) Prolactin, Basic and Clinical Correlates, Fidia Res Ser, vol. 1. Livinia Press, Padova, p 367

3 Bradford MM (1976) A rapid and sensitive method for the quantification of microgram quanitities of protein utilizing the principle of protein dye binding. Analyt Biochem 72: 248

4 Crooke ST, Duvernay VH, Mong S (1981) Molecular pharmacology of anthracyclines. In: Sartorelli, Lazo, Bertino (eds) Molecular Actions and Targets for Cancer Chemotherapeutic Agents. Academic Press, New York London Toronto Sydney San Francisco, p 137

5 Djiane J, Kelly PA, Houdebine LM (1980) Effects of lysosomotropic agents, cytochalasin B, and colchicine on the »down-regulation« of prolactin receptors in mammary gland explants. Molec cell Endocrinol 18: 87

6 Holdaway IM, Friesen HG (1977) Hormone binding by human mammary carcinoma. Cancer Res 37: 1946

7 Josefsberg Z, Posner BI, Patel B, Bergeron JJM (1979) The uptake of prolactin into female rat liver. Concentration of intact hormone in the Golgi apparatus. J biol Chem 254: 209
8 Kelly PA, Djiane J, Katoh M, Ferland RH, Houdebine LM, Teyssot B, Dusanter-Fourt I (1984) The interaction of prolactin with its receptor in target tissues and its mechanism of action. Rec Progr Horm Res 40: 379
9 Kohen F, Bauminger S, Lindner HR (1975) Characterization of a radioimmunoassay for progesterone. In: Cameron, Hillier, Griffiths (eds) Steroid Immunoassays. Alpha Omega Publishing Ltd., Wales, UK, p 11
10 Liscia DS, Vonderhaar BK (1982) Purification of a prolactin receptor. Proc natn Acad Sci (USA) 79: 5930
11 Lyons WR, Li CH, Johnson RE (1958) The hormonal control of mammary growth and lactation. Rec Progr Horm Res 14: 219
12 Posner NI, Bergeron JJM, Josefsberg Z, Khan MN, Khan RJ, Patel BA, Sikstrom RA, Verma AK (1981) Polypeptide hormones: Intracellular receptors and internalization. Rec Progr Horm Res 37: 539
13 Rillema JA (1980) Mechanism of prolactin action. Fed Proc 39: 2593
14 Rogol AD, Chrambach A (1975) Radioiodinated human pituitary and amniotic fluid prolactin with preserved molecular integrity. Endocrinology 97: 406
15 Shiu RPC, Friesen HG (1976) Prolactin receptors. Meth molec Biol 9: 565
16 Tritton TR, Yee G (1982) The anticancer agent adriamycin can be actively cytotoxic without entering cells. Science 217: 248
17 Turkington RW (1974) Prolactin receptors in mammary carcinoma cells. Cancer Res 34: 758
18 Varga JM, Asato N, Lande S, Lerner AB (1977) Melanotropin-daunomycin conjugate shows receptor-mediated cytotoxicity in cultured murine melanoma cells. Nature 267: 56
19 Wang C, Hsueh AJW, Erickson GF (1979) Induction of functional prolactin receptors by follicle-stimulating hormone in rat granulosa cells in vivo and in vitro. J biol Chem 254: 11330
20 Wiesehahn G, Varga jr M, Hearst JE (1981) Interactions of daunomycin and melanotropin-daunomycin with DNA. Nature 292: 467

Corresponding address: *Dr. H. C. Blossey,* Arbeitsgruppe Endokrinologie, Medizinische Klinik der Universität, Robert-Koch-Straße 40, D-3400 Göttingen

Untersuchungen über die Aktivität von ET-18-OCH_3 beim Hodentumor in einem Xenograftmodell

A. Harstrick, H.-J. Schmoll, D. Reile, J. Casper, W. Berdel und H. Falk
Abt. Hämatologie/Onkologie, Medizinische Hochschule Hannover

Einleitung

Mit den synthetischen Alkyllysophospholipiden (ALP) steht eine neue Klasse antineoplastischer Substanzen zur Verfügung, die in präklinischen Tests gute Ergebnisse bei der Behandlung zahlreicher experimenteller Maustumoren (1) und heterotransplantierter humaner Tumoren (2) gezeigt haben. Die Aktivität von ET-18-OCH_3, dem in diesen Experimenten aktivsten ALP-Derivat, wurde an auf Nacktmäuse heterotransplantierten humanen Hodentumoren untersucht.

Material und Methoden

Die etablierten humanen Hodentumorzellinien H-12.7 und H-23 wurden durch subkutane Injektion von 1 x 10^7 Zellen/Maus auf 6 bis 8 Wochen alte NMRI-Nacktmäuse transplantiert. Die subkutan wachsenden Xenotransplantate entsprechen zytogenetisch, histologisch und biochemisch typischen embryonalen Karzinomen des Menschen. Die Behandlung mit ET-18-OCH_3 in einer Dosis von 20 mg/kg/d über 21 Tage ($\approx LD_{10}$) wurde begonnen, sobald die Tumoren ein Volumen von 1 bis 2 cm^3 erreicht hatten.

Ergebnisse

ET-18-OCH_3 induziert bei Tumoren der Linie H-12.7 zunächst eine deutliche Reduktion des Tumorvolumens. Nach ca. 14 Tagen kommt es jedoch bei allen Tumoren trotz fortgesetzter Therapie zu einer erneuten rapiden Tumorprogression. Bei der Zellinie H-23 zeigt ET-18-OCH_3 keinerlei Effekte; das Wachstum der behandelten Tumoren unterscheidet sich nicht von dem der unbehandelten Kontrolltumoren.

Schlußfolgerungen

Diese Ergebnisse weisen darauf hin, daß zelluläre Resistenzmechanismen gegen die zytotoxische Aktivität von ET-18-OCH_3 bereits existieren oder aber sehr rasch zu induzieren sind. Obwohl dies noch vorläufige Ergebnisse sind, die durch Untersuchungen an weiteren Linien untermauert werden sollten, scheint ET-18-OCH_3 für die Behandlung humaner Hodentumoren nicht sehr vielversprechend zu sein.

Literatur

1 Berdel WE (1982) Antineoplastic activity of synthetic lysophospholipid analogs. Blut 44: 71–78

2 Runge MH, Andreesen R, Pfleiderer A, Munder PG (1980) Destruction of human solid tumors by alkyl-lysophospholipids. JNCI 61: 1301–1305

Für die Verfasser: *Dr. A. Harstrick,* Abt. Hämatologie/Onkologie, Medizinische Hochschule, Konstanty-Gutschow-Straße 8, D-3000 Hannover 61

Die diagnostische und prognostische Aussagekraft des CEA-Testes beim Rezidiveingriff wegen Kolonkarzinom

B. Mentges und R. Brückner
Chirurgische Universitätsklinik Mainz

Von 270 Operationen wegen Kolonkarzinom, die im Zeitraum von 1976–1980 an der Chirurgischen Universitätsklinik Mainz durchgeführt wurden, konnten 63 % in kurativem Sinne vorgenommen werden. Unter diesem Kollektiv entwickelten 42 Patienten ein Rezidiv, das in 33 Fällen erneut operativ angegangen wurde. Die Sensitivität des CEA-Testes betrug 74 %. Ein erhöhtes CEA ging der Diagnosestellung durch andere Verfahren bis zu 15 Monaten, im Mittel 5,3 Monate voraus. Ein negativer CEA-Test zum Zeitpunkt des Zweiteingriffes wies sich trotz der scheinbaren Operationsverzögerung als prognostisch wesentlich günstiger als ein gleichzeitiger oder vorangegangener Indikatoranstieg. Zweiteingriffe mit normalem CEA wurden in 78 % in kurativem Sinne durchgeführt, im Vergleich zu 13 % bei erhöhtem CEA. Sämtliche Rezidivoperationen im Tumorstadium T1-3 N0 M0 wurden bei negativem CEA-Test vorgenommen. Die 5-Jahres-Überlebensrate nach Zweiteingriff bei negativem CEA-Test betrug 44 %, bei erhöhtem CEA-Level nur 6 %. Diese Ergebnisse werfen die Frage nach der Standortbestimmung des CEA als postoperatives Monitoring erneut auf. Fragwürdig ist, inwieweit sich der unbestrittene diagnostische Stellenwert des CEA-Testes in ein sinnvolles therapeutisches Konzept umsetzen läßt, da eine Verkürzung der Verschleppungszeit zwischen erstmals erhöhtem CEA und Zweitoperation (z. B. durch Second-look-Operation unter der Führung des CEA) nur der prognostisch ohnehin ungünstigen Patientengruppe zugute kommt.

Literatur beim Verfasser:

Für die Verfasser: *Dr. B. Mentges,* Chirurgische Universitätsklinik, Langenbeckstr. 1, D-6500 Mainz

Metachrone Metastasen nach sog. kurativem Eingriff wegen Kolonkarzinom: Eine Gesamtübersicht

B. Mentges und R. Brückner
Chirurgische Universitätsklinik Mainz

An 414 Patienten, die im Zeitraum von 1970 bis 1980 an der Chirurgischen Universitätsklinik Mainz kurativ an einem Kolonkarzinom operiert wurden, wurde das Auftreten von metachronen Metastasen nach einem 5-Jahres-follow-up in Abhängigkeit von verschiedenen Variablen studiert. In 70 Fällen (17 %) kam erneutes Tumorwachstum in Form von Metastasen zur Beobachtung. Frauen (20 %) wurden häufiger heimgesucht als Männer (13 %). Eingriffe im dritten bis neunten Lebensjahrzehnt wurden in absteigender Häufigkeit (100 bis 8,7 %) von metachronen Metastasen gefolgt. Zökalkarzinome zeigten mit Abstand (29 %) die stärkste Metastasierungsneigung. Primärtumoren im Stadium T1–3 N0 M0 zogen in 9 %, ausgebrochene Tumoren in 17 % und Malignome mit Lymphknotenmetastasen in 32 % Metastasen nach sich. Über die Hälfte aller Filiae (54 %) entwickelte sich im ersten postoperativen Jahr. Alle Fälle von Peritonealkarzinose wurden innerhalb des ersten postoperativen Jahres diagnostiziert.

Lebermetastasen entwickelten sich in der Hälfte der Fälle nach einem Intervall von über zwei Jahren, wenn sie von einem Tumor im frühen Stadium ausgingen (T1–3 N0 M0), und in 73 % innerhalb des ersten postoperativen Jahres nach Resektion eines Karzinoms mit Lymphknotenmetastasen. Patienten mit nichtbehandelten Lebermetastasen ohne zusätzliches Lokalrezidiv überlebten die Diagnosestellung 35 Monate, wenn der Primärtumor im Stadium T1–3 N0 M0 angetroffen wurde, 16 Monate im Stadium T4 N0 M0 und neun Monate im Stadium der Lymphknotenmetastasierung. Im Falle eines zusätzlichen Lokalrezidivs sank die Lebenserwartung erheblich. Die durchschnittliche Lebenserwartung von Patienten mit Lungenmetastasen betrug nach Diagnosestellung 8,5 Monate, im Falle von Peritonealkarzinose 5,3 Monate und mit generalisierter Metastasierung 3,3 Monate.

Literatur beim Verfasser.

Für die Verfasser: *Dr. B. Mentges,* Chirurgische Universitätsklinik, Langenbeckstr. 1, D-6500 Mainz

Cell Surface Lectins of Human Teratocarcinoma Cells

H.-J. Gabius, R. Engelhardt, H.-J. Schmoll[a] *and F. Cramer*
Max-Planck-Institut für experimentelle Medizin,
Abteilung Chemie, Göttingen und
[a]Medizinische Hochschule, Abteilung Hämatologie/Onkologie, Hannover

Fractionation of detergent extracts of transplanted tumors by affinity chromatography yields two bands from lactose-sepharose (M_r 14,000; M_r 35,000) and one band from mannan-sepharose (M_r 68,000). No further Ca^{2+}-independent carbohydrate-binding protein can be isolated on columns derivatized with asialofetuin, melibiose and fucose. Both fractions agglutinate trypsinized, glutaraldehyde-fixed rabbit erythrocytes in the absence of Ca^{2+} and can thus be defined as human teratocarcinoma lectins. Inhibition of heterotypic and homotypic aggregation of these cells by D-mannose, D-galactose and glycoproteins rich in one of these sugars is consistent with a functional role of these Ca^{2+}-independent lectins in cell aggregation. Visualization of these activities by fluorescent mannosylated and lactosylated markers on the cell surface further supports the cell surface localization of these detergent extractable lectins. The mannan-specific lectin, in particular, has so far not been detected in any mammalian tissue or tumor and is of potential value for a lectin-based diagnosis and therapy. Endogenous lectins may also provide a link to understanding the strictly regulated expression of stage-specific embryonic antigens, defined by monoclonal antibodies against carbohydrate determinants.

Literature from the author.

Corresponding address: *Dr. H.-J. Gabius,* Max-Planck-Institut für experimentelle Medizin, Abteilung Chemie, Hermann-Rein-Straße 3, D-3400 Göttingen

Biochemical Characterization of Endogenous Lectins from Spontaneous Murine Rhabdomyosarcoma, Mammary Adenocarcinoma and Ovarian Teratoma

F. Cramer, H.-J Gabius, R. Engelhardt and S. Rehm[a]
Max-Planck-Institut für experimentelle Medizin,
Abteilung Chemie, Göttingen und
[a]Zentralinstitut für Versuchstierzucht, Hannover

Three entirely different tumor types are investigated biochemically for the presence and characteristics of endogenous carbohydrate-binding proteins. The pattern under investigation includes specifities for α- and β-galactosyl-, α-mannosyl- and α-fucosyl moieties, respectively, and for heparin, analyzed by affinity chromatography on resins with immobilized sugars or glycoproteins and polyacrylamidegel electrophoresis in the presence of sodium dodecyl sulfate. The pattern is divided in categories for dependence of binding activity on presence of Ca^{2+} and dependence on extraction conditions. Rhabdomyosarcoma reveals only Ca^{2+}-independent activities, namely activities with specificity for β-galactosides at a molecular weight of 12 kDa, for α-galactosides of 29, 43 and 45 kDa, for heparin of 13 and 16 kDa and for mannose and fucose in the range of 62–70 kDa. For the spontaneous mammary adenocarcinoma the pattern is entirely different and more diverse, including species with Ca^{2+}-requirement. Extracts using 0.2 M NaCl (salt) and 2 % Triton X-100 (detergent) from teratoma contain at least nine different carbohydrate-binding proteins. The only similarities between the pattern of endogenous carbohydrate-binding proteins from teratoma and from mammary adenocarcinoma are β-galactoside-binding proteins, one with Ca^{2+}-requirement and one without Ca^{2+}-requirement and the heparin-binding proteins. These heparin-binding proteins are the only types of carbohydrate-binding proteins common to all three tumor types. It appears from the analysis that certain bands represent newly identified proteins capable of binding to galactose-, mannose- or fucose-containing glycoconjugates, respectively. The different fractions showed agglutination activity, when assayed with rabbit erythrocytes. They can thus be termed endogenous lectins. The use of endogenous lectin pattern as potential diagnostic marker besides corresponding changes in the glycoconjugate composition is proposed.

Literature from the author.

Corresponding address: *Dr. F. Cramer,* Max-Planck-Institut für experimentelle Medizin, Abteilung Chemie, Hermann-Rein-Straße 3, D-3400 Göttingen

Endogenous Tumor Lectins: A New Class of Tumor Markers and Targets for Therapy?

H.-J Gabius, R. Engelhardt and F. Cramer
Max-Planck-Institut für experimentelle Medizin,
Abteilung Chemie, Göttingen

Endogenous carbohydrate-binding proteins of nonimmune origin without enzymatic activity, lectins, which act as specific sugar receptors, were originally detected in plants and invertebrates. Plant lectins like PNA have become a common tool for the localization and characterization of glycoconjugates in the analysis of differentiation and transformation. Since glycoconjugates through their diversity are excellent carriers of biological information, the discovery of endogenous carbohydrate-specific receptors in vertebrates offers a great potential for our general understanding of recognitive processes during differentiation and neoplasia besides histochemical application. Tumor lectins and their interaction with glycoconjugates on malignant and various normal cells can influence the pathogenesis of cancer at different stages. Inhibition of intercellular adhesion by appropriate sugar and qualitative differences in the inhibition profile between various tumor lines provides support for the proposed importance of this type of interaction. Biochemical analyses of the pattern of endogenous tumor lectins reveals significant differences between different tumor classes and different types of tumors within a certain class, e.g. mammary tumors, testicular tumors, tumors from clones of transformed fibroblasts. These differences in comparison between different tumors and adult tissues are a prerequisite for the potential use of these proteins in diagnosis and therapy and may be potentially important in establishing a new concept for a rational lectin-based type of therapeutic interference with the metastatic spread, drug targeting and tumor imaging.

Literature from the author.

Corresponding address: *Dr. H.-J. Gabius,* Max-Planck-Institut für experimentelle Medizin, Abteilung Chemie, Hermann-Rein-Straße 3, D-3400 Göttingen

Endogenous Lectins of a Tumour Model System

H.-J Gabius, K. Vehmeyer[a], *R. Engelhardt, G. A. Nagel*[a] *and F. Cramer*
Max-Planck-Institut für experimentelle Medizin, Abt. Chemie, Göttingen und
[a]Medizinische Universitätsklinik, Abteilung Hämatologie/Onkologie,
Göttingen

The transformation of rat fibroblasts (NRK) by the myeloproliferative sarcoma virus (MPV) results in different clones. The growth properties and morphology of clones 5–8#1, 5–20#20 and 6–6#3–F reveal significant differences. We have started a comprehensive examination of the involvement of protein-carbohydrate interaction in recognition processes by demonstrating the presence of endogenous carbohydrate-binding proteins (CBP) in tumours transplanted into athymic nude mice. For this purpose we have used fluorescent cytological markers (fluoresceinylated and glycosylated bovine serum albumin). Affinity chromatography on resins covalently derivatized with sugars shows the pattern of these proteins specific for β-galactosides, α-galactosides, D-mannose and L-fucose. The pattern is subdivided further into categories of Ca^{2+}-requirement and mode of extraction, corresponding to soluble extra- and intracellular proteins and detergent extracted membrane proteins. All three tumours from these different clones show a characteristic CBP-pattern. The differences in pattern of the tumours from these three clones indicate a differential expression of certain CBPs. To infer the functional significance of changes in the lectin profile, inhibition of heterotypic aggregation (rosette formation) by appropriate sugars as example of recognitive, lectin-mediated processes has been studied. The analysis suggests a possible significance of CBP as markers for differentiation and diagnosis with a possible impact on the understanding of cellular interactions in tumour progression and metastasation. It is important to note that the proposed functional implication of a lectin in recognitive cellular interactions has recently been demonstrated in a unicellular model system (1).

References

1 Gabius H-J, Springer WR, Barondes SH (1985) Cell 42: 449–456

Corresponding address: *Dr. H.-J. Gabius,* Max-Planck-Institut für experimentelle Medizin, Abteilung Chemie, Hermann-Rein-Straße 3, D-3400 Göttingen

Zellmembranständiges CEA als Angriffspunkt für komplementlytischen und für einen indirekten adjuvanten Immuntherapieansatz beim Mammakarzinom

St. Bartos und P. Mahlmann[a]
Serobac®-Institut für Onkologie, Solingen
[a]Tumorimmunologisches Labor, Universitäts-Frauenklinik Bonn

Mit verschiedenen Untersuchungstechniken kann man beim Mammakarzinom bis zu 75 % der primärbehandelten Fälle eine tumorassoziierte Immunreaktion nachweisen. Mit Hilfe der Laserimmunfluoreszenz, die – am Beispiel des Insulinrezeptors – an lebenden Zellen die punktförmige Ansammlung von 100 bis 150 Molekülen in der Zellmembran darzustellen ermöglicht, konnten in 18/21 Fällen an vitalisolierten Mammakarzinomzellen tumorassoziierte Antikörper an der Zellmembran identifiziert werden. Diese IgA-,IgM- und IgG-Antikörper bedecken damit zum Zeitpunkt der klinischen Diagnose/Primärtherapie komplett, bzw. den größten Teil, die tumorassoziierten Membranantigene und sind damit als direkter Angriffspunkt für immuntherapeutische Ansätze, z.B. mit monoklonalen Antikörpern gegen diese Membranantigene, weitgehends blockiert und ungeeignet.

Andererseits besteht ein direkter Zusammenhang zwischen der Qualität und Menge dieser tumorassoziierten Antikörper und dem Reaktionsausfall des Leukozytenmigrationsinhibitionstestes (LMI). Der LMI-Test weist eine tumorassoziierte zelluläre Immunität vom verzögerten (Tuberkulin-)Typ nach. Dem Reaktionsausfall des LMI-Testes mit Inhibition und der Nachweisbarkeit von freien tumorassoziierten Antikörpern des Typs IgG und/oder IgM ist eine bessere Prognose zuzuordnen. Hieraus läßt sich das folgende immuntherapeutische Konzept ableiten: postoperativ-adjuvant werden mit Hilfe von Anti-CEA-Antikörpern immunmodulierende Substanzen, vorzugsweise am Fc-Anteil von monoklonalen Antikörpern gekoppeltes Tuberkulin, an die Mikrometastasen herantransportiert, um dort die natürliche tumorassoziierte Immunreaktion qualitativ und quantitativ auf ein höheres Niveau heben und verstärken zu können. Dieses Vorgehen müßte sinnvollerweise mit Tumorantigenvakzination gekoppelt werden, um generell anstatt IgA-Antikörper tumorassoziierte Antikörper vom Typ IgM und/oder IgG induzieren zu können.

Zur Realisierung dieses Konzeptes beim Mammakarzinom ist das zellmembranständige CEA ein geeignetes Membranantigen, insoweit das Mammakarzinom CEA produziert und sezerniert. Zwischen Zytosol-CEA-Positivität, Hormonrezeptorpositivität und der Nachweisbarkeit einer spontanen tumorassoziierten zellulären Immunität im LMI-Test gegen autologes, homologes Mammakarzinomantigen und gegen gp55 (MMTV-Retrovirus-Hüllprotein) besteht – TNM-stadienabhängig – eine hochsignifikante Korrelation. Dieser Zusammenhang prädisponiert das entworfene immuntherapeutische Konzept zur adjuvanten Therapie des (Zytosol)-CEA-positiven Mammakarzinoms, das insgesamt eine schlechtere Prognose hat. Diese schlechtere Prognose ist nicht durch fehlende tumorassoziierte Immunreaktion bedingt, sondern aufgrund einer höheren Aggressivität. Zytosol-CEA-Gehalt korreliert mit der Aggressivität des Tumors. Die Daten lassen vermuten, daß beim (Zytosol)-CEA-positiven Mammakarzinom ein einheitlicher Biotyp vorliegt, der regelmäßig CEA-genomnah transformiert wird.

40 % der Mammakarzinome werden Zytosol-CEA-positiv bezeichnet. Zum Zeitpunkt der Primärtherapie kann man in 40 % der Fälle ausnahmslos an jeder Tumorzelle des Tumors membranständiges CEA nachweisen. In 30 % der Fälle ist die Tumorzellpopulation heterogen: man findet sowohl membranständig CEA-positive wie CEA-negative Tumorzellen. Weitere 30 % der Tumoren weisen nur Membran-CEA-negative Tumorzellen auf. Membran-CEA-Positivität ist praktisch mit CEA-Sekretionsfähigkeit gleichzusetzen, wie dies die Laserimmunfluoreszenz-Videoaufnahmen belegen.

Isoliert man die tumorassoziierten Membranantigene, die durch autologe tumorassoziierte Antikörper abgedeckt sind, mit Hilfe der Immunabsorptionschromatographie und setzt man diese Immunkomplexe als Antigen im LMI-Test ein, so kann die Reaktion signifikant beeinflußt werden, wenn zuvor die vitalen isolierten Tumorzellen mit Anti-CEA-Tuberkulin behandelt worden sind und in die Immunkomplexisolate auch das Anti-CEA-Tuberkulin-Kopplungsprodukt mitabsorbiert wird. Dieser In-vitro-Versuchsansatz ist ein Hinweis auf die Richtigkeit und Machbarkeit des Konzeptes.

Eine direkte komplementlytische Immuntherapie hätte streng quantitative Mindestvoraussetzungen im voraus. Diese sind im reinen Antigen-Antikörper (CEA-Anti-CEA)-System ermittelt worden. Ob in vivo lokofokal im Bereich von Mikrometastasen diese Voraussetzungen sichergestellt werden können, ohne einen anaphylaktischen Schock auszulösen, ist fraglich. Den Weg der komplementabhängigen antikörpergesteuerten zellulären Zytotoxizität zu verfolgen, wäre in vivo realistischer.

Literatur beim Verfasser:

Für die Verfasser: *Dr. St. Bartos,* Serobac®-Institut für Onkologie, D-5650 Solingen 11

Aktuelle Onkologie

Herausgegeben von G. A. Nagel, R. Sauer und H. W. Schreiber

Bd. 1: J. Tonak/**Die hypertherme Zytostatikaperfusion beim malignen Melanom.** Eine experimentelle und klinische Untersuchung.
X/76 S., 33 Abb., 13 Tab. DM 30,–
ISBN 3-88603-006-7

Bd. 2: **Aktuelle internistische Tumortherapie.** (Hrsg.: G. Hartwich, Erlangen)
VI/113 S., 18 Abb., 44 Tab. DM 35,–
ISBN 3-88603-013-X

Bd. 3: **Neue Aspekte der Diagnostik und Therapie des Mammakarzinoms**
(Hrsg.: R. Sauer, Erlangen)
VI/121 S., 91 Abb., 20 Tab. DM 35,–

Bd. 4: **Etoposid** (Prüfbezeichnung VP 16-213). Derzeitiger Stand und neue Entwicklungen in der Chemotherapie maligner Neoplasien.
(Hrsg.: S. Seeber und C.G. Schmidt, Essen; G.A. Nagel, Göttingen; W. Achterrath und R. Raettig, Neu-Isenburg)
VIII/195 S., 41 Abb., 116 Tab. DM 50,–
ISBN 3-88603-015-6

Bd. 5: **Die Therapie des Morbus Hodgkin.** Gegenwärtiger Stand und Entwicklungstendenzen. (Hrsg.: R. Sauer, Erlangen)
VIII/112 S., 38 Abb., 26 Tab. DM 35,–
ISBN 3-88603-027-X

Bd. 6: G. Gaedicke/**Leukämie und Zelldifferenzierung.** Untersuchungen zur Pathophysiologie an der experimentellen Friend-Virus-Leukämie und der akuten lymphatischen Leukämie des Kindesalters.
XII/86 S., 38 Abb., 7 Tab. DM 35,–
ISBN 3-88603-035-0

Bd. 7: **Supportive Maßnahmen bei der Internistischen Tumorbehandlung**
(Hrsg.: P. Drings, Heidelberg; W. Schreml, Ulm)
VIII/325 S., 80 Abb., 101 Tab. DM 50,–
ISBN 3-88603-048-2

Bd. 8: **Neue Wege in der Brustkrebsbehandlung**
(Hrsg.: F. Kubli, Heidelberg; G.A. Nagel, Göttingen; U. Kadach, Plankstadt; M. Kaufmann, Heidelberg)
VIII/281 S., 120 Abb., teils farbig, 95 Tab.
ISBN 3-88603-063-6 DM 50,–

Bd. 9: **Aminoglutethimid – ein Antiöstrogen mit Aromatasehemmung.** Ein neues Prinzip in der Krebstherapie
(Hrsg.: G. A. Nagel, Göttingen; Schmidt-Matthiesen, Frankfurt; N. Drees, Wehr)
VIII/171 S., 45 Abb., 84 Tab. DM 40,–
ISBN 3-88603-067-9

Bd. 10: **Mitomycin C – Profil eines Zytostatikums** (Hrsg.: G.A. Nagel, Göttingen; H. H. Bartsch, Göttingen; F. Bach, Hamburg)
VIII/131 S., 44 Abb., 46 Tab. DM 30,–
ISBN 3-88603-068-7

Bd. 11: **Krebsmedikamente mit fraglicher Wirksamkeit.** Ergebnisse vorklinischer und klinischer Prüfungen (herausgegeben im Auftrag der Deutschen Krebsgesellschaft e.V. von G.A. Nagel, Göttingen; D. Schmähl, Heidelberg)
X/166 S. DM 40,–
ISBN 3-88603-099-7

Bd. 12: **Diagnostik und Therapie der Non-Hodgkin-Lymphome**
(Hrsg.: V. Diehl, Köln; H. Sack, Köln)
VIII/192 S., 39 Abb., 69 Tab. DM 50,–
ISBN 3-88603-071-1

Bd. 13: **Hirnmetastasen.** Pathophysiologie, Diagnostik und Therapie (Hrsg.: H. W. von Heyden, Göttingen; P. Krauseneck, Würzburg)
VIII/310 S., 127 Abb., 84 Tab. DM 60,–
ISBN 3-88603-086-5

Bd. 14: **High Dose Medroxyprogesterone Acetate (MPA) in Advanced Breast Cancer**
(Eds.: G. Robustelli Della Cuna, Pavia; G. A. Nagel, Göttingen)
VIII/60 S., 26 Fig., 24 Tab. DM 30,–
ISBN 3-88603-066-0

Bd. 15: **Farmorubicin.** Klinische Erfahrungen
(Hrsg.: G. A. Nagel, Göttingen; M. Wannenmacher, Freiburg)
VIII/237 S., 62 Abb., 121 Tab. DM 50,–
ISBN 3-88603-111-X

Bd. 16: **Prätherapeutische Tumortestung**
(Hrsg.: W. Jonat, Hamburg; M. Kaufmann, Heidelberg; F. Kubli, Heidelberg; H. Maass, Hamburg)
X/297 S., 114 Abb., 118 Tab. DM 50,–
ISBN 3-88603-114-4

Bd. 17: W. Kleine/**Die thymusaplastische nu/nu-Maus als In-vivo-Testmodell.** Möglichkeiten und Grenzen am Beispiel der gynäkologischen Onkologie
X/142 S., 57 Abb., 31 Tab. DM 30,–
ISBN 3-88603-119-5

Bd. 18: **Novantron® – Mitoxantron.** Ein neues Zytostatikum (Hrsg.: G. A. Nagel, Göttingen)
VIII/160 S., 18 Abb., 96 Tab. DM 50,–
ISBN 3-88603-121-7

Bd. 19: **Onkologie für den Hausarzt.** Themen der Vor-, Nach- und Mitsorge
(Hrsg.: H. Isele, Heidelberg)
VI/89 S., 45 Abb., 37 Tab. DM 30,–
ISBN 3-88603-117-9

Bd. 20: B. Janßen/**Unkonventionelle Methoden in der Krebstherapie.** Mit einem Vorwort von I. Oepen und G. A. Nagel
VIII/97 S., 9 Abb. DM 30,–
ISBN 3-88603-126-8

Bd. 21: Ch. Grabe/**Arztrechtliche Argumente zur Propagierung und Anwendung umstrittener medizinischer Verfahren.** Mit einem Vorwort von I. Oepen und G. A. Nagel
VIII/88 S., 3 Abb. DM 30,–
ISBN 3-88603-127-6

Bd. 22: **Praktische Onkologie.** Ergebnisse des IX. Oberstaufener Symposiums für praktische Onkologie, veranstaltet vom regionalen Fortbildungszentrum Oberallgäu (Ärztlicher Kreisverband Oberallgäu), Schloßbergklinik Oberstaufen, in Verbindung mit dem Tumorzentrum München und der Arbeitsgemeinschaft zur Förderung der Krebserkennung und Krebsbekämpfung in Bayern e.V. (Hrsg.: H. Ehrhart, München)
VIII/136 S., 44 Abb., 49 Tab. DM 30,–
ISBN 3-88603-132-2

Bd. 23: **Palliative Therapie.** Indikation, Probleme, Ergebnisse. Gemeinsames Symposium der Arbeitsgemeinschaft Radioonkologie (ARO) und der Arbeitsgemeinschaft Internistische Onkologie (AIO) der Deutschen Krebsgesellschaft e.V. (Hrsg.: H.-P. Heilmann, Hamburg)
VIII/236 S., 119 Abb., 94 Tab. DM 60,–
ISBN 3-88603-138-1

Bd. 24: **Entwicklung, Prüfung und Anwendung von biologisch aktiven Substanzen in der Krebstherapie.** Gemeinsames Symposium der Sektionen der Deutschen Krebsgesellschaft e.V. Arbeitsgemeinschaft für Internistische Onkologie (AIO) Arbeitsgemeinschaft für Radiotherapeutische Onkologie (ARO) Sektion Experimentelle Krebsforschung (SEK), der Gesellschaft für Immunologie und den Klinischen Arbeitsgruppen der Max-Planck-Gesellschaft Göttingen (Hrsg.: P. Schuff-Werner und K. Pfitzenmaier, Göttingen)
VIII/240 S., 43 Abb., 67 Tab. DM 60,–
ISBN 3-88603-136-5

Bd. 25: **Hormongebundene Zytostatika. Grundlagenforschung und klinische Erfahrungen.** Gemeinsames Symposium der Arbeitsgemeinschaft Internistische Onkologie (AIO) der Deutschen Krebsgesellschaft e.V. und der Pharmaleo GmbH, Ratingen;
Düsseldorf, 3.-4. Mai 1985 (Hrsg.: G.A. Nagel, Göttingen und A. Hinke, Ratingen)
VIII/128 S., 28 Abb., 45 Tab. DM 40,–
ISBN 3-88603-149-7

Bd. 26: **Bronchialkarzinom.** Fortbildungskurs unter der Schirmherrschaft der UICC.
Gemeinsame Veranstaltung des Deutschen Krebsforschungszentrums und der Klinik für Thoraxerkrankungen der LVA Baden;
22.-25. April 1985 in Heidelberg
(Hrsg.: P. Drings, D. Schmähl und I. Vogt-Moykopf, Heidelberg)
VIII/528 S., 195 Abb., 160 Tab. DM 70,–
ISBN 3-88603-142-X

Bd. 27: **Hormone – Antihormone – Zytostatika zur adjuvanten Therapie des Mammakarzinoms.** Interdisziplinäres Expertengespräch Oktober 1985 (Hrsg.: U. Kadach, Plankstadt, M. Kaufmann und F. Kubli, Heidelberg)
VIII/192 S., 76 Abb., 91 Tab. DM 50,–
ISBN 3-88603-154-3

Bd. 28: **Mitomycin '85.** Klinik – Pharmakologie – Perspektive. Symposium in Frankfurt, November 1985 (Hrsg.: G. A. Nagel, H.-H. Bartsch, Göttingen und F. Bach, Hamburg)
VIII/248 S., 79 Abb., 83 Tab. DM 50,–
ISBN 3-88603-156-X

Bd. 29: **Fortschritte in der Chemotherapie.** 4. Deutsch-Italienisches Onkologisches Symposium, Mainz, Oktober 1985
(Hrsg.: G.A. Nagel, Göttingen, G. Robustelli Della Cuna, Pavia)
VIII/136 S., 34 Abb., 92 Tab. DM 50,–
ISBN 3-88603-161-6

Bd. 30 **Neue Erkenntnisse über den Wirkmechanismus von Medroxyprogesteronazetat.** MPA-Workshop, Hamburg 1985
(Hrsg. G.A. Nagel, Göttingen und K.D. Schulz, R. Kreienberg, K. Pollow, Mainz)
VII/132 S., 53 Abb., 35 Tab. DM 40,—
ISBN 3-88603-160-8

Bd. 31: **Hormonabhängigkeit des Mammakarzinoms.** Aktuelle diagnostische Möglichkeiten. Symposium der Univ.-Frauenklinik Bonn, 1985 (Hrsg. O. Bellmann, D. Krebs, V. Totović, Bonn)
235 S., 99 Abb., 49 Tab. DM 50,—
ISBN 3-88603-165-9

Bd. 32: **Krebs und Alternativmedizin.**
Internationales Symposium St. Gallen, 1985 (Hrsg. W.F. Jungi, H.J. Senn, St. Gallen)
VII/404 S., 82 Abb., 99 Tab. DM 70,—
ISBN 3-88603-158-6

Bd. 33: **Gastrointestinale Tumoren**
Fortschritte der Chemotherapie. Symposium der Chemotherapiegruppe Gastrointestinaler Tumoren (CGT) mit der Arbeitsgemeinschaft Internistischer Onkologie (AIO) und dem Tumorzentrum Heidelberg/Mannheim, Mannheim 1986
(Hrsg. W. Queißer, H. Flechtner, Mannheim)
V/124 S., 19 Abb., 49 Tab. DM 29,80
ISBN 3-88603-197-7

Bd. 34: **Die Zellmembran als Angriffspunkt der Tumortherapie.** Symposium in Göttingen, 1985 (Hrsg. G.A. Nagel, C. Unger, H. Eibl, Göttingen)
XII/163 S., 48 Abb., 38 Tab. DM 40,—
ISBN 3-88603-209-4

Bd. 35: **Ernährungsprobleme in der Onkologie.** Arbeitstagung der Deutschen Krebsgesellschaft e.V., Würzburg, 1986 (Hrsg. R. Sauer, H.-J. Thiel, Erlangen)
VIII/312 S., 51 Abb., 90 Tab. DM 59,—
ISBN 3-88603-211-6

Bd. 36: **Onkologie für den Hausarzt.** Themen der Vor-, Nach- und Mitsorge. Fortbildungsveranstaltung des Onkologischen Arbeitskreises Heidelberg in Zusammenarbeit mit der Akademie für ärztliche Fortbildung der Bezirksärztekammer Nordbaden, Heidelberg, 1986
(Hrsg. H. Isele, Heidelberg)
VII/128 S., 93 Abb., 64 Tab. DM 30,—
ISBN 3-88603-227-2

Bd. 37: **Psychosoziale Betreuung von Tumorpatienten im ambulanten und stationären Bereich.** Bilanz eines 5jährigen Modellversuchs im Univ.-Krankenhaus Hamburg-Eppendorf (Hrsg. M. v. Kerekjarto, St. Schug, Hamburg)
IX/182 S., 16 Abb., 85 Tab. DM 58,—
ISBN 3-88603-229-9